THE MODERN WITCHCRAFT SPELL BOOK
Copyright © Skye Alexander, 2015
Todos os direitos reservados.

Publicado mediante acordo com Adams Media, selo
da Simon & Schuster, Inc., 1230 Avenue of the Americas,
New York, NY 10020, USA.

Capa baseada no design original de Stephanie Hannus
Imagens do Miolo: © Freepik, © Adobe Stock, © Retina 78

Tradução para a língua portuguesa
© Karine Ribeiro, 2024

Diretor Editorial
Christiano Menezes

Diretor Comercial
Chico de Assis

Diretor de Novos Negócios
Marcel Souto Maior

Diretora de Estratégia Editorial
Raquel Moritz

Gerente de Marca
Arthur Moraes

Gerente Editorial
Marcia Heloisa

Editora
Nilsen Silva

Capa e Projeto Gráfico
Retina 78

Coordenador de Diagramação
Sergio Chaves

Designer Assistente
Aline Martins

Preparação
Jane Rotta

Revisão
Carina Melazzi
Laís Curvão
Retina Conteúdo

Finalização
Roberto Geronimo

Marketing Estratégico
Ag. Mandíbula

Impressão e Acabamento
Ipsis Gráfica

DADOS INTERNACIONAIS DE CATALOGAÇÃO NA PUBLICAÇÃO (CIP)
Angelica Ilacqua – CRB-8/7057

Alexander, Skye
    Bruxaria moderna : livro dos feitiços / Skye Alexander; tradução de
Karine Ribeiro. — Rio de Janeiro : DarkSide Books, 2024.
    352 p.

    ISBN: 978-65-5598-353-1
    Título original: The Modern Witchcraft Spell Book

    1. Feitiços 2. Wicca 3. Magia I. Título II. Ribeiro, Karine

24-0188   CDD 133.44

        Índice para catálogo sistemático:
              1. Feitiços

[2024, 2025]
Todos os direitos desta edição reservados à
DarkSide® Entretenimento LTDA.
Rua General Roca, 935/504 — Tijuca
20521-071 — Rio de Janeiro — RJ — Brasil
www.darksidebooks.com

Coleção

BRUXARIA MODERNA

LIVRO DOS FEITIÇOS

UM GUIA DE FEITIÇOS QUE PROPAGAM O BEM

Skye Alexander

TRADUÇÃO **KARINE RIBEIRO**

DARKSIDE

Em memória de minha mãe,
Joan Britton

Coleção
BRUXARIA MODERNA
LIVRO DOS FEITIÇOS
Skye Alexander

SUMÁRIO

SUMÁRIO

INTRODUÇÃO

O PODER É TODO SEU

Skye Alexander

Então você deseja ser uma feiticeira?*

Muitas de nós tivemos o primeiro contato com feitiços mágicos na infância, através de contos de fadas, livros e filmes. Vimos a fada madrinha da Cinderela transformar uma abóbora em uma carruagem cheia de joias conduzida por um grupo de cavalos empinados. Testemunhamos a princesa beijar um sapo e transformá-lo em um lindo príncipe. Vimos Hermione Granger mover árvores com sua varinha mágica. E gostaríamos de ser capazes de também exercer esse poder incrível.

A boa notícia é: você *tem* esse poder. Todo mundo tem habilidades mágicas — é seu direito de nascença. E quer saber mais? Você provavelmente já fez vários feitiços, só não percebeu na hora. Soprar as velas do bolo de aniversário, por exemplo, é um feitiço de sorte bem popular. Pendurar uma guirlanda na porta da frente é um antigo feitiço de proteção. Praguejar contra um motorista que roubou sua vaga no estacionamento, bem, isso também é um feitiço.

Em termos simples, um feitiço mágico usa pensamentos, palavras e ações para fazer certas mudanças acontecerem e gerar resultados através de meios que a lógica e a ciência convencional não conseguem

---

* Decidimos usar "bruxa" e "feiticeira" ao longo deste livro por uma questão de padronização textual, mas a prática, é claro, não exclui praticantes de outras identidades de gênero. (As notas são da editora.)

explicar. Você já fez um pedido que se tornou realidade? É a ação da magia. Você gostaria de ser capaz de fazer isso com mais frequência? Você pode. Ao treinar sua mente e desenvolver certas habilidades naturais que já possui — e ao se alinhar com a natureza e com o universo —, você pode criar a realidade que deseja.

Afinal, o que é um feitiço?

Hollywood tende a focar nos aspectos sensacionalistas da magia, bruxaria e feitiçaria, o que pode tornar a ideia toda assustadora, esquisita ou até mesmo ridícula para muitas pessoas. Na verdade, a maioria das bruxas e feiticeiros não amaldiçoam as pessoas; eles não transformam sapos em príncipes nem voam em vassouras; não cozinham olhos de salamandra e línguas de cachorro em caldeirões para fazer poções mágicas (embora os caldeirões ainda sejam instrumentos úteis para os feitiços). Em vez disso, os trabalhadores da magia podem fazer feitiços para ajudá-los a conseguir empregos melhores, atrair amor e amizade, proteger suas casas e famílias e melhorar a saúde. Você pode até fazer um feitiço para encontrar uma vaga de estacionamento em um shopping lotado na Black Friday.

De acordo com Aleister Crowley, frequentemente reconhecido como o mago mais poderoso do século xx, "Toda ação intencional é um gesto mágico". O propósito de um feitiço é manifestar algo que você precise ou deseje. Essa necessidade ou desejo (ou ambos) engloba sua intenção. Ao lançar um feitiço, sua intenção é vital para o sucesso. Junto da atenção, elas são os componentes mais importantes de qualquer feitiço e os agentes que tornam seu desejo realidade. É por isso que você vai ouvir dizer que a magia está toda na mente. Além disso, um feitiço pode envolver passos e procedimentos cuidadosamente orquestrados, ingredientes exóticos, roupas bacanas e instrumentos especializados — tudo feito para aumentar a potência do feitiço. Ele também pode recorrer às forças da natureza e/ou poderes sobrenaturais.

O que você aprenderá com este livro

Poucas de nós têm a oportunidade de ir a Hogwarts receber uma educação mágica. No entanto, se você seguir as instruções deste livro, logo aprenderá a lançar feitiços para todos os propósitos. Você vai desenvolver técnicas para aguçar seus poderes mentais e psíquicos. Descobrirá como entrar em contato com a energia natural das plantas e cristais e de que forma pode usá-los para potencializar seus feitiços. Vai aprender a evocar espíritos, divindades e outros seres invisíveis para aumentar sua habilidade. Por fim, conhecerá as melhores ocasiões para lançá-los e rituais para produzir os resultados que procura, com segurança e eficiência.

Talvez ainda não haja certeza de sua parte sobre essas coisas, mas exista curiosidade. Quem sabe tenha usado pouco sua magia e queira familiarizar-se mais com ela, ou então esteja pronta para cuidar do próprio destino e começar a criar deliberadamente as circunstâncias que deseja na vida. Se assim for, este livro é para você.

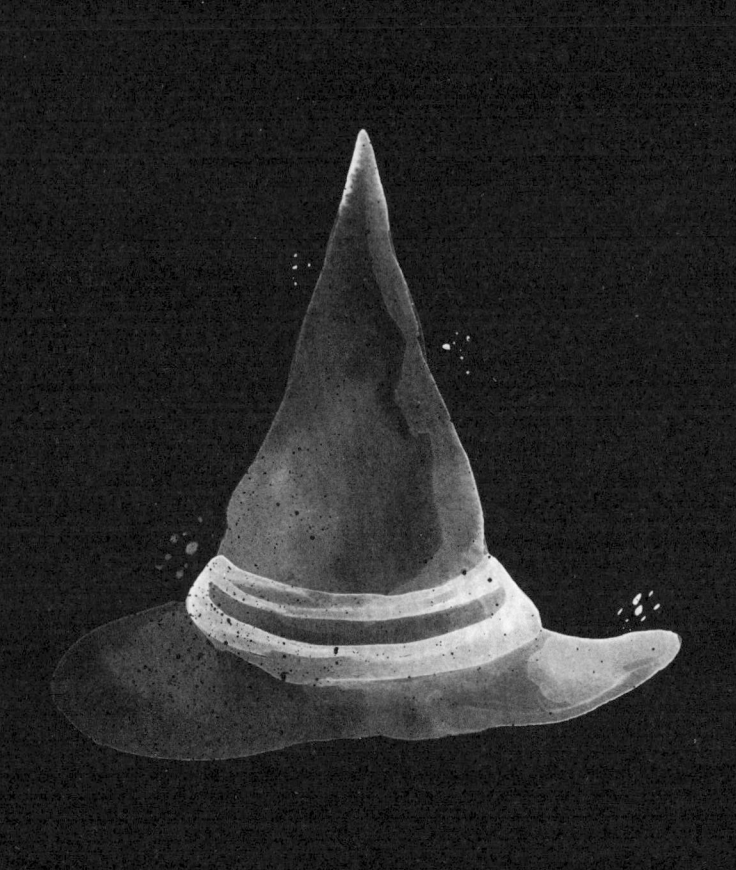

FEITIÇARIA BÁSICA

1

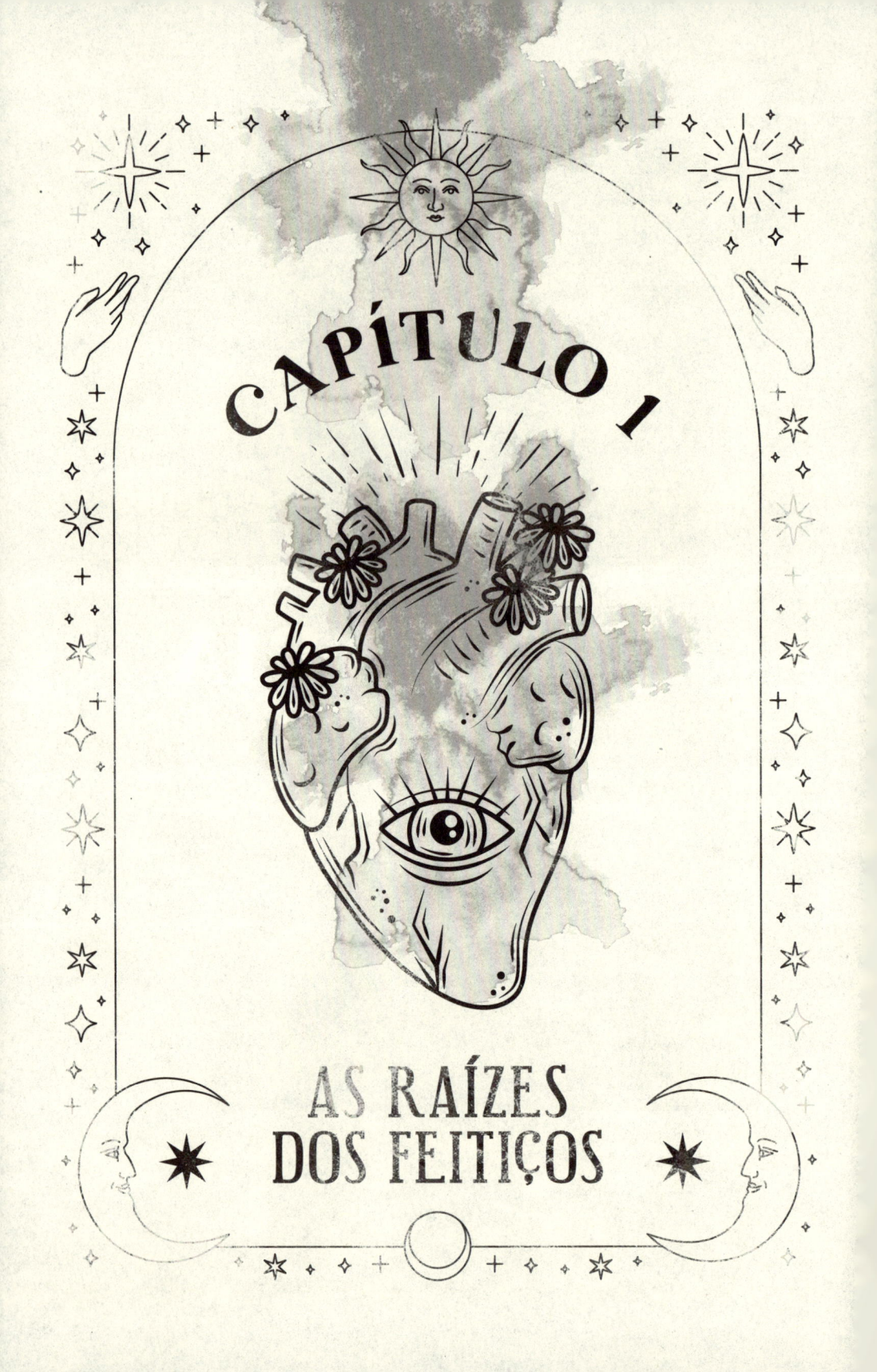

CAPÍTULO 1

AS RAÍZES DOS FEITIÇOS

Skye Alexander

A ARTE DA FEITIÇARIA

Magia é a arte de provocar mudanças de acordo com seu desejo. É também o que acontece quando você manipula a energia a fim de produzir um resultado, usando métodos que a ciência convencional não consegue explicar. Bruxas, feiticeiros, xamãs e outros que trabalham com as forças mágicas do universo às vezes adicionam a letra K à palavra *mágica* para distingui-la da ilusão criada nos palcos, dos truques com cartas e afins.

Muitas pessoas acham estranhos a magia, a feitiçaria e os feitiços — talvez até um pouquinho assustadores ou maus. Infelizmente, durante séculos, suspeitas, ceticismo, confusão e medo têm manchado as águas mágicas e interferido no uso amplo de feitiços para atrair fortuna, saúde, felicidade e todas as outras coisas boas da vida. A verdade é: nada é mais natural do que fazer um feitiço. Uma longa tradição de feitiçaria existe na maioria das culturas, incluindo a ocidental. Pessoas de todos os tipos praticam magia e feitiços há milênios, por uma miríade de propósitos. Hoje, a curiosidade sobre a arte da feitiçaria está crescendo rapidamente, e conforme ganhamos mais conhecimento e nos tornamos mais familiarizados com as práticas mágicas, o fator assustador diminui.

Você já deve ter lançado feitiços sem saber. Por exemplo, usar um anel com sua pedra de nascimento é um antigo feitiço para atrair sorte. Talvez tenha feito um pedido para uma estrela ou antes de soprar as velas no bolo de aniversário. Em essência, o desejo ardente por algo é um tipo de feitiço. Ao desejar muito alguma coisa e pensar nela constantemente, você envia a energia para atrair a nova realidade que procura e a ajuda a se tornar realidade.

No entanto, devaneios não são feitiços. A diferença está no que os feiticeiros chamam de intenção, que significa determinar seu objetivo e então realizar uma ação com consciência, deliberadamente concentrando energia e emoção para produzir um resultado. Ao longo deste livro, falaremos sobre ter intenção, concentrar energia, criar imagens e carregar seus feitiços com emoção e força de vontade, pois essas são as chaves para fazer magia com sucesso.

Evite a obsessão

A obsessão com um desejo ou necessidade pode na verdade impedir que você obtenha resultados. Ao continuar esperando desesperadamente que seu desejo se realize, você mostra dúvida. E dúvida apaga o sucesso de um feitiço como o sopro de uma vela.

18

Recapitulando: o que é um feitiço

Em termos simples, um feitiço é algo que você faz com clareza, intenção e consciência para gerar um resultado. Ele consiste em uma série de pensamentos e ações simbólicas feitas no mundo físico para iniciar a mudança em um nível superior. Assim que uma mudança acontece naquele nível superior, ela desce e se materializa aqui na Terra. Fazendo um feitiço, você altera a situação ao introduzir nova energia ou rearranjar a energia que já está presente.

Feitiços e religião

Um feitiço __não__ é um ato religioso — embora, ao lançá-lo, você possa perceber similaridades entre suas ações e as práticas de algumas religiões. Feitiçaria é um método, uma atividade secular sem dogmas. Muitas religiões usam feitiços, ou alguma forma de transferência ou manipulação de energia, como parte da adoração, embora elas provavelmente não descrevam o processo dessa forma. Por exemplo, no Capítulo 5, quando discutirmos afirmações e encantamentos, você verá uma relação entre esses feitiços verbais e orações.

Ao lançar um feitiço, você é a agente da mudança: utiliza seus próprios recursos para reunir e direcionar energia, faz acontecer e assume a responsabilidade por suas ações e resultados. É possível solicitar a ajuda de um poder superior para realizar seu objetivo, se desejar. Ou pode canalizar as energias de várias substâncias, como plantas e cristais, a fim de aumentar seus próprios poderes. No entanto, no final das contas, você é a roteirista, diretora e produtora.

Por que usar feitiços?

As pessoas lançam feitiços por diversos motivos. Criar e lançar um feitiço permite que você assuma o controle de uma situação — não é mais necessário ficar sentada e esperar que a vida se resolva sozinha. A feitiçaria é um método ativo de lidar com a vida, em vez de aceitar passivamente o que aparecer em seu caminho. Criar feitiços pode aumentar sua confiança — não há nada melhor do que ver um deles se materializar. Sua autoestima cresce e você percebe que possui poderes que não sabia que tinha. No entanto, se só fizer feitiços para impressionar seus amigos ou parecer mais importante, deixará de usufruir do maior valor da magia.

A feitiçaria também exercita sua criatividade. Você pode não saber tocar saxofone, pintar uma obra-prima ou vencer um concurso de dança flamenca, mas é capaz de produzir uma teia de energia a partir de uma variedade de objetos e palavras, costuradas juntas por intenção e desejo, e lançar essa teia no cosmos para atrair seu objetivo. Qualquer um pode criar feitiços, e todos possuem habilidade mágica. A feitiçaria combina o uso da imaginação, linguagem e ação de uma variedade de formas, e o modo como você mistura tudo será único.

Porém, feitiços não são apenas uma questão de conseguir o que quer — eles também podem ser um tipo de retribuição. Você pode juntar energia positiva e enviá-la para o mundo como uma forma de dizer "obrigada" por todas as coisas boas na sua vida. É possível criar feitiços para outras pessoas também, para ajudá-las em suas jornadas de vida. Afirmar suas bênçãos e oferecer amparo aos outros pode te ajudar a atrair mais bênçãos para si mesma. Você pode até fazer feitiços para curar o planeta, encorajar a paz mundial e outros objetivos de amplo alcance.

Os benefícios da feitiçaria

Tudo no universo é composto de energia. Conforme fizer e lançar feitiços, começará a entender o fluxo de energia e a presença dele dentro e ao redor de você. A feitiçaria te ensina como a energia se movimenta, como pode lidar com ela e como direcioná-la a diversas áreas de sua vida. Quando entender de que modo a energia se comporta, você será capaz de conectar-se a ela por diferentes métodos — é disso que se trata a magia.

A feitiçaria é um processo profundamente transformador que toca o mago e o ambiente. O propósito dos feitiços e da magia é tornar nossas vidas mais felizes e mais fáceis. No entanto, se acha que pode usar feitiços para fugir do trabalho, esqueça — você não pode só balançar o nariz, como Samantha Stephens em *A Feiticeira*, e fazer seu aspirador de pó limpar a casa sozinho. A feitiçaria envolve esforço e dedicação, especialmente no começo, enquanto ainda estará adquirindo novas informações e explorando novas técnicas. Como todo o resto, é necessário aprender os princípios e então praticar até acertar — é preciso somar energia na equação se quiser que o resultado se manifeste.

Isso não quer dizer que a feitiçaria seja onerosa — pelo contrário! É uma experiência alegre e estimulante, que pode fazê-la se sentir mais viva e contente depois de terminar um feitiço. O próprio ato de conectar-se com partes de você mesma às quais normalmente não presta muita atenção já pode ser estimulante. Você descobre novos pontos fortes e habilidades. Além disso, saber que está ligada a outras entidades que compartilham o seu mundo pode dar a sensação de pertencimento a um todo maior, um universo mágico com possibilidades infinitas.

A feitiçaria também te ajuda a alcançar clareza e propósito. Para começar, você precisa definir um objetivo. Por vezes, achamos que sabemos o que queremos, mas raramente tiramos um tempo para pensar seriamente no que desejamos e por quê — ou como a vida mudará se conseguirmos o que nosso coração almeja. Você precisa ser totalmente honesta consigo mesma para lançar um feitiço bem-sucedido; do contrário, suas segundas intenções podem interferir ou até mesmo se materializar. Se não tiver um objetivo definido, terminará jogando energia em um objetivo vago, desperdiçando grande parte dela. Se estiver confusa ou dividida sobre seu objetivo, terá resultados comprometidos. Seu feitiço não dará certo, ou só dará certo parcialmente.

Ao criar feitiços, você passa a se conhecer melhor, aprende a ignorar o superficial e chega ao que realmente importa — e isso beneficia tudo em sua vida.

Como os feitiços funcionam?

Tudo no mundo possui algum tipo de assinatura energética. Objetos orgânicos contêm mais energia do que objetos inorgânicos. Um pedaço de tecido de lã ou seda, por exemplo, terá mais energia que um pedaço de tecido de poliéster. Quanto mais próximo um objeto estiver de seu estado natural, maior sua energia. Por exemplo, uma árvore enraizada na natureza tem mais energia que uma pilha de lenha daquela árvore, e uma mesa envernizada feita daquela madeira retém ainda menos a energia original da árvore.

Toda a energia contida nesses objetos busca se conectar a outras. Uma teia energética liga os mundos físico e não físico. Isso significa que eu, você e todo o resto temos uma conexão que nos permite a comunicação um com o outro e, através do poder da magia, conseguimos trabalhar juntos para criar nossa realidade conscientemente. Quando procuramos influenciar uma situação fazendo feitiços, tocamos a energia em um lugar, e esse toque envia vibrações por toda a teia. Uma metáfora comum é a da teia de aranha. Não importa onde a aranha esteja na teia, quando um inseto a toca, as pequenas vibrações viajam pelos fios para alertá-la de que há companhia para o jantar. Como a teia de aranha, os fios de energia conectam tudo e todos, permitindo-nos enviar nossas intenções e receber respostas do nosso entorno.

Qual a diferença entre criar e lançar um feitiço?

Os conceitos de criar e lançar um feitiço estão totalmente conectados, mas têm certas distinções. Simplificando, criar um feitiço é a prática de elaborá-lo. Você pensa no que deseja alcançar, planeja os ingredientes para incluir no feitiço, anota seu objetivo, descobre as etapas que seguirá e assim por diante. Depois junta tudo. É como preparar uma receita — e, na verdade, receitas culinárias podem ser feitiços, como você aprenderá na Parte II deste livro.

Ao liberar a energia que reuniu durante o preparo do feitiço, você é capaz de "lançá-lo", ou seja, envia a energia e sua intenção para o universo, para que esta possa se manifestar. Outra analogia: criar o feitiço é como projetar e montar um automóvel, enquanto lançá-lo é como dirigir o carro. Quando você lança o feitiço, faz com que ele funcione.

Onde você pode usar feitiços?

As pessoas usam feitiços em todas as áreas da vida, por todos os tipos de motivos. Você pode usar feitiços mágicos para quase tudo. No entanto, feitiços para prosperidade, amor, saúde e proteção tendem a ser os mais populares. Na Parte II deste livro, você encontrará dezenas de feitiços que lidam com essas e outras questões.

Um dos motivos de a maioria de nós não desfrutar da riqueza, bem-estar e felicidade que poderíamos é que não sentimos que os merecemos. A falta de autovalorização resulta em escassez em todos os aspectos da vida e pode sabotar seus trabalhos mágicos. Talvez você tenha ouvido falar de algo chamado Lei da Atração, que diz que atraímos aquilo em que pensamos. Se você se preocupa o tempo todo com o pagamento das contas, se vê algo que deseja, mas diz para si mesma "Não tenho dinheiro para isso", seus pensamentos são sobre insuficiência. Antes que possa receber as bênçãos que deseja, deve mudar seus pensamentos para a consciência da prosperidade, se considerar digna de realizar seus sonhos e acreditar que isso seja possível.

Esclarecendo: lançar feitiços não é algo egoísta ou ganancioso. Ao criá-los para atrair dinheiro, sucesso ou amor, você não está privando outras pessoas disso. O universo tem o suficiente para todos. Satisfazer suas necessidades básicas permite que você explore potenciais mais elevados na vida, como sua criatividade, seu chamado espiritual e assim por diante. Quando não precisa mais se preocupar com alimentação, abrigo e as necessidades básicas para sobreviver no planeta Terra, você consegue se dedicar a objetivos "mais elevados" que podem beneficiar os outros e você mesma.

À medida que for se tornando mais proficiente ao fazer feitiços, você começará a vê-los se materializar e provavelmente ganhará mais autoconfiança. Se ainda não tem certeza de suas habilidades, pode ser útil começar aos poucos. Caso não consiga se imaginar manifestando 1 milhão de reais, tente uma soma menor, talvez cem reais. Mas não se deixe ficar empacada em um nível abaixo do que é possível, porque na verdade tudo está ao seu alcance. O universo pode te dar algo grande ou pequeno com a mesma facilidade — mas você tem de estar aberta a aceitar.

Qual a diferença entre feitiço e ritual?

Às vezes, as palavras feitiço e ritual são usadas com o mesmo sentido, mas são duas coisas muito diferentes. Sim, há alguma equivalência e isso pode dificultar a compreensão. Pense desta forma:

- Quando você faz um feitiço, usa a mente, emoções, vontades e poderes naturais para tornar realidade um resultado interno e externo.
- Quando você faz um ritual, realiza uma série de ações para um propósito particular.

No mundo secular, fazemos rituais o tempo todo, desde nos vestir para o trabalho de manhã até nos preparar para dormir à noite. Alguns rituais seculares têm aspectos tradicionais, como vestir as cores do seu time favorito, pintar o rosto e encher o isopor com muita cerveja. Eles geralmente são feitos para homenagear um poder superior ou celebrar sua conexão com aquele poder, mas também podem ter outros propósitos. Um feitiço pode ser parte de um ritual, e um feitiço longo e detalhado pode incluir ações rituais, assim como interação com deidades.

Passos básicos para fazer feitiços com sucesso

Embora cada feitiço seja diferente, o processo deve envolver uma série de passos, como explicado aqui, ou alguma versão deles. Seguir esses passos não apenas aumenta sua probabilidade de sucesso, mas também diminui suas chances de errar. Um atleta não correria uma maratona sem se alongar primeiro, da mesma forma que um cirurgião não faria um procedimento sem esterilizar as mãos. Assim também é com a feitiçaria. Preparar o local, limpar seus instrumentos e, acima e tudo, preparar sua mente, são passos importantes para o sucesso de seus feitiços. Cada passo dos feitiços serve um propósito, e todos juntos levam ao resultado desejado.

1. Silencie todas as distrações: desligue a TV, o celular etc. Peça às pessoas que não estejam participando do feitiço para não incomodarem — coloque uma placa de "Não Perturbe" na porta. Leve seus animais de estimação para um lugar onde não demandem atenção ou atrapalhem sua atividade. É necessário manter sua atenção focada na tarefa para produzir bons resultados. Além disso, ao fazer um feitiço, você sai do espaço mundano e vai para o espaço mágico — ser arrancada dele por alguma interferência externa pode ser atordoante, assim como acontece quando você é despertada bruscamente de um sono tranquilo.

2. Estabeleça sua intenção. Não comece a menos que você tenha um motivo claramente definido para fazer um feitiço. Seria um desperdício de tempo e energia, e seus esforços podem ser em vão. Escreva suas intenções — isso ajuda a clarificar seu objetivo e a começar o processo de tirá-lo de sua mente e manifestá-lo fisicamente. Se estiver trabalhando com outras pessoas, discutam a intenção juntos com antecedência, para que todos entendam o que estão fazendo e por quê. É essencial que vocês estejam alinhados e foquem na mesma intenção; do contrário, pode ser que o resultado varie.

3. Componha seu feitiço. Pense no resultado desejado e em quais energias você deseja aproveitar para te ajudar a alcançá-lo. Anote o que fará no feitiço e as etapas que vai seguir. Se planeja usar uma afirmação ou encantamento, memorize ou anote. (Você aprenderá mais sobre isso no Capítulo 5.) Caso trabalhe com outras pessoas, revise os passos e detalhes com antecedência para que todos estejam de acordo e se sintam confortáveis com seus papéis.

4. Reúna todos os ingredientes necessários para seu feitiço. Limpe cada item, seja lavando-o com água e sabão neutro ou defumando-o com sálvia ou incenso. Leve todos os objetos que usará para o local onde o feitiço será lançado. Os instrumentos ritualísticos devem ser consagrados com antecedência (Você aprenderá mais sobre essas ferramentas no Capítulo 6.) Se for trabalhar com outra pessoa, decida quais ferramentas serão usadas e quem vai manejá-las.

5. Estabeleça o espaço para o ritual. Primeiro, limpe a área. Você pode fazer isso defumando o local com sálvia ou incenso, usando uma vassoura ou ambas as coisas. Algumas vezes, imaginar o lugar preenchido com uma luz branca e pura pode ser suficiente. Convide todos que participarão para entrar no espaço e então trace um círculo ao redor. (Discutiremos isso no Capítulo 3.) Um círculo mágico fornece uma barreira energética que mantém as energias indesejadas do lado de fora e as energias desejadas do lado de dentro.

6. Altere sua consciência. Acenda uma vela ou incenso, medite ou faça o que te ajuda a mudar seu pensamento do mundano para o mágico. Desse ponto em diante, tente não deixar qualquer pensamento ordinário invadir seu estado mental elevado. Se estiver trabalhando com outras pessoas, fale apenas se for uma afirmação ou outra parte verbal do seu feitiço.

7. Eleve a energia. Algumas pessoas fazem isso ao cantar, cantarolar, tocar tambor, respirar profundamente ou dançar — faça o que parecer certo para você. Pense em si mesma atraindo a energia da

terra para dentro do seu corpo; atraia também a energia dos céus e permita que elas se mesclem internamente. Você perceberá a mudança na sua consciência; talvez se sinta mais energizada, calma, consciente, centrada, sensível, animada. Se estiver trabalhando com outras pessoas, permita que sua energia individual se manifeste no feitiço. (Falaremos disso mais à frente.)

8. Se desejar, convide outras entidades para participar de seu feitiço. Presenças angelicais, guias espirituais e guardiões, animais de poder, ancestrais, elementais e outros seres não físicos podem fornecer proteção e ajuda durante o feitiço. (Falaremos mais sobre trabalhar com seres espirituais no Capítulo 7.)

9. Lance seu feitiço de acordo com o plano elaborado mais cedo.

10. Depois de terminá-lo, libere as entidades que te ajudaram (se houver alguma) e agradeça-lhes.

11. Abra o círculo. (Você aprenderá no Capítulo 3.) Envie a energia que reuniu durante o processo em direção ao seu objetivo e confie que ele vai se materializar no tempo certo, da maneira certa.

12. Desfaça seu espaço mágico. Apague as velas, reúna seus instrumentos e outros itens levados para o local etc. Guarde-os em um lugar seguro até decidir usá-los novamente.

13. O passo final é a manifestação, que acontece quando você atinge seu objetivo.

Em seu livro das sombras (diário pessoal de feitiços), escreva o que fez e quais ingredientes/instrumentos utilizou, registre também como você se sentiu, o que pensou, testemunhou e assim por diante. Se estiver trabalhando com outras pessoas, talvez desejem discutir o que aconteceu, como se sentiram sobre o feitiço e sua encenação, e, se for o caso, o que você poderia fazer diferente no futuro.

CAPÍTULO 2

A ORIGEM DO SEU PODER

Skye Alexander

ACESSANDO O PODER MÁGICO

O que significa praticar magia? Quando falamos de magia, nos referimos à transformação que ocorre quando uma bruxa, um feiticeiro, um xamã ou outro trabalhador da magia usa seu poder para moldar a energia, de forma a alcançar um objetivo no mundo físico, não físico ou em ambos. Quando uma bruxa faz um feitiço mágico, ela não lança faíscas pelas pontas dos dedos nem faz os objetos levitar e os arremessa pelo ar — isso é obra de Hollywood. Em vez disso, ela sintoniza sua própria habilidade inata com as forças da natureza, alinhando uma série de coincidências controladas que conduzirão ao objetivo desejado. Ela move, manipula ou altera o fluxo de energia no universo a fim de manifestar uma condição que beneficiará alguém ou ela mesma.

Toda pessoa que decide praticar a magia tem seus motivos. Antes de começar a criar feitiços, passe um tempo pensando por que a feitiçaria é importante para você e o que pretende alcançar com a prática. Anote seus pensamentos em seu livro das sombras — escrever ajuda a organizá--los. Comece a definir aquilo em que acredita. Você busca a magia como um modo de escapar dos aspectos mundanos da vida? Está mais preocupada em fazer mudanças na sua vida pessoal (amor, carreira, dinheiro)

ou deseja aprofundar sua conexão espiritual com o universo? Pretende obter resultados práticos ou aumentar sua intuição? Provavelmente, seus objetivos incluirão uma combinação dessas coisas, ou talvez mais.

A lei dos três

Os feiticeiros éticos seguem o que é conhecido como "lei dos três". Significa que seja qual for a intenção ou energia que alguém envie, ela retorna como um bumerangue para quem a transmitiu, multiplicada por três. Isso é um impedimento contra perdas, manipulação ou outras práticas enganosas.

Criando mudanças intencionalmente

Dizem que a única coisa constante é a mudança. Vemos mudanças ao nosso redor o tempo todo. O sol nascendo transforma a noite em dia; o sol se pondo transforma o dia em noite. O vento muda a aparência da montanha. A chuva muda a profundidade de um rio, que desgasta as pedras para escavar um vale. O fogo transforma tudo em cinzas. O planeta Terra está constantemente mudando, girando e se renovando.

O propósito de fazer magia é criar mudança intencionalmente. Ao fazer um feitiço, você provoca mudanças em uma parte de sua vida ou do mundo ao seu redor. Quando traça um círculo (como aprenderá a fazer no Capítulo 3), transforma um cômodo ou um pequeno bosque em um templo sagrado. Ao montar um altar, converte uma mesa ou outra superfície em um palco onde vai interagir com outras forças e entidades. Quando consagra um apetrecho mágico, transforma um palito ou uma taça de vidro comuns em um instrumento da Vontade Divina.

Você tem o poder para mudar quase tudo na vida. Como a física quântica demonstrou, ao focar sua atenção em algo, sua energia influencia o comportamento das moléculas daquilo que observa (mesmo que não consiga vê-las de fato). Focar em algo faz as moléculas se concentrarem na área para onde está direcionada sua atenção. Isso significa que você literalmente transforma o que observa. Isso é magia! O objetivo — e o desafio — é usar a magia de modo consciente e intencional. Os feitiços são uma maneira de fazer isso.

De onde vem o poder mágico?

Vivemos em um universo mágico. Tudo que você vê — e não vê — está imbuído de potencial mágico. Fomos ensinadas a acreditar que as coisas ao nosso redor são substâncias materiais, tangíveis e imutáveis, mas nada disso é verdadeiro. Uma árvore, uma pedra, a cadeira onde você está sentada são feitas de energia. Como eu disse antes, nosso mundo está cercado de uma matriz energética que conecta tudo a todo o resto. Essa matriz, ou teia cósmica, não apenas envolve a terra; ela também permeia tudo que existe aqui e se estende através do sistema solar e além dele. A teia pulsa com vibrações sutis, que as bruxas e outros indivíduos sensitivos conseguem perceber. Independentemente de estar consciente dessas vibrações, você é afetada por elas — e suas próprias vibrações energéticas afetam a matriz de forma contínua.

Vamos falar um pouco mais sobre a Lei da Atração, pois ela é uma parte fundamental da prática da mágica e da feitiçaria. De acordo com Esther e Jerry Hicks, cujos livros best-sellers popularizaram bem esse antigo conceito, "Todo e qualquer componente que integre sua experiência de vida é atraído a você pela poderosa resposta da Lei da Atração, aos seus pensamentos e à história que conta sobre sua vida". Isso significa que suas ideias contêm poder magnético, e você já está trazendo para si os resultados que experimentará, mesmo que sem perceber.

O que você consegue é o que visualiza. Suas ideias e crenças são a fonte do que lhe acontece. Elas são as sementes das quais nasce sua realidade. Seus pensamentos, palavras e ações estão na base de sua saúde, fortuna e felicidade — ou doença, pobreza e tristeza. Não dizemos isso para culpá-la, mas, sim, para ajudar a entender o poder incrível que você tem na ponta dos dedos.

No trabalho mágico, aprender a aproveitar e direcionar seus pensamentos é essencial para gerar resultados bem-sucedidos. Olhe para as circunstâncias da sua vida. Se não gosta de algo, saiba que você tem o poder para mudar a situação, ao mudar seus pensamentos.

Assinaturas energéticas

Tudo no mundo emite algum tipo de energia e tem uma "assinatura" energética singular. Às vezes, uma assinatura é descrita como algo correspondente a um nível particular de vibração. Altos níveis de vibrações geralmente são considerados mais espirituais e próximos das deidades; vibrações baixas indicam algo mais material.

Seus centros pessoais de energia

Assim como seu corpo físico tem órgãos internos que te permitem desempenhar várias tarefas necessárias para a sobrevivência, você também tem "órgãos" não físicos, ou centros de energia, que são uma parte importante do seu bem-estar. Práticas de saúde e cura asiáticas, como acupuntura, medicina ayurvédica, Reiki e ioga, lidam com o movimento da energia no seu corpo, principalmente a forma com que ele se relaciona a esses centros de energia dinâmica conhecidos como "chacras". A palavra *chacra* significa "roda" porque, para as pessoas sensitivas que conseguem percebê-las, essas energias em forma de orbes parecem rodas ou espirais que giram. No entanto, a maioria das pessoas não consegue notá-las, e elas não podem ser quantificadas por ferramentas da medicina convencional.

Embora vários chacras existam pelo corpo, nós nos preocupamos especialmente com os sete chacras principais que se alinham mais ou menos na vertical, da base da coluna até o topo da cabeça. Cada um tem uma função específica como lócus de energia que nutre o corpo, a mente e o espírito. Quando seus chacras estão equilibrados, suas habilidades intuitivas e psíquicas são mais fortes, assim é possível usara energia para trabalhar a magia de forma eficaz. Na Parte II deste livro, você encontrará feitiços que envolvem o trabalho com a energia dos chacras.

O Chacra Raiz

O chacra raiz se localiza na base da coluna e está relacionado à cor vermelha. Esse centro de energia lida com todas as questões relativas à sobrevivência — é a sua conexão com a terra. Muitos instintos primitivos e animais estão guardados nele. O chacra raiz também trata da segurança, autopercepção e confiança. Ao ativar o chacra, você aceita sua natureza primitiva como uma parte integral e necessária de seu eu superior.

Esse chacra também afeta sua interação com o mundo material. Se ele estiver equilibrado, é provável que você se sinta segura com seu lugar no mundo e sua habilidade de lidar com qualquer dificuldade que surgir no caminho. Entretanto, bloqueios podem levar a sentimentos de inadequação, insegurança e falta de autoconfiança, o que pode interferir em tudo que você tente fazer, incluindo feitiçaria. É possível fortalecer esse chacra com meditação, visualizando uma bola de energia vermelha e brilhante na base da sua coluna, irradiando uma luz cada vez mais forte.

O Chacra Umbilical

Localizado logo abaixo do umbigo, o chacra umbilical está relacionado à cor laranja e é associado ao sexo, desejo, prazer e à satisfação. Seus instintos carnais residem ali, em um reino de procriação e sensualidade. Ao abri-lo e equilibrá-lo, você se aceita como um ser sexual que busca prazer. Obviamente, esse chacra tem influência em feitiços realizados para o amor. Além de sua correlação com a sexualidade, o chacra umbilical impacta também outros tipos de desejos. Suas esperanças, sonhos e aspirações passionais também vivem ali.

Com o chacra umbilical equilibrado, você provavelmente se sentirá confortável com sua sexualidade. Talvez você também seja hábil em compreender e expressar suas próprias necessidades em muitos níveis e poderá encontrar maneiras de garantir que elas sejam atendidas. Uma deficiência ou bloqueio nesse chacra pode levar à inibição em excesso, bem como a sentimentos de desconforto em relação à sexualidade e talvez ao prazer em geral. Consequentemente, você pode limitar sua habilidade de ser criativa e feiticeira, pois elaborar feitiços é um esforço criativo. Ao equilibrar esse chacra, você se conecta facilmente com suas próprias necessidades e desejos e com sua capacidade de atrair o que procura. Visualize um vórtice giratório de luz laranja brilhante logo abaixo do umbigo para ativar o chacra umbilical.

O Chacra do Plexo Solar

O chacra do plexo solar, localizado entre o umbigo e o coração, é o centro do seu poder pessoal. É de cor amarela. Sua energia permite que você realize dons e talentos. É aqui que reside sua força de vontade, e quando esse chacra está funcionando perfeitamente, você assume o comando da própria vida e exercita seu poder — tanto no mundo físico quanto no mágico. Ao abri-lo, você se responsabiliza por suas ações e se sente confiante em agir.

Quando ele está equilibrado, você se sente confortável expressando suas habilidades especiais. Assim, usa a energia dele a fim de produzir resultados positivos para si e para os outros, sem medo ou relutância.

Na feitiçaria, seus talentos pessoais se concretizam, trazem uma sensação maior de valor pessoal e ajudam a realizar seus objetivos. Para fortalecer esse chacra, imagine uma luz amarela resplandecente, como a luz do sol, brilhando no plexo solar e irradiando para o mundo.

O Chacra Cardíaco

O chacra cardíaco, conforme indicado pelo nome, está localizado no meio do peito, perto do coração. É de cor verde. Ele lida com questões emocionais, em especial a habilidade de amar e ser amado, e é óbvio que tem um papel importante nos feitiços do amor. Serve como uma ligação entre seu corpo físico e sua identidade espiritual. O chacra do coração está envolvido não apenas com amor romântico, mas também com o amor-próprio e o amor pela comunidade: família, amigos e a humanidade de modo geral. Ele também conecta você à natureza e aos espíritos com os quais você interage, quer esteja consciente deles ou não.

Com o chacra do coração aberto e equilibrado, você experimenta amor sem barreiras e pode aceitar sua própria vulnerabilidade sem medo. Bloqueios podem provocar sentimentos de indignidade, desconfiança e solidão. Pessoas que tiveram uma grande decepção amorosa em geral se distanciam do chacra do coração, dizendo coisas como "Eu nunca permitirei que alguém se aproxime de mim outra vez" ou "Ninguém terá a chance de me machucar daquele jeito de novo". Para abri-lo, medite e imagine uma luz verde espiralada ao redor do seu coração, enviando e recebendo amor.

O Chacra Laríngeo

Na base da garganta, perto da cavidade onde as clavículas se encontram, está o chacra laríngeo. Sua cor é o azul-claro. Todas as questões relativas à comunicação estão ligadas a esse centro de energia, tal qual a maneira como você interage com outros seres no mundo e nos planos elevados de consciência. O modo de expressar seus pensamentos e falar o que pensa também é afetado pelo chacra laríngeo. Já que muitos feitiços envolvem afirmações, encantamentos e outras verbalizações, esse chacra afeta o sucesso deles.

Se seu chacra da garganta estiver bloqueado ou desequilibrado, talvez você discuta suas ideias e crenças de maneira dogmática. Pode ser que fale excessivamente sem escutar o outro ou se envolva em discussões. Ou tenha medo de falar sobre as próprias ideias ou compartilhar seus talentos com outros, por receio de sofrer críticas. Para equilibrar esse chacra, imagine um lindo brilho azul-claro rodopiando na base da garganta.

O Chacra Frontal

O chacra frontal, ou "ajna", está associado à cor índigo e localizado na testa, onde as sobrancelhas se encontram acima do nariz. Esse é o ponto da consciência psíquica, onde residem as questões relativas à intuição ou "sexto sentido". Ele permite experimentar sua natureza espiritual através da clarividência (ver o não visto), memórias de vidas passadas, empatia (sentir o que os outros sentem), telepatia (acessar os pensamentos de outra pessoa) e viagem astral (entrar nos reinos não físicos aonde o corpo não pode ir).

Quando seu chacra frontal está aberto e equilibrado, você experimenta a conexão com as outras esferas e pode descobrir que consegue se comunicar facilmente (de maneira intuitiva) com os seres que lá residem. No trabalho mágico, talvez receba orientações espirituais e sabedoria de fontes elevadas — pode até conseguir prever o futuro. Um bloqueio ou desequilíbrio nesse chacra pode levá-la a rejeitar seus próprios dons psíquicos por medo ou ceticismo. Para ativá-lo, imagine a luz índigo do céu à noite emanando de seu terceiro olho.

O Chacra Coronário

Localizado logo acima da cabeça, esse chacra é associado à cor roxa, embora algumas pessoas o vejam na cor branca. Todas as questões espirituais relativas à existência de sua alma localizam-se ali. Ele serve como um portal por onde você recebe orientação e sabedoria espiritual. Quando equilibrado, permite a comunicação com os deuses, deusas e seres divinos de outros níveis de existência e a invocar sua ajuda no trabalho mágico.

Ao ativar e equilibrar o chacra coronário, seu ego se esvai; você vive em um estado de aceitação e assimilação com o Divino, um lugar além do desejo, e experimenta a sensação de unicidade com todos os seres. Sabendo que seu espírito é indestrutível, você nada teme, nem mesmo a morte física. Um chacra coronário desequilibrado pode te fazer sentir perdida e sozinha e interromper sua relação com a Fonte e as forças superiores que existem ao seu redor. Ou talvez levá-la a sofrer delírios de grandeza. Para equilibrar esse chacra, visualize uma luz roxa brilhante emanando do topo da sua cabeça, fluindo dentro e através do seu corpo, conectando você com Tudo que É.

Visualização criativa

No final dos anos 1970, o autor Shakti Gawain apresentou ao público o conceito de visualização criativa. No entanto, bruxas e outros praticantes da magia já sabiam que a visualização a potencializa e precede a manifestação. Ao criar um feitiço, uma imagem realmente vale mais que mil palavras.

A visualização criativa envolve a formação de uma imagem mental do resultado que você pretende manifestar. Não pense no problema ou condição que deseja mudar — em vez disso, concentre-se no resultado que deseja. Por exemplo, se seu objetivo é curar uma perna quebrada, não pense no ferimento; visualize a perna forte e saudável.

As imagens possuem mais poder do que as palavras. Os publicitários sabem muito bem disso — assista a um comercial de algum medicamento cuja imagem mostre pessoas saudáveis e felizes enquanto a narração descreve todos os desagradáveis efeitos colaterais. A mente do telespectador reage às imagens, e não às palavras. Como as imagens têm um impacto muito forte, as bruxas integram vários componentes visuais e sensoriais aos feitiços mágicos, assim como palavras.

A imaginação está no centro do feitiço. Se você não conseguir conceber a situação ou o estado almejado, não será capaz de obter sucesso. Ao imaginar as possibilidades daquilo que conseguir criar, você planta as primeiras sementes. Lembra como na infância você se divertia deixando sua imaginação correr solta? É hora de fazer isso de novo. Permita-se sonhar alto. Enriqueça suas imagens mentais com muita cor e ação — imagens vívidas e claras geram resultados mais rápidos e mais satisfatórios do que as suaves.

Tente este exercício com um(a) amigo(a) para explorar sua habilidade de formar imagens mentais:

1. Silencie todas as distrações (celular, TV etc.).

2. Sente-se em um local confortável e feche os olhos.

3. Peça ao seu amigo ou amiga para dizer em voz alta várias palavras, uma por uma, como "maçã", "cavalo", "fogueira", "barco a vela" ou "chalé de esqui".

4. Perceba as palavras aparecendo na sua mente. Você vê uma maçã vermelha e brilhosa? Um cavalo castanho elegante de pernas brancas? Um fogo ardente disparando faíscas no céu noturno?

5. Escolha uma dessas imagens e permita que ela se transforme em algo mais. Você vê um cavalo de corrida galopando para a linha de chegada? Amigos conversando em um luau na praia?

6. Agora troquem de lugar, para que seu amigo ou amiga possa exercitar a imaginação enquanto você fornece os "incentivos" verbais.

7. Registre suas imagens e impressões no seu livro das sombras.

A visualização criativa também aumentará suas habilidades psíquicas. Aprendendo a limpar sua psiquê de toda a bagunça inútil e falatório que consomem espaço em sua mente, você descobrirá que sua criatividade inata pode se expressar. Além disso, poderá começar a formar imagens mentais que estejam alinhadas com seus propósitos e que atrairão os resultados que deseja.

O que é o livro das sombras?

Um livro das sombras é o diário pessoal de uma bruxa, onde ficam registradas suas experiências mágicas. É uma forma de acompanhar feitiços, rituais e outros aspectos relacionados ao seu desenvolvimento na magia. É como se fosse a coleção de receitas de uma cozinheira. Você ouvirá os termos *grimório* e *livro das sombras* como sinônimos, embora originalmente houvesse algumas diferenças. Os grimórios eram usados como manuais que descreviam feitiços e rituais. Um livro das sombras também pode incluir os pensamentos de sua autora ou ideias relacionadas aos feitiços, assim como seus sonhos, sentimentos e outras anotações.

Aprendendo a sentir a energia

Os feitiços mágicos atraem as energias de dentro de você e de seus ar-redores. Se pretende ser uma feiticeira bem-sucedida, obterá benefícios ao aprender a conectar-se com o vasto depósito de energia disponível. Embora as correntes de energia fluam dentro de nós e ao nosso redor o tempo todo, flutuando invisivelmente em nosso ambiente, a maioria das pessoas não presta atenção a elas. No entanto, você pode desenvol-ver atenção em relação a elas e, ao fazer isso, potencializará sua habi-lidade. Experimente estes exercícios para aprimorar sua capacidade de sentir a energia:

- Entre em um prédio onde nunca esteve. Repare nas suas reações. Você se sente confortável, bem-vinda e tranquila, ou apreensiva e hesitante? Você deseja avançar mais ou sair? (Isso tem ligação com o antigo sistema mágico chinês conhecido como *Feng Shui*.)

- Vá a lugares diferentes — talvez ao alto de um monte, depois perto de um corpo d'água e, por fim, a um bosque. Passe um tempo sentindo as vibrações desses locais. Como se sente? Não considere apenas o óbvio, como o vento, o sol ou a umidade, mas também suas reações. Você se sente mais viva neste ou naquele local? Sente-se calma ou agitada em um lugar específico? Mesmo que suas impressões pareçam estranhas, não as desconsidere.

- Agora vá a lugares diferentes dentro da cidade. O que você experimenta lá? Como reage ao ritmo mais frenético? A energia parece mais caótica do que nos lugares que você visitou na natureza? Você considera essa energia revigorante ou estressante? Animadora ou exaustiva?

- Saia à noite e olhe para o céu. O que você vê e sente? Muitas pessoas têm medo do escuro. Você tem? E se tem, por que isso acontece? No mundo da magia, a noite se relaciona ao mistério, ao subconsciente e ao reino além das nossas atividades cotidianas. Em algumas tradições mágicas, a noite é a hora da Deusa, quando a força feminina está mais ativa. Preste atenção às suas próprias experiências e lembre-se de anotá-las no livro das sombras.

- Saia ao amanhecer e depois ao entardecer. Esses momentos de transição entre o dia e a noite são conhecidos como zonas liminares. Ao seu redor, as coisas estão mudando. Como a mudança é essencial para a feitiçaria, você pode se alinhar com essas transições para praticar magia poderosa. Preste atenção às mudanças energéticas que sente enquanto a noite e o dia trocam de lugar.

No Capítulo 8, falaremos com mais detalhes sobre as energias inerentes às fases da lua, do ciclo da Terra ao redor do sol e outras passagens que podem otimizar ou enfraquecer seus feitiços. Você também aprenderá a programá-los para aproveitar os poderes da natureza e do cosmos disponíveis em épocas diferentes do ano.

CAPÍTULO 3

UM LUGAR ESPECIAL

Skye Alexander

Um local para praticar magia

Todos já tivemos a experiência de entrar em um local de reverência ou santuário, seja uma igreja ou um templo, a sala de meditação em um estúdio de ioga ou um local arborizado na natureza. Ao entrar nesse local especial, você sente uma mudança na energia. Pode ser que se perceba calma, segura, repentinamente segregada do ambiente caótico lá de fora ou conectada com algo maior que você.

Ao realizar feitiços ou rituais, é apropriado ir a um lugar onde sinta esse tipo de consciência elevada, conexão e paz. É necessário deixar este mundo físico para trás temporariamente e entrar no mundo da magia. Criar um local sagrado é tão importante quanto se preparar para o feitiço. Talvez você seja abençoada o bastante para ter um ambiente que chama de santuário — um cômodo na sua casa ou algum lugar privado e encantador no seu quintal. No entanto, qualquer lugar onde praticar magia será seu templo, e qualquer local que tratar com reverência é um espaço sagrado.

Seu templo pessoal não precisa ser elaborado nem grande, como as antigas e inspiradoras estruturas religiosas na Índia, que ocupavam vários metros quadrados. Você pode criar uma área especial para

a prática mágica e espiritual em um canto de um cômodo, no quintal ou na cobertura do prédio onde mora. Na verdade, se você mora com pessoas que podem não entender ou aceitar suas crenças, talvez seja melhor pensar em usar um local privado e discreto para fazer o trabalho mágico. Você pode dispor um vaso de flores, uma vela, um lenço colorido e uma pedra bonita em uma prateleira ou móvel para designar seu local especial — apenas você saberá o significado desses itens, e ninguém mais.

Entre os mundos

Ao se preparar para lançar um feitiço ou conduzir um ritual, você suspende seu conceito diário de realidade por um tempo. Expande sua percepção do universo, e o lugar que ocupa nele, e tem contato com energias além da sua. Ao entrar no espaço e no tempo "entre os mundos", como geralmente é conhecido, você pode se conectar com os espíritos que lá residem. Você reconhece a presença deles ao convidá-los para seu local sagrado. (Falaremos mais sobre isso no Capítulo 7.) Você concorda em aceitar manifestações físicas de sua presença divina e permite suspender sua descrença para poder aceitar que a magia e as experiências psíquicas são mesmo possíveis e até desejáveis.

A princípio, isso pode ser difícil, já que a mente racional requer algum tipo de "prova" tangível de que a experiência espiritual aconteceu. É aqui que entra a confiança em si e nas entidades com as quais você trabalha. Por vezes, suas interações serão sutis, mas, com o tempo, você aprenderá a reconhecer os sinais mais leves. Você provavelmente não ouvirá o rugido de um trovão para te assegurar que as deusas e deuses reconheceram seu trabalho. Mas pode ser que sim.

A distinção entre o espaço sagrado e o círculo mágico

O que diferencia um local sagrado de um círculo mágico? Um círculo é um espaço deliberadamente construído que sobrepõe de forma parcial os mundos material e divino. A área resultante é o "entre mundos", que na sua totalidade não é nem um nem outro. Um local sagrado é um espaço de paz e calma, mas não necessariamente entre os mundos. Ele pode existir no círculo ou independente dele.

Criando um espaço sagrado

O propósito de definir e consagrar um local sagrado é dar a você um reino dedicado onde possa praticar magia e conduzir rituais, no qual seja possível sair do mundo material, se for seu desejo. Você está, em essência, construindo um templo (embora não necessariamente feito de concreto) para meditação, adoração, divinação, feitiçaria e qualquer outro aspecto de prática mágica que desejar fazer ali. Você pode criar um espaço sagrado mais ou menos permanente ou um temporário, dependendo das circunstâncias e de suas intenções.

Purificando seu espaço sagrado

Assim que tiver determinado a localização do seu espaço sagrado, use uma vassoura para limpar a área de forma cuidadosa, livrando-a de poeira, sujeira e bagunça. É para isso que as bruxas utilizam vassouras, não para voar por aí. Depois de terminar de varrer a área fisicamente, foque em limpar o espaço psíquico. Dessa forma, você remove energias e influências não desejadas, ou qualquer vibração ruim que possa estar ali.

Comece no leste e trabalhe pelo cômodo no sentido anti-horário, de maneira circular. Varra o ar, do chão até o teto, o mais alto que você puder. Depois de limpar tudo três vezes, coloque a vassoura no chão dentro do círculo e visualize toda a energia negativa se fragmentando e dissolvendo.

Alguns feiticeiros também gostam de defumar o local com sálvia. Acenda um chumaço (disponível on-line e em lojas esotéricas) ou um incenso de sálvia. Ande em círculos, começando no leste, deixando a fumaça percorrer a área. Agora fique de pé no centro e sinta a energia limpa, fresca e leve ao seu redor.

Dedicando seu espaço sagrado

O próximo passo é dedicar seu local sagrado. Você pode começar ungindo o cômodo ou área externa escolhida com óleo essencial de olíbano (ou outro óleo de sua preferência). Basta umedecer um pontinho em cada canto, começando no leste e se movendo no sentido horário ao redor do espaço, criando uma cruz dentro de um círculo. Esse símbolo representa o equilíbrio das energias feminina e masculina, o círculo da criação, as quatro direções e os quatro elementos (sobre os quais falaremos mais tarde).

Você também pode optar por deixar uma pedra ou cristal que tenha um significado para você nos quatro pontos cardeais. Se o local sagrado for do lado de fora, você pode enterrar as pedras no chão ou desenhar símbolos que signifiquem paz, santidade, proteção, poder etc. e distribuí-los no seu espaço. Algumas pessoas mantêm imagens de deidades amadas no local sagrado. Se desejar, você pode criar um ritual elaborado para dedicar seu espaço — a escolha é sua.

Protegendo seu espaço sagrado

Depois que terminar de arrumar seu local sagrado, é desejável protegê-lo de energias intrusas. Se definiu sua casa ou outra construção como local sagrado, considere os passos a seguir:

- Energize um espelho para desviar energias negativas e pendure-o na porta da frente, virado para o lado de fora (isso também é uma "cura" popular no Feng Shui). Qualquer energia ruim em sua direção será empurrada de volta, para longe do seu espaço.

- Enterre pedras protetoras como ônix, hematita ou crisólita debaixo da soleira da porta, varanda ou escada. (Você pode adquirir essas pedras em uma loja de artigos esotéricos.)

- Coloque um ramo de manjericão fresco em uma panela com aproximadamente dois litros d'água e ferva por dez minutos. Em seguida, remova o manjericão (guarde para usar em outro feitiço) e lave a entrada da casa com essa água.

- Pendure um símbolo de proteção na porta ou perto da entrada de sua casa, que pode ser um pentagrama ou outra imagem que você associe à proteção.

- Usando água salgada, desenhe pentagramas ou outros símbolos de proteção nas portas e janelas da casa.

- Pendure tranças ou guirlandas de alho, cebola e/ou pimenta em sua casa (apenas para proteção, não consuma esses itens).

- Deixe uma cabeça de alho em cada peitoril nas janelas para absorver qualquer energia negativa antes que ela entre em casa. Descarte as cabeças velhas e substitua-as a cada lua nova.

- Pendure uma ferradura acima da porta da frente, com a parte aberta virada para cima.

Se não for possível ou decidir não considerar sua casa inteira (ou outra construção) como um local sagrado, você pode adaptar a lista anterior de acordo com a área disponível. Por exemplo, se você designou uma parte de um cômodo:

- Mantenha no local uma pedra associada com proteção.

- Espalhe folhas desidratadas de manjericão.

- Posicione ou desenhe um pentagrama ou outro símbolo de proteção.

- Salpique um pouco de sal marinho ou borrife água salgada.

- Deixe uma cabeça de alho no seu espaço.

À medida que realizar as tarefas diárias no local sagrado — em especial se você dedicou sua casa inteira —, esteja atenta às energias ao seu redor. Para atrair energia positiva, tire o pó, passe pano, lave e limpe as bancadas usando movimentos no sentido horário. Para dispersar as energias não desejadas, use movimentos no sentido anti-horário.

Montando seu altar

Em meu livro *The Modern Guide to Witchcraft* eu discuti em detalhes o processo de montar um altar. Aqui, vou oferecer a versão resumida. Seu altar é sua "mesa de trabalho" básica, onde você pratica magia — assim como um carpinteiro corta, molda, cola e martela pregos em sua bancada de trabalho. O altar proporciona um ponto focal quando você estiver fazendo feitiços, realizando rituais, meditando, comunicando-se com deidades ou conduzindo qualquer outra prática mágica que desejar, seja sozinha ou com outras pessoas. Você pode montar um altar permanente ou um temporário em seu local sagrado, dependendo das circunstâncias e de suas preferências.

O que constitui um altar?

Você pode montar um altar com praticamente qualquer coisa — sua intenção é o que importa, além do entendimento de que o altar é sagrado. Talvez você deseje transformar um móvel bonito em altar. Ou apenas opte por cobrir uma prateleira, rack ou caixa de papelão com uma toalha bonita. Se você escolher trabalhar ao ar livre, poderia consagrar uma pedra grande ou o toco de uma árvore como altar. Se decidir erguer um altar temporário, desfaça-o quando terminar de lançar seu feitiço.

Muitas pessoas mantêm os instrumentos mágicos sobre o altar e guardam-nos depois de usá-los. Caso você deixe os seus em um lugar mais ou menos permanente ou só possa fazer isso de modo temporário, promova o equilíbrio escolhendo itens que representem todos os quatro elementos: terra, ar, fogo e água. Isso pode significar dispor seu

pentagrama, atame (punhal cerimonial), varinha e cálice no altar. (Falaremos mais dessas ferramentas no Capítulo 6.) Ou você pode usar um cristal para representar a terra, incenso para simbolizar o ar, uma vela para retratar o fogo e uma pequena tigela ou vaso para representar a água. É possível ter no altar qualquer objeto que apresente significado sagrado ou positivo para você: pedras preciosas, estátuas de deidades, imagens de animais de poder, flores frescas etc., assim como os instrumentos que usará na feitiçaria. O mais importante é que você tenha uma sensação de paz, alegria, segurança e poder pessoal quando fizer feitiços no local sagrado. Seu altar serve como uma âncora e um centro de foco dentro do espaço.

Altares sazonais

Talvez você goste da ideia de dedicar seu altar para celebrar a mudança das estações ou assinalar feriados especiais, como os oito sabbats (explicados no Capítulo 8). Isso vai ajudar você a entrar em sintonia com as energias da época e a manter seu altar renovado.

Posicionando seu altar

Não há lugar certo ou errado dentro do seu espaço sagrado para posicionar o altar. Geralmente, a localização depende do espaço disponível, de quem participará dos feitiços e rituais (só você ou outras pessoas também) e de que tipo de magia você planeja praticar. Algumas pessoas gostam de posicionar o altar no centro do espaço, o que é conveniente se vários feiticeiros forem trabalhar juntos. Outras preferem posicioná-lo no norte ou leste. Você pode mover o altar para pontos diferentes em épocas diferentes do ano ou de acordo com as mudanças das fases da lua. Dependendo do seu espaço, você pode decidir erguer mais de um altar — talvez manter um principal e outros menores em cada uma das quatro direções. A escolha é toda sua.

Altares direcionais

Se você optar por ter um altar em cada um dos pontos cardeais ou "quadrantes", considere decorá-los para corresponder à natureza da direção. As bruxas associam a cor amarela ao leste, a vermelha ao sul, azul ao oeste e verde ao norte. Você pode utilizar velas, flores, tecido, pedras preciosas ou outros objetos nas cores apropriadas para representar as energias e aumentar a consciência do seu lugar no todo.

Lembre-se de limpar tudo antes de arrumar os itens no altar, lavando-os com água e sabão, defumando-os com sálvia ou incenso, friccionando gentilmente com um pedaço de citrino (quartzo amarelo) ou visualizando-os cercados e impregnados com uma luz branca e pura.

Traçando um círculo mágico

Quase qualquer livro sobre magia e feitiçaria abordará a importância de traçar um círculo mágico e oferecerá sugestões de como fazê-lo. Os círculos possuem uma riqueza de simbolismo, incluindo integridade, unidade, completude, proteção, eternidade e poder. Algumas pessoas dizem que um círculo protege aqueles que estão em seu interior, bloqueando as forças do mal. Embora isso possa ser verdade, não é o principal motivo para adotar essa prática. Muitas tradições recomendam praticar magia dentro de um círculo psíquico por vários motivos:

- Um círculo ergue uma cerca energética ao redor do lugar onde você pratica sua magia. Essa cerca mantém as energias indesejadas fora do espaço sagrado, para que não possam perturbar ou interferir no que você estiver fazendo.

- Um círculo acumula a energia positiva que você reúne durante seu feitiço ou ritual, mantendo e intensificando seu poder e intenção até que esteja pronta para liberá-los no mundo.

- Se estiver trabalhando com outras pessoas, um círculo soma e potencializa suas energias para que o poder do grupo se torne maior do que o poder de cada um individualmente.

- Um círculo conduz a um contato mais próximo com o sagrado, transferindo você temporariamente da esfera mundana para o reino da magia e do mistério. É possível perceber que suas ações se tornam diferentes de sua existência cotidiana e isso aumenta a intensidade de seu foco. Durante o tempo em que permanece dentro do círculo, você ocupa uma zona sagrada, mais perto dos deuses, deusas e espíritos que podem oferecer ajuda, orientação e proteção enquanto você executa seu feitiço.

Como eu disse antes, fazer um círculo começa como um ato de fé, de certa forma — você *acredita* que o círculo esteja lá. Com o tempo, ou até na primeira tentativa, você sentirá que a energia dentro dele é muito diferente daquela que está do lado de fora.

Preparando-se para traçar um círculo mágico

Antes de começar a traçar o círculo propriamente dito, é importante preparar o espaço onde você o erguerá. Isso significa limpá-lo física e psiquicamente, assim como faria com qualquer local sagrado. Retire tudo que não fizer parte do feitiço ou ritual que será feito ali. Varra energias velhas, como foi mencionado antes. Defume com sálvia ou incenso.

Remova quaisquer distrações. Desligue os eletrônicos: TV, celular etc. Certifique-se de que as pessoas não envolvidas no feitiço ou ritual saibam que não devem atrapalhar. Leve os animais de estimação para onde não possam interromper. Limpe os instrumentos, os ingredientes do feitiço e outros itens que você usará na sua magia. Leve-os para a área onde vai trabalhar.

Agora, você e os outros participantes devem se preparar. Vá ao banheiro e atenda a quaisquer outras necessidades, para que não precise interromper o feitiço/ritual depois de iniciado. Talvez deseje passar um tempo meditando ou cantando para acalmar sua mente e mudar o foco. Use o defumador de sálvia para purificar a si e aos outros e remover energias indesejadas antes de entrar no local sagrado. Você pode querer ungir os participantes com água benta, óleos essenciais ou outras substâncias que sirvam para purificar e unir todos os envolvidos.

Orientação básica para o traçado do círculo mágico

O ritual para traçar o círculo mágico pode ser tão simples ou complexo quanto você desejar (ou julgar necessário). Alguns grupos mágicos preparam cerimônias elaboradas e intrincadas que envolvem muitos ingredientes e detalhes minuciosos. Mas também é possível traçar um círculo perfeitamente eficiente apenas visualizando a área circundada por uma parede de luz pura e branca. Por muitos anos, trabalhei dentro de um grande labirinto de pedra que eu havia construído em um bosque atrás de casa. Ele funcionava tanto como local sagrado quanto um círculo mágico permanente. As instruções a seguir são apenas sugestões — sinta-se livre para desenvolver seu método de acordo com suas preferências.

1. Reúna os participantes no local, para que todos estejam no centro quando você traçar o círculo. Depois de entrar no local sagrado, não fale a menos que a conversa seja parte do ritual ou feitiço.

2. Caminhe ao redor do perímetro (em geral, três vezes) do seu espaço pretendido, começando no leste e movendo-se no sentido horário até completar o círculo e voltar ao ponto de partida. Se preferir, trace o círculo na mente usando uma espada, varinha ou atame cerimonial. Delineie a parte externa do círculo empunhando a varinha ou lâmina paralelamente ao chão e apontando-a para fora. Esse ato físico define o círculo na sua mente.

3. Para expandir o círculo de forma que ele exista tanto no reino físico quanto no espiritual, visualize a energia sendo canalizada para o espaço definido. Em seguida, expanda-o imaginando uma esfera de energia que preencha o espaço acima, abaixo e ao redor. Com a imaginação, atraia energia da terra e do céu, mesclando-as para que a combinação preencha o espaço.

4. Se convidar quaisquer espíritos, guias, deidades, ancestrais etc. para se juntarem ao feitiço/ritual, esta é a hora de chamá-los. Falaremos sobre essa prática no Capítulo 7.

Quando o círculo estiver traçado, ninguém deve sair ou entrar. Se for extremamente necessário, use seu atame (ou sua mão) para "cortar" uma abertura no círculo no formato de uma porta, permitindo assim a passagem. Depois, sele a entrada.

Abrindo o círculo

Depois de terminar seu ritual ou feitiço, você deve abrir o círculo para que a energia reunida dentro dele possa fluir para fora e materializar-se no mundo. Em suma, você reverterá os passos que seguiu para traçar o círculo.

1. Se tiver invocado algum deus/deusa, anjos, espíritos, animais de poder ou outras entidades não físicas, agradeça-lhes pela ajuda e deixe-os ir. (Falaremos mais sobre isso no Capítulo 7.)

2. Se usou um atame, varinha ou espada ritualística, empunhe-o apontando para fora, como fez ao traçar o círculo. Refaça o traçado original, mas ao contrário — caminhe no sentido anti-horário (três vezes, se foi o que fez antes) até remover toda a energia psíquica utilizada.

3. Imagine a energia mágica que você reuniu durante seu feitiço/ritual fluindo para o universo, onde ela se manifestará de acordo com suas intenções. Sinta que tudo é como deve ser e confie que seus objetivos vão se manifestar em harmonia com sua vontade e com a Vontade Divina.

4. Apague as velas e/ou outras chamas. Reúna seus instrumentos (a menos que prefira deixá-los no seu local sagrado) e tudo que tiver levado para dentro do espaço. Agora, todos os participantes podem sair do círculo e voltar ao mundo físico.

É isso, em resumo. Você pode adaptar esse padrão básico para torná-lo mais pessoal, embelezá-lo para conferir mais drama ou interpretá-lo de acordo com suas próprias crenças. Nos próximos capítulos, falaremos sobre outras possibilidades que talvez você considere incluir. Também te encorajo a ler outros livros e usar a criatividade para encontrar maneiras de aprimorar seu método de traçar o círculo, de forma a torná-lo mais significativo para você. Provavelmente há tantas opções quanto praticantes da magia — o único limite é sua imaginação.

CAPÍTULO 4

O PODER É NATURAL

LIVRO DOS FEITIÇOS
Skye Alexander

A MAGIA DA NATUREZA

4

Hoje, poucas pessoas usam olhos de salamandra ou dedos de sapo em feitiços. É mais provável que escolham ingredientes do dia a dia que possam ser encontrados em qualquer supermercado ou loja esotérica — ou, melhor ainda, na natureza. Usar componentes naturais é uma maneira maravilhosa de aumentar sua conexão com a Mãe Natureza e aumentar o poder de seus feitiços ao adicionar a energia de plantas, pedras etc. Desde os tempos antigos, bruxas, xamãs, feiticeiros e outros praticantes de magia procuraram material para os feitiços na natureza. Eles usavam ervas e flores para fazer poções de cura, unguentos, cataplasmas e tônicos. Pedras preciosas e cristais davam proteção, aumentavam os poderes pessoais e atraíam bênçãos. O mundo natural ainda fornece uma variedade de plantas, minerais e outros tesouros que você pode usar nos seus trabalhos mágicos.

Muitos dos feitiços na Parte II deste livro incluem elementos botânicos e/ou pedras preciosas. No início da maioria dos capítulos, você encontrará listas que recomendam as melhores plantas, ervas, óleos essenciais e cristais para usar em diferentes tipos de feitiços.

Magia simpática

A filosofia básica da magia simpática é simples: semelhante atrai semelhante. Isso significa que, na feitiçaria, um item pode servir como representação ou substituto para outro componente similar ao primeiro
de alguma forma. Também significa que as semelhanças não são coincidência e representam uma conexão — física, espiritual, energética —
entre dois itens. Por exemplo, a raiz de ginseng se parece com o corpo
humano, uma similaridade que alguns curandeiros acreditam que con-
tribui para as propriedades medicinais da planta. Ao criar feitiços, você
pode usar associações entre componentes para resultados mais eficientes. Em algumas ocasiões, talvez você tenha consciência dessas conexões; em outros casos, o entendimento acontece em nível subconsciente.

Já que existem semelhanças entre itens, vez ou outra você pode
substituir um ingrediente por outro nos feitiços. Por exemplo, um gi-
rassol representa a energia do sol; então se estiver fazendo um feitiço
que precise de poder solar, você pode usar sementes ou pétalas de gi-
rassol para representar esse poder. Se for um feitiço de amor, é possível usar uma rosa cor-de-rosa ou um pedaço de quartzo rosa — ambos
estão ligados à vibração do amor. A energia da flor é mais rápida e a
do cristal, mais duradoura. No entanto, qualquer uma delas pode fazer parte de um feitiço para o amor.

Exercício: simbolismo

Reserve um momento para analisar como você faz associações. Já que sua mente é o fator mais importante na magia, as imagens mentais que você forma são tremendamente importantes ao criar feitiços. O que as palavras na lista a seguir significam para você? Que ideias e conexões elas provocam na sua mente?

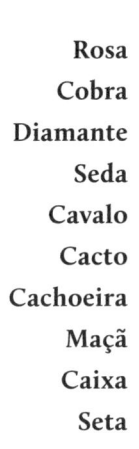

Rosa
Cobra
Diamante
Seda
Cavalo
Cacto
Cachoeira
Maçã
Caixa
Seta

É provável que sua mente, de maneira instantânea, forme uma imagem do objeto. Mas, além disso, sua imaginação provavelmente saltou em outras direções e começou a fazer associações. Por exemplo, a palavra *diamante* pode tê-la feito pensar em imagens de casamento ou riqueza. A palavra *cavalo* pode ter desencadeado pensamentos de liberdade, poder, graça, velocidade ou beleza. Como seu subconsciente faz associações desse tipo de modo espontâneo, você pode fazê-lo trabalhar a seu favor nos feitiços, escolhendo objetos que simbolizem suas intenções.

Neste livro, você verá muitos exemplos de magia simpática. Alguns dos feitiços na Parte II recomendam a escolha de componentes que tenham significado pessoal ou se relacionem aos seus objetivos e sua inclusão nos feitiços. Conforme avançar no conhecimento e experiência como feiticeira, você automaticamente começará a fazer conexões desse tipo.

Conexões das cores

As cores nos cercam e influenciam de inúmeras formas, quer a gente perceba ou não. É por isso que as cores têm um papel tão importante na feitiçaria. O verde geralmente é usado em feitiços de dinheiro nos Estados Unidos, porque uma das faces do papel moeda norte-americano é verde. Na natureza, o verde também nos faz pensar em brotos e plantas saudáveis. Essas são associações poderosas. O amarelo nos lembra da luz do sol, do calor e da felicidade, então os praticantes de magia o utilizam em feitiços para atrair sorte e alegria. Associamos a cor vermelha com paixão; por isso, feitiços de amor em geral incluem flores e pedras preciosas vermelhas. Na magia simpática, o que "parece" geralmente "é". A mensagem nas entrelinhas é confiar em seus instintos — se algo parece, de forma intuitiva, certo para você, vá em frente.

Cores e culturas

Culturas diferentes têm conexões e simbolismos distintos para as cores. Por exemplo, na China o branco é considerado a cor do luto. As noivas chinesas usam o vermelho, uma cor da sorte no país. Para as bruxas, o preto significa poder, não luto. Cada indivíduo também reage de maneiras diferentes a certas cores. Ao fazer feitiços, escolha cores que tenham significado para você.

Flora mágica

Muitas plantas possuem propriedades medicinais e de cura, mas para nosso propósito focaremos aqui nos atributos metafísicos das ervas e flores. A categoria "flora" inclui flores, ervas, árvores, arbustos, frutas, vegetais e todas as outras espécies de plantas. Na feitiçaria, cada uma tem seu propósito e valor. Na verdade, as plantas são provavelmente os ingredientes usados com mais frequência nos feitiços de todos os tipos.

Escolhendo e preparando as plantas

Há 5 mil anos, o imperador chinês Shen Nung compilou o primeiro livro de referência botânica de que se tem notícia. Embora o texto original não exista mais, muitos herbários se originaram dele. Há mais ou menos 2 mil anos antes do nascimento de Cristo, os egípcios e os sumérios mantinham registros sobre as propriedades e aplicações das plantas. Os egípcios faziam uso extensivo das ervas para fins medicinais e cosméticos — e também para embalsamar.

Conforme as rotas comerciais do mediterrâneo cresciam e prosperavam, o uso das ervas alcançou a Grécia. O notável médico grego Hipócrates (cerca de 460-375 AEC) incluiu em seus escritos mais ou menos quatrocentos remédios feitos de ervas. Os remédios refletiam suas crenças de que todas as doenças e indisposições físicas eram causadas por desequilíbrios nos quatro humores corporais, que refletem os quatro elementos da natureza: terra, água, fogo e ar. Quando os desequilíbrios ocorriam, os médicos recomendavam remédios à base de ervas para restaurar a harmonia e facilitar a cura. Na antiga Inglaterra, os sacerdotes Druidas, que também eram curandeiros, entendiam as influências planetárias inerentes à flora e usavam esse conhecimento para tratar doenças.

As plantas que crescem espontaneamente, sem ajuda ou interferência de fontes externas (como um jardineiro ou fazendeiro), são classificadas como "silvestres". Embora as ervas cultivadas cresçam em ambiente controlado, elas podem ser tão eficientes e potentes quanto as silvestres. Você encontra ervas frescas, desidratadas ou a granel nas feiras e lojas de produtos naturais. Note que uma relação especial cresce entre as plantas e as pessoas que as cultivam, então se você não mora em um lugar onde possa encontrar ervas silvestres, considere cultivar as suas.

Ao selecionar plantas, certifique-se de que estejam cheias de vitalidade. Escolha as orgânicas, se possível. Se estiver comprando ervas e não souber sob quais condições foram cultivadas, lave-as com cuidado para remover qualquer resíduo químico que possa ter sido usado. Você não vai querer as energias venenosas de pesticidas presentes no seu feitiço! Se estiver colhendo uma planta que você mesma cultivou ou encontrou na natureza, peça a permissão da planta primeiro. Agradeça-lhe por sua ajuda, caso planeje comê-la ou utilizá-la em um feitiço. Você também pode escolher deixar uma oferenda em troca do que recebeu, como uma dose de bebida ou um pequeno cristal para honrar a terra. Outra forma de agradecer é cuidar da terra removendo lixo e entulho.

Se não pretende usar uma planta imediatamente após colhê-la, desidrate-a da maneira apropriada para que ela retenha o máximo de sua força vital. A melhor forma de fazer isso é pendurá-la de ponta-cabeça em ramos, em um local arejado, seco e relativamente escuro. Você também pode secá-las em uma superfície, distribuindo-as sobre um prato ou tábua de corte coberta por um pano. Se escolher este último método, precisará virar as folhas, caules ou flores com frequência para que desidratem homogeneamente e não apodreçam.

Para armazenar as plantas, você pode manter os ramos pendurados ou remover as folhas e flores e guardá-las em frascos ou potinhos herméticos de vidro escuro (âmbar e cobalto). Isso desacelera os efeitos nocivos da luz e preserva as ervas por mais tempo.

Óleo de dente-de-leão

Esta receita básica de óleo floral pode ser usada para ungir velas e talismãs. O dente-de-leão é silvestre e pode ser que você não goste muito por ele ser uma "erva daninha", mas sua simplicidade não está relacionada a menos poder mágico.

Ingredientes/Instrumentos:
- *Flores de dente-de-leão*
- *Frasco com tampa hermética*
- *Azeite extravirgem ou óleo de semente de uva (quantidade determinada pelo tamanho do frasco)*
- *1 hashi*

Colha os dentes-de-leão ao meio-dia de um dia ensolarado — isso embebe a planta com a energia radiante do sol e, por motivos práticos, garante que as flores estejam secas. Preencha totalmente o frasco com as flores do dente-de-leão e adicione óleo suficiente para cobri-las. Use o hashi para retirar as bolhas de ar. Feche o frasco e mantenha-o em ambiente arejado e seco. Nas primeiras duas semanas, você precisará abrir o frasco algumas vezes para retirar novas bolhas de ar e tornar a enchê-lo até a boca com óleo, certificando-se de fechar bem a tampa. Depois disso, você pode usar esse óleo floral encantador para ungir quaisquer objetos que for utilizar nos feitiços.

Utilizando as plantas na magia

Você pode usar as plantas, frescas ou desidratadas, de várias maneiras. Recheie bolsinhas com matéria vegetal desidratada para fazer amuletos ou talismãs ou escolha ervas e flores perfumadas para fazer sachês e pot-pourri. Muitos dos feitiços na Parte II usam plantas dessa maneira.

Algumas plantas podem ser queimadas em chamas rituais, como oferendas ou para purificação. Uma das plantas mais populares para isso é a sálvia. Muitas também vêm na forma de incenso (palitos, cones, espirais), que você pode queimar durante os feitiços e rituais — muitos feitiços da Parte II envolvem queima de incenso.

É possível fazer uma infusão de ervas com água fervente: adicione as flores e ervas depois de apagar o fogo. Deixe a planta descansar na água por vários minutos, depois coe e despeje a água em um frasco de vidro. Se preferir, coloque flores na água e deixe no sol para "macerar". A essência das flores ficará na água. Para preservar o líquido, adicione uma pequena quantidade de bebida alcoólica na água, como conhaque ou vodca. Borrife um cômodo com água floral para purificá-lo e uma pequena quantidade em um amuleto ou talismã para energizá-lo.

Você pode fazer óleos essenciais de suas plantas favoritas (embora muitas pessoas achem mais fácil comprá-los). Os óleos costumam ser usados para ungir, consagrar e abençoar. Você pode adicioná-los aos banhos também, e alguns podem ser ingeridos (mas verifique primeiro, pois alguns são tóxicos). Todo tipo de óleo, como a planta da qual deriva, tem suas associações únicas para aumentar o poder de seu feitiço.

Fazendo uma fogueira ritualística

Os Druidas reverenciavam as árvores e entendiam a natureza mágica de seus diferentes tipos. Por exemplo, os carvalhos simbolizam força e longevidade; freixos e sorveiras fornecem proteção; cedros atraem prosperidade; pinheiros purificam. Você pode queimar um único tipo de madeira ou combinar vários em uma fogueira ritualística para produzir o resultado desejado. Se decidir cortar um ramo ou galho, lembre-se de pedir a permissão da árvore e agradecer-lhe depois. Deixar uma oferenda para a árvore, como fertilizante orgânico, por exemplo, também é uma boa ideia.

O poder das pedras

Muito antes das pessoas enaltecerem pedras preciosas por motivos financeiros, elas as valorizavam por suas propriedades mágicas. Os feiticeiros ainda fazem isso. Você provavelmente já usou pedras preciosas em feitiços, embora não tenha percebido na época. Você já usou uma joia que continha a pedra de seu nascimento? Elas se alinham à energia do seu signo do zodíaco e são usadas desde a antiguidade para aumentar, modificar e equilibrar o arranjo astrológico de uma pessoa.

A natureza densa e a longa durabilidade das pedras permitem que elas retenham energia por muito tempo. Uma pedra preciosa usada por sua bisavó provavelmente ainda contém parte da energia dela. Isso significa que você pode fazer um feitiço usando uma pedra e ele durará por anos. Também quer dizer que é necessário limpar as pedras antes de usá-las a fim de remover quaisquer energias de pessoas que as utilizaram.

Assim como toda planta, as pedras contêm certas características e qualidades que você pode acessar em seus feitiços. Geralmente, as propriedades mágicas de uma pedra estão ligadas à sua cor, talvez ainda mais do que sua composição mineral. Novamente, este é um exemplo de magia simpática e de associações que fazemos com cores. A lista a seguir mostra as correspondências entre a cor de uma pedra e seu significado mágico:

- Pedras vermelhas: paixão, coragem, vitalidade.
- Pedras laranja: entusiasmo, boa sorte, autoconfiança.
- Pedras amarelas: felicidade, criticidade (o citrino e o quartzo amarelo são usados para limpeza).
- Pedras verdes: prosperidade, crescimento, cura física.
- Pedras azuis: paz, comunicação, habilidade psíquica.
- Pedras rosas: amor, amizade, interações sociais, equilíbrio emocional.
- Pedras brancas: pureza, limpeza, clareza, proteção.
- Pedras pretas: estabilidade/permanência, banimento da negatividade, estabelecimento de limites.

As pedras preciosas são sagradas por natureza, quer as consideremos assim, quer não. Elas não são objetos inertes — possuem a energia da vida. Essa energia se manifestará nos seus feitiços, então pense com cuidado nas pedras que escolher e na conexão que tem com elas.

Preparando as pedras para o feitiço

Amuletos, talismãs e outros tipos de feitiços geralmente incluem pedras. Você pode usar apenas uma pedra no feitiço ou combinar várias para sintonizar seus objetivos. Digamos, por exemplo, que você esteja fazendo um feitiço do amor e deseje atrair paixão e afeição. Nesse caso, você pode incluir uma cornalina e um quartzo rosa. Se também buscar estabilidade, adicione um pedaço de ônix.

Se usar apenas uma pedra no feitiço, que seja um pedaço de quartzo transparente. Esses cristais têm muitas funcionalidades: retêm ideias e intenções; atraem e enviam informações; aumentam, focam e direcionam energias; armazenam informação para uso futuro e permitem que você olhe para o futuro e o passado. Devido aos minerais em sua composição, os cristais existem em uma variedade de cores, que dão pistas de sua aplicação nos feitiços.

Antes de começar a trabalhar com pedras preciosas e cristais, limpe qualquer energia residual deixada por alguém que os tenha utilizado antes. Experimente os métodos a seguir:

- Lave a pedra com sabão neutro e água e deixe-a secar ao sol. Melhor ainda se puder lavá-la em um córrego de água limpa.
- Exponha a pedra à luz da lua por uma noite.
- Defume a pedra com sálvia ou repouse-a sobre uma cama de folhas desidratadas da planta.
- Friccione sua pedra gentilmente com um pedaço de citrino (quartzo amarelo).
- Enterre a pedra preciosa por alguns dias ou, se possível, por todo o mês lunar, começando na lua cheia.

Utilizando pedras preciosas e cristais nos feitiços

No início da maioria dos capítulos da Parte II, você encontrará uma lista de pedras específicas que bruxas e magos geralmente usam de acordo com o tipo de feitiço. Em linhas gerais, as pedras opacas funcionam bem em feitiços que envolvem aspectos materiais; as pedras nebulosas ou translúcidas são melhores para situações emocionais, e as pedras transparentes relacionam-se a situações mentais ou espirituais.

Cristais e pedras preciosas estão entre os instrumentos mais básicos e versáteis do feiticeiro. Você pode usá-las em praticamente qualquer feitiço, de uma variedade de formas, de acordo com suas preferências e com a natureza do feitiço:

- Coloque uma ou mais pedras e/ou cristais em um patuá ou saquinho de tecido para criar um talismã ou amuleto.

- Para aumentar sua energia pessoal, carregue no bolso alguma pedra que tenha um significado especial para você.

- Use pedras preciosas/pedras de nascimento para aumentar, acalmar, fortalecer, equilibrar ou influenciar seus padrões energéticos.

- Coloque na água pedras que se relacionem com sua intenção, depois remova-as e beba a água.

- Adicione pedras para aumentar as propriedades sadias da água do banho.

- Mantenha pedras ou cristais em pontos estratégicos da sua casa para proteger, harmonizar os padrões de energia ou atrair as condições que você deseja.

- Ofereça pedras às deidades e espíritos em troca de ajuda.

- Mantenha uma pedra de proteção ou cristal de quartzo no seu carro para trazer segurança ao viajar.

- Posicione pedras sobre seus chacras (centros energéticos) para promover saúde e bem-estar (ver Capítulo 15).

- Olhe fixamente para um cristal a fim de enxergar além do alcance normal de sua visão; isso é conhecido como vidência.

- Use uma pedra preciosa ou cristal como pêndulo para divinação (ver Capítulo 6).

- Medite com pedras e/ou cristais para aumentar seu poder de concentração e relaxamento.

- Leve um cristal consigo quando viajar e para que ele registre a memória da viagem.

- Energize um cristal com uma mensagem ou intenção e, depois, direcione-a para alguém que deseje contatar. Você pode fazer isso ao segurar o cristal em sua testa e enviar seus pensamentos para dentro dele ou segurando-o contra seus lábios e dizendo o que deseja que ele faça. Em seguida, afaste o cristal de você e imagine a mensagem fluindo pelas bordas em direção à pessoa.

Essa lista é básica diante das infinitas possibilidades mágicas ao seu alcance. Na Parte II deste livro, você encontrará vários feitiços que integram o poder das pedras preciosas e dos cristais. Quanto mais trabalhar com eles, mais você descobrirá. Trate-os com amor e respeito. Limpe-os com frequência para remover quaisquer energias indesejadas (a menos que elas sejam mantidas em um local permanente como parte de um feitiço). Quando não estiver usando as pedras, guarde-as em um local seguro — enrolá-las em seda vai ajudar a evitar que as vibrações do ambiente as afetem. Se preferir, exiba-as com orgulho em seu altar ou em outro local de honra. Trate seus cristais e pedras preciosas como parceiros valiosos, e eles trabalharão para você alegremente por toda a vida.

CAPÍTULO 5

ELAS DIZEM TUDO

Skye Alexander

O PODER DAS PALAVRAS

Todos nós nascemos com um maravilhoso instrumento que podemos usar para cura, transformação e magia: a voz. Os primeiros feitiços provavelmente eram falados. Os antigos xamãs, bruxas e feiticeiros entendiam que o som e a ressonância tinham o poder de mudar a realidade. Eles podem ter pronunciado palavras que apresentavam significado de uma maneira explícita, mas também continham sons que impactavam os éteres ao serem ditas em voz alta. Hoje, os feiticeiros ainda usam cantos, orações, afirmações e outros tipos de magia verbal, como você verá na Parte II deste livro.

Em meados dos anos 1990, o cientista japonês Masaru Emoto começou a fazer experimentos sobre como as palavras afetavam a água. Ele descobriu que elas podiam alterar visualmente a estrutura da água. Assim como cada floco de neve é único, Emoto percebeu que cada palavra produzia uma forma única quando a água era congelada. Quando as palavras *amor, gratidão* e *paz* eram projetadas na água, ela congelava, formando desenhos bonitos. Expressões como "eu te odeio" causavam formas distorcidas e fragmentadas. A energia vibracional realmente mudava a aparência física e a forma molecular da água. O

fato interessante é que não importava que idioma fosse usado. As palavras *amor, love, amore* e o símbolo kanji para amor geravam flocos de neve similares.

Como o universo — e tudo nele — é composto de vibrações, todos os sons produzem efeitos. Quando você leva em consideração que todas as palavras geram resultados, faz sentido escolhê-las com sabedoria e pensar antes de falar.

O poder da prece

Durante milhares de anos, em diferentes culturas, as pessoas buscaram a intervenção divina para aliviar o sofrimento e atrair bênçãos através da prece. John Bunyan, pastor e escritor inglês do século XVII, disse que a oração é o "derramamento sincero, sensível e afetuoso da alma para Deus". O poeta americano Ralph Waldo Emerson descreveu a prece como "um estudo da verdade". A Igreja da Unidade define a oração como um "conhecimento interior e silencioso da alma... da presença de Deus". As bruxas veem a prece como uma forma de se comunicar com o Divino.

Curando com preces

Assim como a meditação, a prece acalma a mente e o corpo, conduzindo você a um estado gentilmente alterado de consciência onde é possível receber ideias e orientações. No nível físico, baixa a pressão sanguínea, os batimentos cardíacos desaceleram, a respiração também, e as glândulas adrenais secretam menos hormônios induzidos por estresse. Consequentemente, não apenas a pessoa por quem se reza é beneficiada, mas também a pessoa que faz a prece. A oração é também uma demonstração de esperança e, como você já sabe, esperança e uma atitude positiva podem gerar bons resultados.

Quer você esteja orando para si mesma ou para outra pessoa, suas palavras têm um poder incrível. De acordo com o dr. Larry Dossey, médico e autor de *O Poder da Oração que Cura*, nos casos de preces de intercessão (orar para outra pessoa a distância), a consciência da pessoa que está rezando de fato influencia o corpo da pessoa por quem se reza. Dossey descobriu que "mais de 130 estudos feitos em ambiente controlado mostram que a oração, ou um estado similar de compaixão, empatia e amor, pode manifestar mudanças sadias". Vários estudos indicam que a prece pode ter um feito benéfico sobre várias doenças.

Prece e magia

Muito do trabalho mágico envolve cura — fazer feitiços para si e para outros. Portanto, é encorajador perceber que o resultado de suas palavras e intenções é de fato cientificamente mensurável. No entanto, você pode acessar o poder da oração para qualquer propósito: obter proteção, atrair amor e assim por diante.

Ao orar para um poder superior, isso sugere que você honra esse poder — Deus, Deusa, Espírito, seu anjo da guarda ou como você o imaginar — e que há uma conexão estabelecida entre vocês, o que te permite invocar a ajuda desse poder superior. Também sugere que você acredita que o poder superior possa remediar a situação. Rezar não é implorar ou negociar com uma deidade para que ela dê o que você deseja; é humildemente alinhar seu desejo pessoal com o Desejo Divino. Você se compromete a cocriar o melhor resultado possível, sob a orientação de um poder superior.

A prece pode ter várias formas, desde a repetição formal de versos memorizados extraídos de textos religiosos em uma igreja ou templo a sentir gratidão por um lindo dia de sol. Você pode orar em silêncio ou em voz alta, sozinha ou com outras pessoas, por você mesma ou por alguém. Pode orar assim que acordar, antes das refeições, na hora de dormir, quando estiver presa no trânsito, no chuveiro, diante de seu computador ou fazendo uma caminhada no parque. Pode até se juntar a um grupo de oração on-line. A internet oferece centenas de sites onde você pode até postar um pedido de oração, responder a outros que precisam de ajuda ou ler testemunhos de pessoas que acreditam terem sido ajudadas dessa forma.

Palavras de poder

A literatura oculta ou espiritual traz várias referências ao poder da voz humana. Por milênios, as pessoas recitaram palavras mágicas como forma de evocar forças sobrenaturais e pedir ajuda. Isso geralmente é feito ao chamar o nome da deidade. Dizer o nome de alguém é tido como um ato de poder, dando àquele que chama influência sobre a pessoa chamada (o que é motivo para, em certas crenças, indivíduos terem nomes "públicos" e nomes "privados" que são mantidos em segredo). No Gênesis, Adão teve permissão para nomear os animais da terra, e assim obteve domínio sobre eles.

As bruxas e feiticeiros reconhecem o poder inerente a certas palavras e as usam em feitiços e rituais. Você certamente já ouviu a palavra *abracadabra*, mas ela não é apenas algo que um ilusionista de palco diz antes de tirar um coelho da cartola. Sua origem vem da expressão aramaica *Avarah K'Davarah*, que pode ser traduzida como "Eu criarei ao falar", e expressa sua intenção de manifestar um resultado. Os antigos magos escreviam as palavras como uma pirâmide invertida e as usavam em feitiços de cura. No Capítulo 13, você também aprenderá a fazer isso.

Muitas bruxas terminam os feitiços com as palavras "Assim seja e assim é".* Essa frase sela o feitiço e instrui o universo a manifestar seu desejo. Se precisar banir uma entidade ou energia indesejada, você pode ordenar-lhe que se retire dizendo: "Vá embora agora". Já a expressão "Abençoada seja" é um dos cumprimentos favoritos entre as bruxas e funciona como uma troca mágica de energia positiva.

Nos feitiços, você pode escolher falar ou escrever uma única palavra, frase ou afirmação mais longa. Palavras como *amor, abundância, poder, felicidade* e *segurança* trazem de imediato à mente o resultado que você busca. Ao falar as palavras em voz alta, você envia uma onda pelo cosmos afirmando sua intenção. Ao escrevê-las, os pontos de acupressão nos seus dedos provocam respostas no cérebro. Muitos dos feitiços na Parte II usam palavras como componentes.

Eu sou

Uma das afirmações mais poderosas e sagradas é também uma das mais curtas: "Eu sou". Ela te conecta à sua essência divina para propósitos criativos. Você pode conscientemente escolher formar uma frase que comece com "Eu sou" para manifestar uma condição desejada. Tome muito cuidado com a forma que vai usá-la. Seja lá o que disser como complemento, estará carregado de energia mágica e intenção. Nunca diga nada prejudicial ou depreciativo, como "Eu sou burra" ou "Eu sou feia" — essas afirmações podem se materializar como condições desagradáveis.

---

* Também é possível dizer "Está feito, está perfeito" ao encerrar um feitiço ou ritual, e também ao traçar o círculo mágico.

Afirmações

Uma boa maneira de definir sua intenção em um feitiço é criar o que se chama de afirmação. Trata-se de uma frase ou sentença curta que expressa de maneira clara e otimista uma condição que você deseja manifestar. As afirmações não deixam espaço para dúvida, medo ou ambiguidade. Quer você as escreva ou fale em voz alta, colocar suas intenções em palavras ajuda a focar a mente e empodera seus feitiços.

Criando afirmações eficientes

Como tudo na vida, há maneiras "certas" e "erradas" de elaborar afirmações. As dicas a seguir vão ajudar a expressá-las com eficácia:

- Faça afirmações curtas.
- Use apenas imagens positivas.
- Afirme sua intenção no tempo presente,
  como se a condição já existisse.

Vejamos alguns exemplos para ter ideia de como é fazer afirmações.

Certo: Eu sou completamente saudável de corpo, mente e espírito.

Errado: Eu não tenho nenhuma doença ou ferimento.

Viu a diferença? A primeira frase afirma o que você busca: saúde. A segunda faz você pensar nas condições que não quer: doença e ferimentos.

Certo: Agora eu tenho o emprego que é perfeito para mim.

Errado: Vou conseguir o emprego perfeito.

Na primeira frase, você afirma que o emprego que procura é seu agora. A segunda indica que um dia conseguirá o emprego que deseja, mas pode ser em algum momento distante no futuro.

Geralmente, é melhor ser específica ao criar afirmações. Se quer comprar um Mustang conversível ano 1965 vermelho com bancos de couro preto, por exemplo, liste os detalhes pertinentes na sua afirmação. Mas, em algumas circunstâncias, você não sabe todos os detalhes ou não quer limitar suas opções — como no exemplo do emprego que acabamos de considerar. Em certos casos, é melhor deixar o universo cuidar dos detalhes.

Vamos ver este exemplo. Uma amiga minha queria atrair mais dinheiro, então escreveu a seguinte afirmação: "Meu pagamento agora é mais do que suficiente para tudo que preciso e desejo". Quando li o que ela escreveu, logo percebi que ela limitou o potencial ao usar a palavra *pagamento*. Sugeri que mudasse a afirmação para: "Eu agora obtenho dinheiro mais do que suficiente para tudo que preciso e desejo". Pouco tempo depois, ela recebeu uma restituição inesperada do imposto de renda que manifestou a afirmação.

Usando afirmações nos feitiços

Ao lançar um feitiço, você pode declarar as afirmações em voz alta. Ou escrevê-las em pedaços de papel e colocá-las dentro de um patuá ou saquinho, para usar como talismã ou amuleto. Algumas pessoas gostam de riscar as palavras em velas usando um objeto pontiagudo e acendê-las durante um feitiço. Outra maneira popular de utilizar afirmações é escrevê-las em um mural pendurado onde possa ser visto com frequência. Toda vez que ler as palavras, você se lembrará de seu objetivo. Quando entender os passos básicos para criar afirmações, provavelmente encontrará várias maneiras originais de incluí-las em seus feitiços e rituais.

Encantamentos

Quer levar uma afirmação para o próximo nível? Transforme-a em um encantamento, que é escrito como rima. O ritmo e a estrutura cativantes tornam as palavras fáceis de lembrar. O ritmo também adiciona poder à sua afirmação ao se basear em padrões rítmicos da natureza, como as ondas quebrando na areia ou as batidas do seu coração. Não se preocupe com a qualidade literária de seus encantamentos; apenas siga os mesmos passos usados para criar afirmações e depois faça a adaptação.

Os encantamentos podem ter apenas duas linhas ou ser tão longos quanto sua imaginação e intenção conceberem. Você pode usá-los da mesma forma que faria com qualquer outra afirmação. Embora seja perfeitamente aceitável apenas escrever um encantamento, em geral eles são declamados em voz alta. Como utilizam tanto a rima quanto a métrica, talvez você goste da ideia de acrescentar uma melodia e cantá-los.

Aqui está um exemplo de encantamento para atrair amor, do meu livro *Nice Spells/Naughty Spells*:

> *As day fades into night*
> *I draw a love that's good and right.*
> *As the night turns into day*
> *We are blessed in every way.*
>
> *(Enquanto o dia vira noite/ Atraio um amor bom e correto/*
> *Enquanto a noite vira dia/ Somos abençoados por completo)*

Ok, não vai ganhar nenhum prêmio literário, mas transmite a mensagem, e é isso que importa. Você encontrará mais encantamentos na Parte II deste livro. É divertido criá-los — use sua imaginação para escrever os seus. Quanto mais energia colocar em sua criação, mais eficiente ela será. Se você faz feitiços com outras pessoas, entoar um encantamento juntos aumenta de maneira exponencial a energia. Os *wiccanos* e outros magos e bruxas geralmente entoam encantamentos nas celebrações. Entoar um encantamento de amor enquanto dança ao redor de um mastro durante o festival de Beltane, por exemplo, é uma alegre e poderosa forma de magia.

Repetição de frases cantadas

Quando pensa em cânticos, sua mente pode visualizar uma imagem de budistas recitando a frase em sânscrito *Om Mani Padme Hum* ou monges medievais entoando cânticos gregorianos em catedrais europeias. Mas aqui, estamos falando de frases, palavras ou sílabas repetidas em voz alta para um propósito específico. Rezar o terço é considerado um exemplo dessa prática. As bruxas às vezes entoam frases repetidas em forma de canto em seus rituais a fim de reunir energia e unificar todos os participantes. Alguns xamãs usam a técnica até para reconectar a alma de uma pessoa ao corpo físico depois de um trauma que causou a separação.

O dr. Alfred Tomatis, oftalmologista e otorrinolaringologista, carinhosamente conhecido como "dr. Mozart", percebeu que o ouvido foi o primeiro órgão dos sentidos a se desenvolver. Segundo ele, as frequências na faixa de 2 mil a 4 milciclos por segundo — aquelas encontradas no alcance superior da voz humana — são as mais benéficas para a cura. Essas ressonâncias estimulam vibrações no crânio e nos músculos do aparelho auditivo, que então revitalizam ou "energizam" o cérebro.

A natureza repetitiva desses cantos, assim como as palavras que o compõem, agem no seu subconsciente para gerar resultados. Talvez você deseje acompanhar seu canto com tambor ou chocalhos, batendo palmas, dançando ou tocando outros instrumentos musicais para aumentar a energia psíquica. A vibração do canto (assim como qualquer som que o acompanhe) tem um efeito mensurável no sistema nervoso. No auge, ele pode até estimular estados alterados de consciência, inclusive transes extáticos.

Algumas pessoas entoam mantras durante a meditação. Um mantra é um grupo de sons sagrados repetidos para propósitos espirituais. Ele não apenas te ajuda a focar; você se torna consciente do espírito que habita seu corpo. Ao reconhecer esse espírito e sua conexão com ele, você se transporta do mundo material para o reino mágico. É esse o motivo de geralmente ser benéfico meditar antes de lançar seu feitiço.

Você pode entoar frases para criar as circunstâncias que deseja. Também é possível aumentar sua conexão com as entidades divinas ou invocar seu auxílio. Entoar um canto é uma boa maneira de dispersar as energias indesejadas. O poder cumulativo dos sons repetidos desfaz os obstáculos que podem, de outra maneira, impedir o sucesso de um feitiço, do mesmo modo que o som das ondas pode eliminar obstruções no corpo, como pedras nos rins.

Sigilos

Você já desejou escrever sua própria linguagem secreta? Adivinha só, você pode! Uma maneira de fazer isso é criar sigilos para usar em seus feitiços. Um sigilo é um símbolo exclusivamente pessoal, desenhado para produzir um resultado específico. De certa forma, ele é um modo de se comunicar consigo mesma através de um código secreto, pois ninguém mais é capaz de interpretar o símbolo. Embora existam várias técnicas para desenhar sigilos, a mais fácil é criar uma imagem a partir de letras.

Comece escrevendo uma palavra ou afirmação curta que declare sua intenção. Descarte as letras repetidas. Por exemplo, a palavra SUCESSO contém três letras S, mas basta incluí-la uma vez no seu sigilo. Entrelace as letras restantes para formar uma imagem. Você pode usar letras maiúsculas e/ou minúsculas, em caixa alta ou letra cursiva. Posicione--as da forma regular, de cabeça para baixo ou espelhadas. O resultado expressará seu objetivo de maneira gráfica, para que seu subconsciente entenda, embora não vá fazer sentido para mais ninguém. Toda vez que olhar para o sigilo, você imediatamente reconhecerá o significado em um nível profundo e que reforça sua intenção.

O sigilo a seguir usa as letras A M O R combinadas para criar uma imagem. É claro que você pode configurar as letras de um milhão de maneiras diferentes, de acordo com suas preferências, e cada design será poderoso à sua própria maneira. Isso é o que torna os sigilos tão especiais.

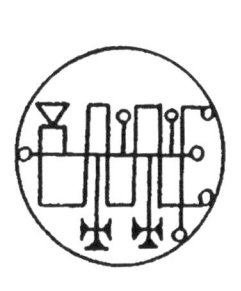  

O processo de criar um sigilo, assim como aplicá-lo, é um ato mágico. Trate-o dessa maneira. Talvez você deseje criar o sigilo como um trabalho mágico por si só e então usá-lo mais tarde como parte de outro feitiço. Dessa forma, você cria e lança, produzindo dois efeitos: a parte de criação (desenhar o sigilo) produz um efeito na pessoa que o desenha. Isso permite que ele seja usado para lançar outro feitiço, como adicionar o sigilo acima a um talismã do amor. Você pode incorporar sigilos em feitiços de inúmeras maneiras:

- Desenhe um sigilo em um pedaço de papel e costure dentro de um patuá ou uma bolsinha.
- Exiba o sigilo no altar para se lembrar de sua intenção.
- Pendure-o na porta da sua casa para proteção.
- Risque-o em uma vela usando um objeto pontiagudo e então deixe-a queimar até o fim para ativar seu objetivo.
- Desenhe ou borde um sigilo em um travesseiro.
- Inclua-o em pinturas, colagens ou outras artes que você criar.
- Pinte-o em um copo para transmitir a intenção para a água, o vinho ou outra bebida.
- Peça a um joalheiro para fabricar um pingente ou broche e use-o como um talismã.
- Tatue um sigilo no seu corpo.

Na Parte II deste livro, você encontrará sugestões para incluí-los em seus feitiços. Não há limites de quantos sigilos você pode desenhar ou de quantas formas pode usá-los. Deixe sua imaginação correr livre.

CAPÍTULO 6

O PODER DOS INSTRUMENTOS

Skye Alexander

Instrumentos e apetrechos mágicos

Os carpinteiros usam martelos, serras, chaves de fenda e várias outras ferramentas no trabalho. Chefes de cozinha utilizam facas, colheres, tigelas e panelas. O que os feiticeiros usam? Tecnicamente falando, você não precisa de nada além de sua mente para lançar um feitiço. No entanto, as pessoas que praticam magia em geral adotam certos instrumentos e apetrechos, em parte porque eles ajudam a focar e, portanto, alcançar maior sucesso nos feitiços.

Os instrumentos que você usa para fazer magia se conectam com seu subconsciente. O material, a forma e outras características do objeto dão dicas sobre seu simbolismo e, consequentemente, seu papel no feitiço, de acordo com o conceito de magia simpática. Embora alguns talvez pareçam familiares, seus propósitos mágicos podem ser significativamente diferentes de seus usos no mundo material. Neste capítulo, discutiremos alguns dos instrumentos mais populares que bruxas, feiticeiros e outros praticantes de magia utilizam e os papéis que eles desempenham nos feitiços. No entanto, lembre-se de que até as mais elegantes ferramentas requerem que você as energize com sua vontade. É possível trabalhar com algumas delas, com poucas ou nenhuma — é você quem escolhe.

Energias masculinas e femininas

Quando falamos de energias masculinas e femininas, não estamos falando de homens e mulheres. Em vez disso, nos referimos às forças complementares que existem por todo o universo: ação (masculino) e receptividade (feminino). Você perceberá que os instrumentos mágicos correspondem ao corpo humano, simbolicamente representando essas energias. A varinha e o atame, que retratam o poder masculino, têm forma fálica. O cálice e o caldeirão correspondem à energia feminina e ao útero. Os cinco raios do pentagrama simbolizam os cinco "pontos" do corpo: cabeça, braços e pernas.

A varinha

Sem dúvida alguma você conhece as varinhas mágicas. Os contos de fadas que amávamos quando crianças nos ensinaram que podíamos tocar a cabeça de um homem com a varinha e transformá-lo em um sapo ou fazê-lo desaparecer. Mas não é por isso que os feiticeiros usam varinhas. Seu real propósito é direcionar a energia. Você pode atrair ou enviar energia através delas. Aponte para os céus com a intenção de atrair poder cósmico. Aponte para uma pessoa, um local ou qualquer coisa para projetar a energia em direção ao seu objetivo. Alguns feiticeiros usam a varinha para traçar círculos mágicos.

Escolhendo sua varinha

Qual material faz a melhor varinha? Tradicionalmente, magos e bruxas usavam madeira, em especial de salgueiro, teixo, aveleira ou sorveira. Mas você não precisa se ater à tradição. Se desejar, escolha uma varinha feita de metal, vidro, quartzo, cerâmica — o que preferir. Caso se decida por uma varinha de madeira e planeje cortar um pequeno galho de uma árvore, sempre peça permissão primeiro e agradeça-lhe ao terminar. (Também é uma boa ideia fazer uma oferenda à árvore em troca.) Cortar uma varinha é um ritual por si só, então faça-o dentro do estado mental apropriado.

Sua varinha deve ter pelo menos quinze centímetros de comprimento e possuir um tamanho confortável para manusear. Você é uma pessoa que aprecia a simplicidade? Se for o caso, talvez prefira deixar sua varinha no estado natural. Gostaria de algo mais ornamentado? Então decore-a de acordo com seu gosto. Mais uma vez, a escolha é sua; no entanto, como a varinha é considerada um instrumento do "fogo", é uma boa ideia fortalecer o poder desse elemento com decorações apropriadas, como:

- Pintura vermelha, laranja ou dourada.
- Realces dourados, de bronze ou ferro.
- Pedras preciosas vermelhas ou laranjas: granada, rubi, cornalina, jaspe vermelho.
- Glifos astrológicos dos signos de fogo: Áries, Leão, Sagitário.
- Fitas, penas, contas etc. na cor vermelha ou laranja.

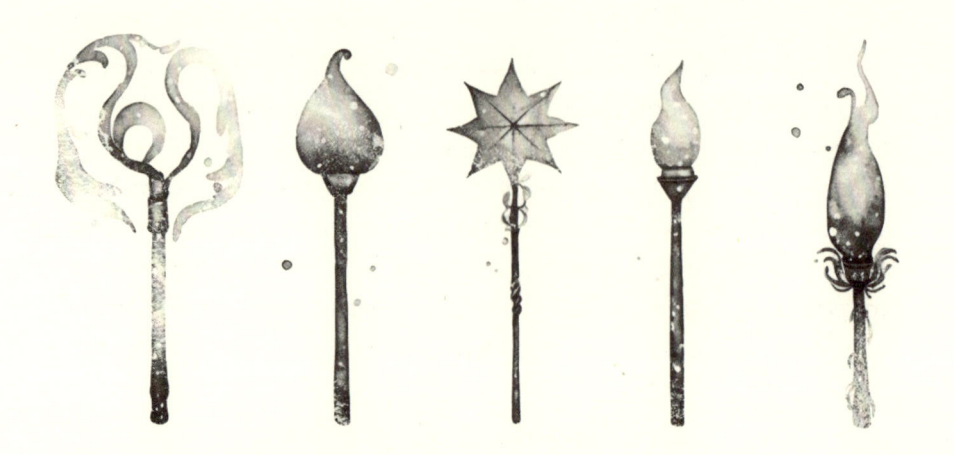

Energizando sua varinha

Agora é a hora de infundir sua varinha com poder mágico. Isso transforma aquele pedaço de madeira ou metal em uma ferramenta incrível para feitiços. As bruxas, feiticeiros e outros magos geralmente fazem um ritual ou cerimônia para energizar seus instrumentos. Ele pode ser tão simples ou elaborado quanto você desejar; sua intenção e atitude são os fatores que mais importam. Parte do meu ritual de energização da varinha envolveu pendurá-la em uma árvore à luz do sol por um mês solar. Como energizar sua varinha é um ato mágico, faça o ritual com intenção e reverência, dentro de um círculo.

Você pode considerar uma ou mais das seguintes técnicas:

- Defume sua varinha na fumaça de uma fogueira ritualística.
- Use óleos essenciais para ungi-la: canela, sândalo, cravo-da-índia, almíscar.
- Entalhe palavras e/ou símbolos de poder.
- Entoe um encantamento que tenha criado para esse propósito.
- Toque uma música energizante.

Instrua sua varinha com clareza e autoridade para que faça o que você desejar. Ordene que trabalhe apenas para você. Aponte-a em direção ao sul e convide a energia do fogo para dentro dela. Sopre sua própria energia na varinha e dê-lhe vida. Ao terminar, diga em voz alta: "Está feito!".

Varinhas mágicas em Hogwarts

Que madeiras fazem as melhores varinhas? De acordo com J.K. Rowling, a primeira varinha de Harry Potter é feita de azevinho, enquanto a de Hermione Granger, de madeira de videira. A primeira varinha de Rony Weasley é de madeira de freixo, e a de Draco Malfoy, de espinheiro. O maligno Lorde Voldemort escolheu teixo para a sua — madeira que os magos associam à longevidade, mas que também tem associações com a morte.

Essas são apenas sugestões. Os melhores e mais poderosos rituais energizantes são aqueles que você mesma inventa. Coloque muita energia e entusiasmo no seu trabalho. Faça o melhor possível. Torne-o o mais pessoal que puder — quanto mais pessoal, melhor.

Pentagrama

O pentagrama é uma estrela de cinco pontas dentro de um círculo. Muitas bruxas o utilizam como proteção. Você pode pendurar um na porta da sua casa ou local de trabalho para o mesmo propósito. Mantenha um pentagrama no seu carro e no seu altar. Desenhe-o em um papel e o coloque dentro de um patuá ou saquinho para transformá-lo em amuleto. Risque pentagramas em velas usando um objeto pontiagudo e acenda-as durante os feitiços. Ao traçar um círculo, você pode desenhar pentagramas no ar e no chão, nas quatro direções para garantir segurança. Muitos dos feitiços de proteção no Capítulo 11 usam pentagramas.

Escolhendo um pentagrama

O pentagrama representa o elemento terra e está relacionado à força feminina. Consequentemente, você pode gostar de ter um pentagrama feito de prata (um metal governado pela lua) ou cobre (que é governado por Vênus). Talvez você queira decorá-lo com cristais ou pedras preciosas, em especial se planeja usá-lo como joia. Nenhum material é inerentemente certo ou errado, melhor ou pior — depende de como pretende usar seu pentagrama.

Embora provavelmente vá utilizar apenas uma varinha mágica, você pode ter quantos pentagramas quiser. Talvez goste de ter um feito de cerâmica, vidro ou madeira para servir comida durante os rituais, possivelmente decorado com os glifos astrológicos dos signos de terra: Touro, Virgem e Capricórnio. Se tiver habilidades manuais, você pode bordar pentagramas em vestimentas ritualísticas. Se pendurar um no quintal, certifique-se de que ele possa suportar as variações climáticas. Exiba seu pentagrama com uma ponta para cima, duas para baixo e duas para os lados.

Energizando seu pentagrama

Como discutido anteriormente, o ritual para energizar seus apetrechos confere a eles poder e os transforma em instrumentos mágicos. Considere como um feitiço o ato de energizar seu pentagrama e faça-o com a intenção apropriada. Você pode escolher criar um ritual detalhado ou simplificá-lo. Aqui estão algumas sugestões:

- Borrife água floral feita com pétalas de cravo, crânio-de-dragão, gerânio e/ou jacinto. (Se o pentagrama for feito de metal, seque-o bem para evitar que manche.)

- Use óleos essenciais para ungi-lo: âmbar, manjericão, pinho, erva-doce.

- Enterre-o por um tempo, talvez uma semana. (Você pode enterrá-lo dentro de algum recipiente que o proteja.)

- Mantenha-o no seu altar e disponha cristais em cada uma das cinco pontas e no centro.

- Entoe um encantamento que você tenha criado para esse propósito.

- Deixe-o sob o luar durante uma noite inteira.

Instrua seu pentagrama com clareza e autoridade para que faça o que você deseja. Comande-o a trabalhar apenas para você. Aponte-o em direção ao norte e convide a energia da terra para entrar nele. Sopre sua própria energia no pentagrama e dê-lhe vida. Ao terminar, diga em voz alta: "Está feito!".

Atame

As origens da palavra *atame* perderam-se ao longo do tempo. Alguns especulam que ela pode ter surgido do livro *A Chave do Rei Salomão (Clavicula Salomonis)*, publicado em 1512, que se refere à faca como *Arthana* (*atame* pode ser uma corruptela do termo). Outra teoria propõe que *atame* deriva da palavra arábica *ad-dhamme* (letra de sangue), uma faca sagrada na tradição mourisca. Em todo caso, manuscritos datados dos anos 1.200 sugerem o uso de facas ritualísticas em trabalhos mágicos.

O principal propósito do atame é, simbolicamente, limpar as energias negativas de um espaço que será usado no feitiço. Ele também pode ser usado para cortar obstáculos ou laços, mas sempre de maneira simbólica. O atame não precisa ser afiado — você não cortará nada com ele. Alguns *wiccanos* e bruxas, ao traçar um círculo, preferem usar o atame à varinha.

Escolhendo seu atame

Essa adaga ritual é geralmente uma faca de dois gumes de dez a quinze centímetros de comprimento. Alguns *wiccanos*, entretanto, preferem atames em forma de crescente, que representam a lua. A maioria é feita de metal, mas o seu pode ser de cristal, vidro ou outro material. Uma faca de cozinha comum também funciona. Se preferir algo mais elegante, escolha um atame adornado com cristais ou pedras preciosas. Como ele simboliza o elemento ar, considere as pedras com essa associação, como água-marinha, fluorita ou quartzo transparente.

Se decidir comprar uma adaga vintage para sua prática mágica, certifique-se de que ela não tenha derramado sangue no passado. Alguns magos acreditam que um atame usado para ferir fisicamente outra pessoa nunca mais será funcional na magia, embora nos tempos antigos as bruxas frequentemente "alimentassem" facas especiais esfregando-as com sangue.

Energizando seu atame

Antes de usar o atame na feitiçaria, energize-o para torná-lo verdadeiramente "seu" e conferir-lhe o poder mágico. Lembre-se de que esse ato em si é um ritual, então haja de modo apropriado. Como vai energizar seu atame é decisão sua — você pode ordenar que ele te obedeça ou criar um ritual elaborado. Aqui estão algumas possibilidades:

- Defume-o com incenso.
- Use óleos essenciais para ungi-lo: cravo, lavanda, gengibre.
- Decore o cabo com penas e/ou glifos astrológicos dos signos de ar: Gêmeos, Libra ou Aquário.
- Amarre fitas em tons de amarelo ou azul-claro, recitando uma prece ou encantamento para cada nó.
- Toque flauta (ou música gravada executada por flautas), badale um sino ou deixe seu atame perto de sinos dos ventos para que receba as vibrações do som.

Instrua seu atame com clareza e autoridade para que faça o que você deseja. Comande-o a trabalhar apenas para você. Aponte-o em direção ao leste e convide a energia do ar a entrar nele. Sopre sua própria energia no atame e dê-lhe vida. Ao terminar, diga em voz alta: "Está feito!".

Cálice

O quarto principal instrumento de uma bruxa é o cálice, que simboliza o elemento água. Durante os rituais e ritos, as bruxas geralmente ingerem bebidas cerimoniais de um cálice — muitos têm hastes compridas para que possam ser passados de mão em mão com facilidade. Compartilhar o cálice com membros do *coven* ou outros feiticeiros significa conectividade e unidade de propósito. Você pode beber suas poções mágicas usando o cálice. Os feiticeiros também servem elixires mágicos, para cura e outros propósitos, em um cálice especial.

O mais famoso é o Santo Graal. Seus mitos contêm bem mais informação do que temos espaço para discutir aqui, mas você pode pesquisar para ter mais conhecimento do seu significado mágico. Com formato similar ao de um útero, ele representa a fertilidade, poder e criatividade feminina, em um sentido mais amplo. Esse potente receptáculo contém as águas da vida e nutre a imaginação que dá à luz todas as coisas no mundo manifestado.

Escolhendo seu cálice

Seu cálice é um receptáculo sagrado do qual você beberá poções mágicas e bebidas cerimoniais. Como tal, deve ser reservado para essas ocasiões especiais — não use para beber Coca-Cola no almoço. Dependendo das suas preferências, o cálice pode ser simples ou ornamentado. Algumas pessoas escolhem modelos feitos de prata, porque é um metal governado pela lua, e o cálice é uma ferramenta feminina. Outras preferem cristal, vidro colorido ou cálices de cerâmica — a escolha é totalmente sua. Você pode até usar um copo comum ou xícara de café, mas talvez não seja tão divertido. A beleza do cálice, a sensação em sua mão e o som que faz quando brinda com o outro contribuem para a experiência.

No Capítulo 5, falamos sobre o trabalho do cientista japonês Masaru Emoto, que estudou a forma com que as palavras afetavam visualmente a estrutura da água. Como os líquidos vão absorver a energia de quaisquer imagens no receptáculo, é melhor escolher um cálice simples, sem imagens, palavras ou estampas, já que eles podem afetar seus feitiços. Se desejar, você pode decorá-lo com imagens temporárias relacionadas às suas intenções em um feitiço e removê-las quando terminar.

Energizando seu cálice

Até que você energize seu cálice, ele é apenas um receptáculo comum. Depois de ser impregnado com sua energia mágica, ele se tornará seu "Graal". O ritual para energizá-lo pode ser simples ou complexo, dependendo das suas preferências. Eu energizei o meu mergulhando-o em uma piscina sagrada por um mês lunar. Como ele representa o elemento água, muitos magos escolhem energizá-lo com água ou outro líquido. Aqui estão algumas sugestões:

- Borrife-o com água floral feita de flores de jasmim, rosas, lótus ou gardênia.
- Borrife-o com a água "benta" de um poço, fonte ou lago que tenha um significado especial para você. (Seque delicadamente os cálices de metal logo em seguida para evitar manchas.)
- Coloque-o em uma cama de pétalas de rosas brancas e deixe da noite para o dia.
- Use óleos essenciais para ungir a parte externa: rosa, jasmim, ilangue-ilangue, gardênia.
- Pinte seu cálice com os glifos astrológicos de Câncer, Escorpião ou Peixes.

- Coloque um pedaço de quartzo rosa, ametista, pedra da lua ou pérola no cálice e encha-o com água mineral. Deixe-o assim da noite para o dia, depois remova a pedra e beba a água ou armazene-a em um frasco de vidro transparente para usar em outra ocasião.

- Produza sons com uma tigela tibetana perto do cálice para infundi-lo com vibrações positivas. As tigelas tibetanas geralmente são feitas de metal ou cristal e apresentam diferentes tons musicais. Você as toca com um bastão ou o arrasta ao longo das bordas para criar sons, que podem ser usados para meditação, cura ou outros propósitos.

Instrua seu cálice com clareza e autoridade para que faça o que você deseja. Comande-o a trabalhar apenas para você. Aponte-o em direção ao oeste e convide a energia da água a entrar nele. Sopre sua própria energia no cálice e dê-lhe vida. Ao terminar, diga em voz alta: "Está feito!".

Instrumentos mágicos e o tarô

É possível encontrar esses quatro instrumentos principais ilustrados no lindo oráculo conhecido como tarô (sobre o qual falaremos depois). Cada naipe no baralho de cartas tem o nome de uma dessas ferramentas: paus (às vezes chamado de bastões ou cajados), espadas (ou adagas, significando atames), copas (ou cálices) e pentáculos (ou pentagramas, às vezes chamados de moedas ou discos). Dessa forma, eles descrevem as energias vitais fundamentais e formas de interagir com o mundo.

Velas

As velas, provavelmente os instrumentos mais comum e versáteis que você usará em sua prática mágica, têm um papel marcante em muitos rituais e feitiços. Elas também conferem brilho a muitas de nossas celebrações seculares e religiosas. O conceito de iluminação carrega tanto um significado prático — a luz visível te permite enxergar e realizar suas tarefas diárias — quanto esotérico — uma inspiração ou despertar que aviva a existência mundana e expande o conhecimento. A chama representa o elemento fogo, a inspiração, clareza, paixão, atividade, energia e purificação. Também pode simbolizar o Espírito.

Você pode usar as velas para criar um ambiente mágico: seu brilho suave e tremeluzente transporta o praticante para outro nível de consciência. Também é possível observar fixamente a chama de uma vela e enxergar além dos limites comuns da visão, até mesmo o passado ou futuro. Muitos magos e bruxas usam as velas para criar associações de cores nos feitiços — queimar uma vela de uma cor relevante pode potencializar um feitiço ou ritual. Ungir velas com óleos essenciais adiciona outra dimensão sensorial. À medida que avançar em seu trabalho como feiticeira, você provavelmente vai querer estocar velas de várias cores, tamanhos e formas — velas longas e afiladas no topo são ótimas para criar uma atmosfera especial; velas de diâmetro maior que levam mais tempo para queimar (como as velas de sete dias), ideais para feitiços de longa duração; ou velinhas votivas, daquelas usadas em grande quantidade nos bolos de aniversário, para feitiços/rituais mais curtos, para traçar círculos e assim por diante.

Incenso

Durante milhares de anos, as seivas e resinas aromáticas têm sido usadas em rituais sagrados. Os textos antigos chineses e indianos descrevem as propriedades terapêuticas, filosóficas e espirituais dos aromáticos. As igrejas e templos usam incenso para limpar o ar e honrar deidades. Na crença budista, queimar e oferecer incenso convida o próprio Buda a ancorar-se em sua estátua. O incenso também serve como veículo para elevar as preces ao mundo espiritual — conforme a fumaça sobe, ela vai levando seu pedido consigo.

Os aromas provocam reações instantâneas no cérebro. Inalar certos cheiros pode causar reações mensuráveis envolvendo memória, emoções, consciência e mais. Por isso, os praticantes de magia incluem as fragrâncias em seus feitiços.

Queimar incenso combina os elementos fogo e ar. Você pode usá-lo para traçar um círculo caminhando pelo perímetro e deixando que a fumaça percorra o trajeto. Para equilibrar, caminhe pelo círculo uma segunda vez salpicando água salgada, representando assim os elementos terra e água. Você também pode energizar os talismãs, amuletos e outros instrumentos mágicos defumando-os com incenso durante alguns momentos.

Muitas bruxas purificam um espaço sagrado com incenso. A sálvia é a erva mais usada para esse propósito, mas você pode queimar pinheiro, olíbano, sândalo, eucalipto ou outra essência. O melhor incenso é uma mistura de seivas e resinas puras, sem nada sintético. Você pode até fabricar o seu ao moer madeiras aromáticas ou resinas (use um almofariz ou moedor de café) e adicionar ervas processadas e flores desidratadas.

Escolha uma fragrância que combine com suas intenções. No início da maioria dos capítulos da Parte II você encontrará listas mostrando quais aromas correspondem a amor, proteção e assim por diante.

Óleos essenciais

Assim como o incenso, os óleos aromáticos aumentam sua experiência sensorial durante um feitiço ou ritual. Esses extratos contêm a energia vital da planta, sua assinatura única e "essência da alma". Ao contrário das fragrâncias comerciais, eles não incluem ingredientes sintéticos em suas composições. Você pode usar óleos essenciais para ungir as velas, talismãs e amuletos, energizar os instrumentos mágicos, adicionar a banhos rituais, perfumar sua pele e muito mais. No entanto, use com cuidado, pois alguns são tóxicos e podem causar reações alérgicas. Como os óleos essenciais são voláteis, guarde-os em local arejado e escuro para prevenir a deterioração.

Caldeirão

De acordo com a mitologia nórdica, o deus Odin recebeu de um caldeirão a sabedoria e o dom da intuição. A lenda céltica menciona o caldeirão como instrumento da regeneração dos deuses, e os artistas por vezes retratam Brígida, a deusa irlandesa da criatividade, mexendo um caldeirão. Tais histórias nos dão pistas do valor simbólico desse instrumento na atualidade. Sua forma representa o útero do qual toda vida flui e suas três pernas representam a natureza tripla da existência humana: corpo, mente e espírito.

O caldeirão tem funções simbólicas e práticas. Você pode usá-lo para cozinhar alimentos ritualísticos e preparar poções mágicas. Também serve como um receptáculo útil para água, flores ou outros itens em uma cerimônia ou ritual. Se desejar, pode acender um fogo dentro do caldeirão e queimar sobre as chamas as tirinhas de papel onde tenha escrito seus desejos — as qualidades criativas do caldeirão reforçam seus pedidos e promovem sua realização. Acenda o fogo utilizando madeiras sagradas correspondentes ao seu propósito: cedro para prosperidade, freixo para proteção, macieira para o amor. Embora geralmente feito de ferro, um caldeirão pode ser produzido a partir de qualquer material à prova de fogo, incluindo bronze, aço ou barro — você pode até improvisar com uma panela comum, se for preciso.

Garrafas mágicas

Garrafas mágicas, ou garrafas "de bruxa", contêm itens com energia similar, reunidos para uma intenção específica. Dependendo do seu propósito, elas podem ser permanentes ou temporárias. Escolha um frasco de vidro grande o suficiente para acomodar todos os componentes que você planeja incluir, e então lave-a e seque-a para remover quaisquer energias indesejadas. Certifique-se de que todos os ingredientes correspondam ao seu objetivo. Adicione matéria vegetal, pedras preciosas, moedas, medalhinhas, conchas ou qualquer outra coisa que simbolize sua intenção. Outra sugestão é escrever uma afirmação ou sigilo em um pedaço de papel, enrolá-lo como se fosse um pergaminho e colocá-lo na garrafa também.

Quando estiver certa de ter incluído tudo que precisa para o feitiço, tampe e sele a garrafa com cera pingada de uma vela designada como parte da magia. Depois de laçado o feitiço, a garrafa deve permanecer fechada. Se desejar, você pode imprimir sua marca no selo de cera e/ou decorar a garrafa com símbolos, palavras, imagens, fitas etc. que se relacionem com o feitiço. Mantenha a garrafa no seu altar ou em outro local de sua casa ou trabalho, dependendo do propósito. Se preferir, enterre-a em um local especial. As garrafas mágicas também são ótimos presentes — personalize-as com bons votos para amigos que não as considerem estranhas.

Outros instrumentos e apetrechos

O que mais você gostaria de ter em seu baú mágico? Qualquer coisa que você considere uma ajuda em sua prática da feitiçaria. Se o uso de roupas ritualísticas elegantes aumenta sua sensação de poder e te faz sentir parte de outra dimensão, faça isso. Se a música aumenta sua energia e te leva a outro lugar emocionalmente, toque seus CDs favoritos ou seu instrumento, caso tenha talento musical.

Oráculos

Divinação é a arte de predizer o futuro. A palavra literalmente significa "deixar o reino divino se manifestar". Um oráculo pode ser uma pessoa com habilidades especiais para ver além dos limites do mundo visível — um vidente, um astrólogo ou um xamã. Os instrumentos físicos, como o tarô e as runas, também são chamados de oráculos; os praticantes de magia consultam-nos para obter orientações e conselhos. Você também pode usá-los em feitiços, como verá na Parte II deste livro:

- **Tarô**: como mencionado antes, essas lindas cartas geralmente se dividem em quatro naipes que correspondem aos quatro principais instrumentos de que falamos no início deste capítulo. Cada uma das 78 cartas no tarô tem um significado especial baseado em seu naipe, número, cores e muitos outros detalhes. Você pode fazer a leitura de padrões conhecidos como "tiragens" para propósitos de divinação. (Meus livros *The Everything Tarot Book* e *The Only Tarot Book You'll Ever Need* têm informações detalhadas sobre os significados das cartas e instruções para usá-las.)

- **Runas**: a palavra *runa* significa "segredo" ou "mistério". A maioria das pessoas pensa nos antigos alfabetos nórdicos quando ouve essa palavra. Se você é fã dos livros de J.R.R. Tolkien, já ouviu falar delas. O alfabeto mais popular contém 24 letras, cada uma nomeada por um animal, objeto, condição ou deidade. Elas também têm significados mais profundos que podem ser acessados durante os feitiços, como em breve verá. Você também pode gostar de trabalhar com as runas Ogham. Essas vinte letras do antigo alfabeto celta correspondem a árvores diferentes e, assim como as runas nórdicas, também têm significados ocultos. As letras são compostas de linhas ou entalhes cortados ao longo de uma linha central ou linhas horizontais. Uma frase escrita em Ogham parece o tronco de uma árvore com galhos partindo dela. Você pode lançar runas feitas de madeira, pedra, cerâmica etc. para propósitos de divinação ou escolher runas individuais para feitiços.

- **Pêndulo:** ele geralmente consiste em um pequeno peso, como um cristal, pendurado em algum tipo de cordão ou corrente. Você segura a corrente, deixando o pêndulo balançar na extremidade enquanto faz perguntas simples. O movimento — para a frente e para trás, para um lado e para o outro, girando e girando — tem significado e respostas para sua pergunta. O pêndulo oscila por si só; você não influencia o movimento. O uso desse instrumento é um tipo de prospecção. A maioria das pessoas pensa no termo apenas como um método para procurar água no subsolo, mas essa é só uma das possibilidades. Quando consulta um pêndulo para fins de divinação, você procura as respostas escondidas dentro de si.

Fitas e cordas

Sou uma grande fã da magia dos nós e recomendei o uso de fitas e cordas em muitos dos feitiços da Parte II. Ao fazer um nó, você captura dentro dele a energia mental e emocional presente no momento e a mantém até estar pronto para usá-la. Antigos marinheiros atavam o vento com nós; se o mar estivesse calmo, eles desatavam os nós para soltar o vento e continuar seu caminho.

Você também pode usar fitas para amarrar patuás e saquinhos, para que sua magia fique lá dentro. Você encontrará feitiços na Parte II que usam esse método. Cordas mágicas também podem atar pessoas em relações pessoais ou profissionais.

Se você acredita que um inimigo esteja tentando te prejudicar, é possível segurar essa pessoa ou espírito ao simbolicamente amarrá-lo com uma corda. Um breve estudo de numerologia revelará a importância dos números na feitiçaria e ajudará a determinar quantos nós serão necessários: dois para amor, quatro para segurança etc.

Produza sons alegres

Tambores e chocalhos servem a vários propósitos no trabalho mágico. Eles atraem energia, quebram barreiras, superam condições estagnantes, enviam mensagens para longas distâncias, podem induzir transes. Esses instrumentos unem as mentes e emoções de um grupo de pessoas que resolvem trabalhar juntas, conectam você ao reino dos espíritos e muito mais.

Os sinos podem sinalizar as etapas de um ritual. Sinos comuns e sinos dos ventos também dispersam energias indesejadas e inspiram harmonia. Tigelas tibetanas ajudam a balancear os centros de energia do corpo (chacras). Elas também acalmam e focam a sua mente, conectando-a com o eu superior.

Mantenha um registro

Um grimório, ou livro das sombras, é a coleção de receitas mágicas, feitiços, encantos, invocações e rituais de uma bruxa. É onde você mantém registro de sua prática mágica, dos ingredientes e instrumentos que utiliza, das poções, fórmulas e encantamentos que cria — e, claro, dos resultados que gera. Também é uma boa ideia datar cada registro e incluir qualquer informação que considere importante, como as fases da lua, seus sentimentos ou quem participou do feitiço/ritual com você. Muitas pessoas preferem livros físicos para esse propósito — quanto mais ornamentados melhor —, mas você pode optar por uma versão eletrônica. Uma sugestão é pesquisar on-line alguns dos lindos antigos grimórios da Europa medieval e até mesmo alguns da antiga Babilônia.

Quase qualquer coisa pode se tornar um instrumento mágico, se você assim decidir. Use o que considerar necessário e o que parecer certo para você. Com o tempo, talvez deseje incluir outros apetrechos na sua coleção ou inventar os seus. Lembre-se de tratar os instrumentos com respeito. Quando não os estiver usando, mantenha-os em um local seguro onde não possam ser danificados ou manuseados por outras pessoas. Uma boa ideia é envolvê-los em seda ou guardá-los em uma caixa bonita para protegê-los das vibrações do ambiente, assim como de poeira e sujeira. Com o cuidado certo, eles devem durar por um longo tempo e te servir bem.

CAPÍTULO 7

O PODER DO INVISÍVEL

Skye Alexander

Feitiçaria com os espíritos

Você acredita em anjos? Fantasmas? Outros seres espirituais? Se for o caso, não está sozinha. Ao longo da história, as pessoas têm acreditado em entidades não físicas de muitos tipos. Os panteões da antiga Grécia, Roma e Egito, por exemplo, incluíram muitos deuses, deusas e deidades que desempenhavam uma variedade de tarefas neste mundo e no além. Os celtas, nórdicos, chineses, hindus e nativos americanos buscavam ajuda e orientação dos seres divinos. O cristianismo honra uma série de santos, e muitas tradições falam de anjos. Nossos ancestrais até responsabilizavam os espíritos pela ocorrência de eventos naturais, como raios e enchentes, e teceram mitos intrincados sobre esses seres sobrenaturais.

Já falamos um pouco sobre trabalhar com espíritos e como eles podem auxiliar em sua prática mágica. Na verdade, os espíritos podem te dar um auxílio, mesmo que você não perceba ou não tenha especificamente invocado sua ajuda. O que queremos dizer com "espíritos"? De maneira geral, para o propósito deste livro, estamos nos referindo a seres não físicos que existem em outro nível de realidade e com quem você pode interagir de alguma forma. Essa é uma definição abrangente e muito simplista, e nela se incluem muito mais entidades do que discutiremos aqui. Deuses e deusas, anjos, guias e guardiões, ancestrais, elementares, espíritos animais, fadas, espíritos da natureza, amigos e entes queridos que deixaram o mundo físico e muitos outros podem se conectar com você de tempos em tempos através da "Grande Divisão". Em alguns casos, você pode invocar sua ajuda nos feitiços.

Gatos mágicos

Os antigos egípcios reverenciavam os gatos como deidades, mas os celtas também atribuíram poderes sobrenaturais aos felinos. No folclore irlandês, os gatos sith (seres de outro mundo) guardavam os portões para o Submundo e seus tesouros. Gatos brancos mágicos acompanham a deusa galesa Cerridwen. Imagens de gatos aparecem sobre pedras especiais na Escócia, colocadas lá por uma raça antiga, conhecida como Pictos. É sabido que fadas e bruxas mantêm gatos como familiares (companheiros mágicos) e se transformam em gatos.

Deuses e deusas

Você tem afinidade com uma cultura, raça, religião ou nação em particular? Se tiver, é uma boa ideia estudar esse povo e seus deuses e deidades. Caso sinta-se atraída pelo antigo Egito, por exemplo, uma sugestão é aprender mais sobre Ísis, Bastet, Hator, Osíris ou Toth. Se você for irlandesa, talvez sinta uma conexão com Brígida, Cerridwen ou Lugh. Mas não é necessário conhecer apenas as deidades com as quais compartilhe alguma linhagem ou tenha afinidade.

O Deus/Deusa certo para o trabalho

Meus livros anteriores, *The Modern Guide to Witchcraft* e *The Everything Wicca and Witchcraft Book*, contêm listas de deuses e deusas de várias culturas, além de seus atributos. Se você planeja invocar deidades para ajudar nos feitiços, procure aquelas cujas características e poderes especiais se relacionam com sua intenção. Por exemplo:

- Em feitiços de amor, procure a ajuda de Vênus, Afrodite, Freya ou Aengus.
- Para feitiços de prosperidade, busque Lakshmi, Zeus ou o Homem Verde (uma deidade pagã do bosque, associada à fertilidade e popular na mitologia celta).
- Peça a Brígida, Ceres ou a Lugh por ajuda em feitiços de cura.
- Se você busca proteção, invoque Artemis, Tara ou Hórus.
- Para adquirir sabedoria ou inspiração, peça a ajuda de Brígida, Cerridwen, Sophia, Mercúrio, Odin ou Toth.
- Feitiços para coragem ou força podem se beneficiar da ajuda de Marte, Sekhmet ou Ganesha.

Às vezes, tudo que você precisa fazer para conseguir o auxílio de uma deidade é pedir. No entanto, você pode demonstrar sua sinceridade ao manter uma imagem do deus ou deusa no seu altar ou em outro lugar de honra. Se a deidade tiver um dia santo associado a ela, celebre-o. Você também pode lhe fazer uma oferenda — incenso, flores, pedras preciosas etc. Pesquise um pouco para descobrir se o deus/deusa que você deseja contatar tem alguma predileção.

Chamando um Deus ou Deusa

Depois de determinar com qual deidade deseja trabalhar, trace um círculo mágico e convide o deus/deidade para se juntar a você em seu local sagrado. Você pode fazer isso sozinho ou em grupo. Talvez seja uma boa ideia devotar um altar para a deidade durante o período do feitiço ou por mais tempo. Acenda uma vela ou incenso, se desejar, para ajudar a alterar sua consciência para outro nível de realidade:

1. Limpe sua mente, centre-se, sinta a conexão com a terra e os céus.

2. Permita que sua intuição e energia pessoal se expandam, tornando-se mais leves e sensíveis.

3. Estenda os braços, com as mãos abertas, como se fosse abraçar a deidade cuja presença você busca.

4. Chame a deidade pelo nome e peça que se junte a você. Esse chamado pode ser simples ou eloquente, de acordo com sua preferência. Algumas pessoas convidam a deidade para os próprios corpos, mas na maioria das vezes isso não é necessário — além de envolver um pouco mais de habilidade.

5. Quando sentir a presença do deus/deidade, prossiga com o trabalho mágico planejado.

Se estiver trabalhando ao ar livre, a deidade talvez escolha se manifestar através de um sinal ou ocorrência natural, como um trovão, se o dia estiver chuvoso, uma abertura no céu nublado, um aumento na intensidade do vento ou fenômenos similares. Às vezes, o espírito animal simbólico associado à deidade aparece — por exemplo, um cervo, se você tiver chamado Diana. Outras vezes o deus/deusa vai falar diretamente sob a forma de um oráculo. Mas frequentemente você apenas sentirá uma sensação maior de energia, percepção ou poder e saberá que a deidade está lá com você.

Depois de terminar seu feitiço, dispense a deidade. Muitas pessoas gostam de compor uma despedida poética, mas você pode apenas dizer algo simples como: "Obrigado [nome] por sua ajuda aqui hoje. Que você retorne para casa em segurança, e que haja paz entre nós". Lembre-se de mostrar respeito e gratidão, assim como faria se um humano tivesse te ajudado. Então abra o círculo, confiando que com a ajuda da deidade seu feitiço será bem-sucedido.

Espíritos animais

Nos tempos antigos, pessoas de várias partes do mundo acreditavam que espíritos animais viviam em um reino invisível que se cruza com o nosso. Esses espíritos ajudavam nossos ancestrais de muitas maneiras, fornecendo desde comida e proteção até sabedoria de cura ou ajuda na previsão do futuro. Os primeiros humanos consideravam esses guias e guardiões como deidades — de certa forma como anjos — e prestavam homenagens a eles.

O que são espíritos animais?

Algumas tradições dizem que os guias animais um dia viveram na terra como criaturas físicas e passaram para o mundo espiritual após a morte. Outras visões sugerem que os espíritos nunca existiram em carne — embora suas contrapartes terrenas possam incorporar as energias dos espíritos. Ainda, outras nos dizem que os espíritos animais podem assumir as formas de criaturas físicas quando querem e podem se mover entre os mundos. As pessoas que estudam e trabalham com espíritos animais em geral concordam com uma coisa: essas entidades estão dispostas a nos oferecer ajuda, e você pode entrar em contato com os poderes especiais deles para aumentar seu bem-estar.

Você provavelmente já ouviu falar em "totens". O termo se refere a um animal, pássaro, réptil, peixe ou inseto com o qual você sente uma afinidade forte e talvez inexplicável. Um totem é seu animal de poder, seu principal espírito animal guardião ou guardião de sua família ou grupo. Esse ser sempre está com você, te protegendo e guiando. No entanto, seu animal de poder pode convidar outros animais para ajudar nas ocasiões em que você precisar de um pouco mais de ajuda ou estiver enfrentando um desafio que exija as características especiais de outra criatura.

· Trabalhando com espíritos animais

Peça que seu principal espírito animal guardião apresente-se a você. Tente não criar qualquer expectativa sobre qual animal vai aparecer. Talvez você tenha uma visão em sua mente ou sinta sua presença por perto. Ele pode mostrar-se em um sonho ou você pode ter um encontro físico na natureza. Confie que ele aparecerá na hora certa e que sua experiência será positiva.

Mostrar respeito e admiração por seu animal de poder é parte essencial do trabalho com ele. Essa criatura tem muito para te oferecer, então é recomendado expressar gratidão. Você pode fazer isso de muitas maneiras:

- Encontre imagens de seu totem em revistas ou na internet e exiba-as em sua casa ou local de trabalho.
- Aprenda tudo que puder sobre o animal.
- Desenhe, pinte ou esculpa imagens de seu totem.
- Escreva um poema ou história sobre seu espírito animal.
- Assista a programas sobre animais na TV.
- Use joias ou roupas com a imagem de seu animal.
- Vá ao parque, à praia, fazenda, santuário de vida selvagem, zoológico ou um lugar onde possa ver seu animal de poder representado em carne e osso.
- Junte-se a uma organização pela causa animal.
- Doe dinheiro a organizações que protejam os animais e/ou seu habitat.

Assim que tiver estabelecido uma relação próxima com seu animal ou animais de poder, você pode pedir sua ajuda em todos os tipos de trabalho mágico. Eles podem ensinar suas habilidades únicas, oferecer proteção e auxílio curativo, transmitir mensagens entre os mundos e muito mais. Meu livro *The Secret Power of Spirit Animals* contém muita informação sobre esses seres incríveis e como trabalhar com eles.

Familiares, totens e animais de estimação

O termo <u>familiar</u> refere-se a um animal, pássaro ou criatura especial que trabalha com uma pessoa para produzir resultados mágicos. Lembra da coruja em Harry Potter? As qualidades físicas e espirituais de um familiar podem te ajudar na feitiçaria. Às vezes, um animal de estimação querido pode ser um familiar, mas nem sempre é o caso. Seu totem pode compartilhar os poderes através de um familiar, mas ele não necessariamente atua como um familiar, nem um familiar necessariamente atua como um totem.

Anjos

Em 2011, uma pesquisa feita pela Associated Press descobriu que 77% dos americanos acreditam em anjos. Muitas pessoas relatam terem recebido sua ajuda, principalmente em tempos de crise ou em períodos de desesperança e desespero. De acordo com algumas fontes, todos nós temos um anjo da guarda que escuta nossas orações, toma conta de nós e nos ajuda a lidar com os desafios da vida.

Hierarquias dos anjos

Em algumas tradições, uma hierarquia de forças angelicais existe com muitos seres etéreos, em níveis ascendentes de poder. O Antigo Testamento da Bíblia os lista na ordem a seguir, do mais baixo para o mais alto:

Nível 1: Anjos da guarda pessoais
Nível 2: Arcanjos
Nível 3: Principados (Príncipes)
Nível 4: Poderes
Nível 5: Virtudes
Nível 6: Domínios
Nível 7: Tronos (Ofanins)
Nível 8: Querubins
Nível 9: Serafins

Conectando-se com seu anjo da guarda

Você sente a presença do seu anjo da guarda? Em caso negativo, talvez deseje experimentar uma ou mais destas sugestões:

- Antes de adormecer, peça ao seu anjo que apareça para você em um sonho.
- Acenda um incenso e envie o pedido ao seu anjo pela fumaça.
- Em um pedaço de papel, escreva uma mensagem para o seu anjo, dobre-o três vezes e então queime-o no seu caldeirão, lareira, churrasqueira ou outro local seguro.
- Mantenha uma estátua ou ilustração de anjo em seu altar.
- Medite buscando ouvir a "voz" de seu anjo.
- Observe a natureza. É possível que veja seu anjo nas nuvens, em um corpo d'água, em uma flor ou em outro lugar.

Feitiçaria com os anjos

Os praticantes de magia por vezes convidam anjos para participar de rituais, tanto para fornecer proteção como para aumentar os poderes das pessoas envolvidas. Geralmente o anjo Rafael é associado ao leste, Miguel ao sul, Gabriel ao oeste e Uriel ao norte. Você pode usar a técnica a seguir para traçar um círculo e convidar esses seres angelicais para se juntarem a você em seu feitiço ou ritual. Sinta-se livre para adicionar detalhes a esta fórmula básica — torne-a tão evocativa quanto desejar. Use a imaginação.

1. Fique de frente para o leste e estenda sua varinha diante do corpo. Diga em voz alta: "Anjo Rafael, guardião do leste, esteja aqui agora".
2. Vire-se no sentido horário e fique de frente para o sul. Estenda sua varinha diante do corpo. Diga em voz alta: "Anjo Miguel, guardião do sul, esteja aqui agora".

3. Vire-se no sentido horário e fique de frente para o oeste. Estenda sua varinha diante do corpo. Diga em voz alta: "Anjo Gabriel, guardião do oeste, esteja aqui agora".

4. Vire-se no sentido horário e fique de frente para o norte. Estenda sua varinha diante do corpo. Diga em voz alta: "Anjo Uriel, guardião do norte, esteja aqui agora".

5. Vire-se no sentido horário mais uma vez até alcançar o ponto onde começou para completar o círculo e então prossiga com seu feitiço.

Ao término do feitiço ou ritual, libere os anjos que chamou e agradeça-lhes pela ajuda. De novo, é possível usar uma frase simples e direta ou mais criativa que você mesma tenha elaborado. Abra o círculo no sentido contrário do que foi traçado.

Elementais

Os elementais são chamados assim porque representam os quatro elementos: terra, ar, fogo e água. Na maior parte do tempo, não podemos vê-los, embora às vezes eles cruzem nosso campo de visão. Geralmente, são figuras de destaque no folclore, contos de fadas e lendas. Se você fizer amizade com os elementais, eles podem servir como ajudantes devotados que vão te auxiliar com prazer nos feitiços.

No entanto, esses seres caprichosos podem pregar peças — principalmente se sentirem que foram desrespeitados ou se não gostarem de você. Trate os elementais com respeito, consideração e um pouco de cuidado. Sempre lembre-se de agradecer pela ajuda em seu feitiço, e talvez oferecer um pequeno presente para mostrar sua apreciação.

Gnomos

Os gnomos são espíritos da terra. Às vezes chamados de trolls, elfos ou duendes, esses elementais são criaturas práticas e objetivas que podem aparentar ser um pouco rudes. No entanto, possuem uma incrível apreciação por coisas materiais e podem ser uma ajuda valiosa quando você estiver fazendo feitiços de prosperidade. Eles também podem te ajudar em questões práticas e mundanas. Os gnomos gostam de brilho, então ofereça a eles uma joia, um cristal bonito e algumas moedas brilhantes para agradecer pela ajuda.

Sílfides

Em geral, o que as pessoas pensam ser fadas provavelmente são espíritos do ar, conhecidos como sílfides. Elas com frequência parecem pequenas luzes ou faíscas brilhantes. Como sua especialidade é a comunicação, podem ajudar a negociar contratos, escrever trabalhos acadêmicos, ter ideias ou resolver outras questões que envolvam comunicação. As sílfides gravitam para pessoas inteligentes, literárias e analíticas. Elas gostam principalmente de flores, então coloque algumas espécies frescas no seu altar ou em um local sagrado ao ar livre como oferenda.

Salamandras

Não, não estou falando de lagartos. São espíritos do fogo, entidades vivas naturalmente atraídas para pessoas que demonstrem criatividade e iniciativa. Quando você fizer feitiços que envolvam ação, inspiração, coragem ou paixão, as salamandras podem servir como aliadas, convocando as forças do reino do fogo em seu auxílio. Chame-as quando precisar de uma infusão de coragem e vitalidade; elas também podem te ajudar a iniciar um projeto ou embarcar em uma empreitada arriscada. Além disso, são aptas a lidar com competições que envolvam disposição e força, seja no campo de futebol ou na sala de reuniões. Queime velas ou incenso para honrar esses elementais.

Ondinas

As ondinas são espíritos da água. As sereias e ninfas aquáticas pertencem a essa categoria. Essas criaturas lindas, mas por vezes temperamentais, relacionam-se melhor com pessoas sensíveis, artísticas e com habilidades psíquicas. Convide-as para auxiliá-la quando fizer feitiços para o amor. Elas também podem te ajudar com questões emocionais e situações que requeiram intuição afiada. As ondinas gostam de perfume — pingue algumas gotas em um córrego, lago ou outro corpo d'água como presente de agradecimento.

Como representantes do mundo natural, os elementais não gostam de pessoas que desrespeitam ou ferem a terra e suas criaturas. Para ganhar a confiança de um elemental, trate os animais, plantas e outros habitantes do nosso planeta com gentileza.

> *"[N]o sólido elemento terra vivem seres espirituais do tipo elemental que são muito mais inteligentes que os seres humanos. Até mesmo uma pessoa de extrema astúcia intelectual não é páreo para esses seres... Pode-se dizer que assim como um homem é feito de carne e sangue, essas criaturas são feitas de esperteza e superesperteza... nós podemos ter prazer com uma rosa vermelha ou nos*

Espíritos de todos os tipos povoam nossa terra e o universo. Os antigos gregos acreditavam que espíritos conhecidos como dríades viviam em árvores, e que se você cortasse uma árvore, a dríade morreria. Os antigos romanos acreditavam que seres chamados ninfas ocupavam todas as águas do mundo. Pode-se dizer que tudo em nosso mundo possui espírito — e por via das dúvidas, parta do princípio de que os espíritos residem em todos os lugares, embora você não os veja.

Ancestrais, fantasmas, fadas, criaturas míticas e outras entidades sobrenaturais têm nos intrigado desde o começo dos tempos. Procuramos apaziguá-las, cortejá-las, evitar que se aborreçam e solicitar sua ajuda. Hoje, os feiticeiros ainda fazem isso. Se você escolher trabalhar com os espíritos, é uma boa ideia familiarizar-se com os seres que deseja contatar. Alguns são bons, outros não — e muitos podem ser imprevisíveis. As esferas onde atuam não são como a nossa nem têm as mesmas regras.

Em geral, você se dará melhor invocando os anjos e evitando os demônios em qualquer tipo de feitiço. Ambos existem e estão dispostos a trabalhar com você. Antes de convidar qualquer espírito para te ajudar, lembre-se de um velho ditado entre os magos: não invoque nenhum poder que você não possa mandar embora.

CAPÍTULO 8

SEMENTES PARA GERMINAR

Skye Alexander

PROGRAMANDO OS FEITIÇOS PARA MELHORES RESULTADOS

Você já ouviu o ditado "tempo é tudo", certo? Na feitiçaria, às vezes *quando* você lança um feitiço pode ser tão importante quanto *como*. Pense desta forma: lançar um feitiço é o mesmo que plantar sementes. Para fazer as sementes crescerem e se tornarem plantas saudáveis, você deve plantá-las nas condições ideais. Isso também vale para os feitiços. É claro, se sentir necessidade de fazer um feitiço ou perceber que as energias estão compatíveis com sua intenção, vá em frente.

Astrologia e magia

Ao criar feitiços mágicos, é uma boa ideia levar em consideração as influências celestiais, e assim escolher o momento mais auspicioso para lançá-los ou realizar rituais. O sol e a lua, e a relação sempre mutável entre eles e o nosso planeta, fascinam os humanos desde o começo dos tempos. Nossas ancestrais perceberam que o movimento aparente do sol resultava nas estações e que as fases da lua alteravam as correntes marinhas e afetavam a fertilidade tanto em humanos como em animais. Mesmo hoje, podemos facilmente perceber como as forças lunares e solares operam na vida diária.

Os antigos acreditavam que deuses e deusas habitavam os corpos celestes. De suas moradas celestiais, eles governavam todos os aspectos da vida na terra. Cada deidade — e cada planeta — possuía certas características e poderes. Os astrólogos modernos geralmente não pensam em planetas como os lares de deuses/deusas; no entanto, ainda associam cada esfera celestial a características específicas, influências e poderes que afetam a existência humana e terrena.

Poderes planetários

Alinhar-se aos poderes planetários que apoiam a natureza de seus feitiços pode aumentar a eficácia de seus trabalhos mágicos. A tabela a seguir mostra a área de influência de cada planeta. (Nota: por conveniência, geralmente os astrólogos colocam o sol e a lua sob a alcunha de "planetas", embora saibamos que não é o caso.)

Planeta	Áreas de Influência
Sol	Percepção de si mesma/identidade, imagem pública, carreira, criatividade, liderança, bem-estar, poder masculino
Lua	Emoções, intuição, sonhos, lar/vida doméstica, família/crianças, poder feminino
Mercúrio	Comunicação, habilidade/atividade mental, aprendizado, viagens, comércio
Vênus	Amor, relacionamentos, interações sociais, arte, criatividade, beleza, mulheres
Marte	Ação, vitalidade/força, competição, coragem, homens
Júpiter	Crescimento/expansão, sorte, conhecimento, viagens
Saturno	Limitações, responsabilidade, trabalho/negócios, estabilidade/permanência

Planeta	Áreas de Influência
Urano	Mudança, independência, situações súbitas ou inesperadas, ideias ou comportamentos não convencionais
Netuno	Intuição, sonhos, imaginação/ criatividade, o reino dos espíritos
Plutão	Poderes/forças ocultas, transformação, morte e renascimento

Ao criar feitiços, é uma boa ideia consultar essa tabela. A energia de Vênus, por exemplo, pode favorecer feitiços de amor. A energia expansiva de Júpiter pode ser útil nos feitiços para o sucesso na carreira ou crescimento financeiro. Você pode usar os símbolos dos planetas em velas, talismãs, amuletos e de muitas outras formas.

Planetas e símbolos			
Planeta/Nodo	Símbolo	Planeta/Nodo	Símbolo
Sol	☉	Júpiter	♃
Lua	☽	Saturno	♄
Mercúrio	☿	Urano	♅
Vênus	♀	Netuno	♆
Marte	♂	Plutão	♇

Você também pode querer consultar um astrólogo ou checar uma efeméride (tabela dos movimentos planetários diários) para determinar quando as energias celestiais estão favoráveis para o seu trabalho mágico.

Dias de poder

Os corpos celestes também governam os dias da semana. Ao lançar um feitiço em um dia que corresponda à sua intenção — baseado na deidade que governa o dia —, você pode aumentar seu potencial de sucesso. A maioria dos feitiços de amor, por exemplo, devem ser feitos na sexta-feira, porque Vênus, o planeta do amor e dos relacionamentos, governa esse dia. Faça feitiços para atrair sucesso ou dinheiro às quintas-feiras, quando Júpiter encoraja o crescimento.

Dia da Semana	Planeta/deidade governante
Segunda-feira	Lua
Terça-feira	Marte
Quarta-feira	Mercúrio
Quinta-feira	Júpiter
Sexta-feira	Vênus
Sábado	Saturno
Domingo	Sol

Seu melhor dia

Qual é o melhor dia para lançar um feitiço? No seu aniversário. Nesse dia especial de cada ano, o sol brilha forte sobre você (mesmo que esteja chovendo lá fora) e realça seus talentos e habilidades únicos. A energia dele ilumina e potencializa o que quer que você faça. Como resultado, qualquer feitiço que realizar no seu aniversário terá mais chances de dar certo.

Planetas e signos

Cada planeta governa um ou mais signos do zodíaco. Você provavelmente conhece seu signo — é o signo astrológico no qual o sol estava posicionado no dia em que você nasceu. O que talvez você não saiba, porém, é que a lua e todos os planetas do nosso sistema solar também passam períodos em cada um dos doze signos do zodíaco e continuamente percorrem esses signos/setores do céu. Eles afetam a energia dos planetas. Portanto, é bom checar as posições dos planetas ao criar feitiços, em especial a posição do sol e da lua. Na Parte II, eu aconselho o lançamento de feitiços quando o sol ou a lua estiverem em um certo signo astrológico, para a balança pesar a seu favor. A tabela a seguir mostra as conexões entre planetas e os signos que governam.

Planeta	Signo(s) do Zodíaco
Sol	Leão
Lua	Câncer
Mercúrio	Gêmeos, Virgem
Vênus	Touro, Libra
Marte	Áries
Júpiter	Sagitário
Saturno	Capricórnio
Urano	Aquário
Netuno	Peixes
Plutão	Escorpião

Agora, volte à tabela que lista os planetas e as áreas de influência, apresentada neste capítulo. Quando o sol ou a lua estão posicionados em um signo, adquirem algumas características daquele signo e do planeta que o rege, o que pode ser importante para os feitiços. Por exemplo, é melhor fazer feitiços do amor quando o sol ou a lua estiverem

em Touro ou Libra — signos regidos pelo planeta Vênus. Se estiver fazendo um feitiço para viagens, considere lançá-lo quando o sol ou a lua estiverem em Gêmeos ou Sagitário.

A lua permanece em um signo por mais ou menos dois dias e meio e completa o circuito de todos os doze signos do zodíaco mensalmente. Consulte uma efeméride ou um site de astrologia para verificar quais dias ajudarão no seu objetivo.

Períodos de Mercúrio Retrógrado

A cada quatro meses, o planeta Mercúrio fica retrógrado por aproximadamente três semanas e parece se mover para trás no céu. Ele rege a comunicação e o pensamento geral, então sua mente pode não estar tão clara quanto o normal durante esse período. Sua habilidade de se comunicar com os outros pode ser prejudicada também. Geralmente, não são bons momentos para praticar magia, já que podem ocorrer confusões e erros.

Magia da lua

Nas primeiras culturas agrárias, nossos ancestrais plantavam safras e criavam animais de acordo com os ciclos da lua. Hoje, ainda podemos ver a influência da lua nos ciclos de fertilidade, crescimento da safra, marés do oceano e assuntos mundanos. Em termos de lançamento de feitiços, a lua é o mais importante dos corpos celestes a se considerar. Os praticantes de magia frequentemente planejam seus feitiços para corresponder aos movimentos da chamada "luz menor", talvez porque a lua governe a intuição e as emoções, duas partes da psique que influenciam fortemente a magia.

Almanaque dos fazendeiros

Por quase duzentos anos, o _Almanaque dos Fazendeiros_ publica informações sobre os ciclos lunares. Não é incomum que os fazendeiros que empregam avançados métodos técnicos também levem em consideração o conselho do _Almanaque_ ao plantar e colher safras. Os feiticeiros também perceberam que você pode colher os melhores benefícios ao plantar sementes (física ou simbolicamente) quando a posição da lua apoia o crescimento.

Lua nova

A lua nova apoia começos: o princípio de novas ideias, planos, projetos, relacionamentos e atividades. Agora é hora de plantar suas sementes simbólicas que representam o que você deseja criar. Faça feitiços para lançar um novo negócio, começar um relacionamento ou dar início a uma família. À medida que a lua avança em direção à sua fase máxima, você vai observar seu empreendimento se desenvolver. A lua nova também é um bom momento para praticar divinação.

Lua crescente

A fase da lua crescente — que corresponde às duas semanas entre a lua nova e a cheia — representa um período de crescimento. É o melhor momento para feitiços com o objetivo de expandir um negócio, atrair novas pessoas e encorajar prosperidade. Se, por exemplo, você deseja ganhar mais dinheiro ou conseguir uma promoção no trabalho, lance seu feitiço durante a lua crescente. À medida que a luz da lua crescer, sua fortuna também crescerá.

Lua cheia

A lua cheia representa o tempo de culminação e colheita. Sob a luz forte da lua, você pode ver (ou pelo menos começar a ver) os resultados do que se iniciou duas semanas antes, durante a lua nova, e começar a colher os benefícios. Você terá mais clareza para entender como seus objetivos estão se moldando e que passos precisa tomar (se for o caso) para que se realizem. Coisas que estavam escondidas antes podem agora vir à luz.

Lua minguante

Durante as duas semanas da lua cheia até a próxima lua nova, a lua "mingua" e parece diminuir de tamanho do nosso ponto de vista aqui na Terra. Esse é um bom momento para fazer feitiços que envolvam diminuir ou deixar algo ir. Esse período de duas semanas é perfeito para quebrar antigos laços românticos, cortar hábitos ruins e reduzir responsabilidades no trabalho ou em casa. Conforme a lua encolher visivelmente, encolherão também as condições que você definir com sua magia.

Luas negras e azuis

Quando um mês contém duas luas cheias, a segunda é chamada de "lua azul". Quando duas luas novas ocorrem em um mês, a segunda é conhecida como "lua negra". Nessas ocasiões, a segunda é considerada mais poderosa que uma lua cheia ou nova comum, por isso os feitiços feitos durante esse período podem se manifestar mais rapidamente.

Mantendo um diário lunar

Talvez você ache útil manter um registro das fases da lua por alguns meses, para entender como a energia muda e como isso te afeta. Em um caderno ou arquivo de computador, escreva mais ou menos um parágrafo sobre como você se sente em cada fase lunar — descreva suas emoções, experiências, pensamentos e qualquer coisa diferente ou especialmente significativa. Você pode também querer anotar seus sonhos e examiná-los de acordo com a posição da lua.

Se estiver registrando sua prática mágica em um grimório ou livro das sombras, não deixe de anotar a fase da lua e o signo do zodíaco na ocasião de cada feitiço. Essa prática garantirá que você mantenha registro do impacto da lua em seus feitiços, para que possa trabalhar com mais sucesso com o poder lunar no futuro.

Esbats

Bruxas geralmente se reúnem por ocasião dos esbats, ou reuniões do *coven*, na lua cheia ou nova, para usufruir do senso de comunidade e companheirismo. Cada lua cheia tem suas próprias características únicas, geralmente baseadas nas energias sazonais. Os rituais do esbat baseiam-se nos padrões da natureza, bem como na mitologia, tradições culturais e astrologia. Quer sua prática mágica envolva outras pessoas ou não, você pode querer marcar as luas cheias com rituais e/ou feitiços. A lista a seguir descreve brevemente alguns dos atributos de cada lua cheia. (Observe que diferentes culturas nomeiam as luas de forma diferente.)

1. **Janeiro:** A Lua do Mosto, da Framboesa ou da Rosa representa um tempo de maturação e realização. Feitiços para proteção e prosperidade podem se beneficiar da energia dessa lua cheia.

2. **Fevereiro:** A Lua da Colheita, conhecida como a Lua da Cevada, da Reunião ou do Relâmpago, é um tempo de reunir tudo que tenha significado para você. Celebre suas bênçãos agora e mostre gratidão, o que te trará mais benefícios. Trabalhe com outras pessoas que pensem igual e compartilhe ideias, objetivos e informações.

3. **Março:** A Lua da Colheita, do Canto ou da Teia de Aranha é outro período de colher recompensas por seus esforços e para ver seus sonhos se realizarem. Agradeça pelos objetivos alcançados, projetos completados e sabedoria adquirida. Foque em resultados e no equilíbrio da sua vida.

4. **Abril:** Durante a Lua do Sangue, da Colheita ou da Folha que Cai, livre-se de velhos padrões e limpe sua bagunça emocional e física. Faça feitiços que ajudem você a deixar ir o que ou quem estiver no seu caminho para o sucesso. Também é hora de lembrar e honrar entes queridos que foram para outra esfera de existência.

5. **Maio:** A Lua da Neve, da Escuridão e da Árvore é um tempo de olhar além do mundo material para o mundo mágico. Pratique *scrying* para prever o futuro e divinação para obter a orientação e sabedoria que vão te ajudar nos meses seguintes. Abra sua mente para receber as profecias sobre o que virá.*

6. **Junho:** Sob a Lua da Escuridão, do Frio ou da Longa Noite, abandone seus medos e exclua de sua vida o que for prejudicial ou tiver perdido a utilidade. Esse é um momento de silêncio, meditação e introspecção. Faça feitiços para quebrar velhos laços, superar obstáculos e acabar com os hábitos e comportamentos limitantes.

7. **Julho:** Conhecida como a Lua Fria, Congelada, Gelada e Silenciosa, marca a época de renovação, descoberta, decisão e foco em seu propósito. Agora é a hora de definir objetivos e fazer feitiços para riqueza e prosperidade.

---

* Tipo específico de divinação que pode ser praticado ao observar fixamente uma chama ou superfície refletora (por exemplo, água, espelho ou cristal), com o objetivo de visualizar as respostas desejadas.

8. **Agosto:** Conhecida como a Lua Selvagem, Nevada, Gelada e Faminta, representa um período de cura e purificação. Feitiços que te preparem para uma iniciação, encorajem cura ou novo crescimento, ou promovam bem-estar físico e financeiro são adequados para esse momento.

9. **Setembro:** A Lua da Tempestade, do Vento ou da Morte traz um tempo de mudança e despertar depois de um período dormente e opaco. Objetivos definidos sob a Lua Fria de janeiro começam agora a se manifestar. Faça feitiços para crescimento pessoal e mudança nesse período.

10. **Outubro:** A Lua da Semente, da Água, do Crescimento ou do Despertar é uma época de abertura a novas oportunidades e experiências. Faça feitiços para amor, limpeza, crescimento e força.

11. **Novembro:** Conhecida como a Lua da Lebre, da Iluminação, da Grama e do Plantio de Milho, encoraja a alegria, o prazer, a sexualidade e a fertilidade. É um bom momento para fazer feitiços para o amor, assim como para a cura de traumas emocionais e perdas.

12. **Dezembro:** Durante a Lua do Mel, do Hidromel, do Plantio ou do Cavalo, concentre-se em fortalecer relacionamentos de todos os tipos: amor, família, amizade etc. Esse também é um bom momento para feitiços de melhoria da comunicação e da harmonia doméstica.

Não importa se você pertence a um grupo de praticantes de magia ou é uma praticante solitária, durante as noites de lua cheia, experimentará a sensação de comunidade ou companheirismo das pessoas que pensam da mesma forma. Esteja certa de que, em qualquer lua cheia, pessoas ao redor do mundo estão traçando círculos e lançando feitiços, celebrando e entoando cânticos, praticando divinação e meditando. Você é uma parte integral dessa comunidade global. Ao perceber sua parte no todo, você permite uma conexão mais próxima com o outro e o Divino.

Sabbats

Nossos ancestrais dividiam o ciclo anual do sol, conhecido como a Roda do Ano, em oito períodos de aproximadamente seis semanas cada. Cada "raio" na Roda corresponde a um grau em particular do zodíaco. As bruxas e outros pagãos referem-se a essas datas como *sabbats* e as celebram como feriados (ou dias sagrados). Esses dias de alta energia oferecem oportunidades especiais para lançar feitiços mágicos e realizar rituais.

Samhain

Mais conhecido como Dia das Bruxas, esse dia santo geralmente acontece na noite de 31 de outubro (ou 1º de maio, se você segue a Roda Sul). Para as bruxas, o Samhain é um tempo de lembrar e honrar os entes queridos que já passaram para o outro lado (por isso a conexão com a morte). Talvez você também deseje contatar espíritos em outras esferas de existência nessa data ou pedir a orientação de ancestrais ou guardiões. Já que o "véu" que separa o mundo visto do não visto está mais fino nesse dia, muitas pessoas gostam de fazer leituras de tarô ou runas para ter visões do futuro. Faça feitiços para quebrar velhos laços ou se livrar de velhos hábitos durante o Samhain. Por exemplo, escreva em um pedaço de papel algo que você deseja eliminar de sua vida e em seguida queime-o no seu caldeirão ou em um fogo ritualístico.

Yule, o solstício de inverno

O Yule é celebrado no dia do solstício de inverno, que geralmente ocorre entre 20 e 22 de dezembro (ou por volta de 21 de junho para quem segue a Roda Sul). Esse é o dia mais curto no hemisfério norte, o momento em que a Terra está mais longe do sol em sua órbita no espaço. Como o Yule marca o início do período em que os dias começam a ficar longos de novo, as bruxas o reverenciam como o "retorno da luz". Para celebrar, acenda velas para representar o sol e queime um pedaço de tronco (geralmente carvalho, que simboliza força e longevidade). Guarde um pedaço da madeira para começar sua fogueira no Yule do ano seguinte. Faça feitiços para renascimento e novos começos.

Imbolc, Dia de Brígida ou Festa das Luzes

Esse sabbat honra Brígida, a amada deusa celta da cura, forja e poesia. Seu dia santo começa na madrugada de 31 de janeiro e termina em 2 de fevereiro (ou 1º de agosto, se você segue a Roda Sul). Nessa época, a luz do dia está aumentando e a promessa da primavera está no ar. Portanto, o Imbolc é considerado um tempo de esperança e renovação. Brígida é uma das deusas da fertilidade, geralmente retratada mexendo um caldeirão, e *imbolc* significa "na barriga". As bruxas a associam a todas as formas de criatividade, então esse sabbat é um bom momento para expressar a sua. Faça feitiços para iniciar novas empreitadas, atiçar a inspiração para um projeto ou estimular a imaginação.

Ostara, o equinócio de primavera

Geralmente celebrado por volta de 21 de março (ou por volta de 21 de setembro para quem segue a Roda Sul), Ostara marca o primeiro dia da primavera, trazendo um clima mais quente e dias mais longos no hemisfério norte. A terra acorda do longo sono do inverno e a nova vida começa a emergir mais uma vez. Esse sabbat celebra o triunfo da vida sobre a morte, assim como fertilidade e criatividade. Por ser uma época propícia para plantar sementes — literal e figurativamente —, a energia de Ostara apoia feitiços para novos inícios. Considere plantar ervas e flores agora para usar em feitiços futuros. Outra sugestão é confeccionar talismãs para atrair sorte.

Beltane

As bruxas geralmente celebram o Beltane no dia 1º de maio (ou 31 de outubro, se você segue a Roda Sul), quando as flores desabrocham aos montes e a plantação brota nos campos. O sabbat marca um período de fecundidade e honra a sexualidade e a fertilidade. Uma antiga tradição diz que durante o Beltane, mulheres que desejam engravidar devem fazer um pequeno fogo em um caldeirão e então pular sobre ele. Faça feitiços de amor nesse sabbat — confeccione amuletos da sorte para atrair uma pessoa amada ou melhorar um relacionamento. Também é um bom momento para acessar a fertilidade da terra em magias de prosperidade — plante ervas como menta e salsa para usar em feitiços para obter dinheiro.

Litha, o solstício de verão

No hemisfério norte, o solstício de verão é o dia mais longo do ano, geralmente por volta de 21 de junho (ou 21 de dezembro para quem segue a Roda Sul). É um tempo de abundância, quando a terra distribui sua generosidade em todo seu esplendor. Use esse período de plenitude para aumentar o poder dos feitiços para riqueza, sucesso ou reconhecimento.

Diz a lenda que você pode se comunicar com elementais e fadas e invocar sua ajuda nos feitiços (ver Capítulo 7). O solstício de verão também é um bom momento para colher ervas, flores e outras plantas para usar em feitiços mágicos durante o ano.

Lughnasadh ou Lammas

Nomeado em homenagem ao deus celta irlandês Lugh (Lew, no País de Gales), o Lughnasadh (pronuncia-se Loo-nah-sah) é geralmente celebrado em 1º de agosto (ou 2 de fevereiro, se você segue a Roda Sul). É o primeiro dos festivais da colheita; nossos ancestrais o viam como um momento para colher os frutos de seu trabalho e começar a se preparar para os meses de inverno que viriam. Enquanto você desfruta da generosidade da terra, lembre-se de mostrar gratidão por suas bênçãos. Esse é um bom momento para fazer feitiços para a saúde e proteção, além de poções herbais com plantas frescas e saudáveis.

Mabon, o equinócio de outono

O equinócio de outono, que geralmente acontece em 22 de setembro (ou por volta de 21 de março, se você segue a Roda Sul), é um tempo de equilíbrio e harmonia, quando dia e noite têm a mesma duração. Durante esse segundo festival da colheita, as bruxas refletem sobre os sucessos e insucessos do ano e agradecem pelas coisas boas da vida. Honre suas conquistas agora e reavalie situações que não saíram tão bem quanto o esperado. Conforme o ano termina, faça feitiços para deixar ir, reduzir e encerrar. Feitiços ligados à justiça também podem se beneficiar das energias de Mabon. Ese é um bom período para resolver conflitos e estabelecer limites, tanto no âmbito profissional quanto no pessoal.

Meu livro *The Modern Guide to Witchcraft* discute a Roda do Ano em mais detalhes e inclui algumas das tradições desses sabbats. Também oferece sugestões para celebrar esses dias especiais.

Quando _não_ lançar um feitiço

A menos que você tenha um objetivo claro em mente, não faça um feitiço. Além de ser um desperdício de tempo e energia, também pode criar mais problemas: a energia gerada pelo seu feitiço carece de foco e volta para sua vida aleatoriamente, como uma bola de _pinball_. Se você estiver perturbada ou preocupada, seu estado mental interferirá no seu foco e nos efeitos do feitiço. Geralmente, também não é uma boa ideia lançar feitiços quando estiver doente, pois suas energias estarão desequilibradas e podem enfraquecer a magia. Você pode até enviar energias ruins para o universo ou sugar sua própria vitalidade. E pode querer fazer um feitiço para recuperar sua saúde; nesse caso, tente algo suave, como um banho de cura (ver Capítulo 13).

Agora que vamos avançar para a Parte II deste livro, você perceberá que eu recomendo o melhor momento para lançar cada feitiço, levando em consideração a fase da lua e outras influências astrológicas. Eu normalmente sugiro mais de uma opção. Se uma situação exigir ação imediata e você não conseguir preparar um feitiço na data ideal, não se desespere. Vá em frente e lembre-se de que sua intenção é a parte mais importante de qualquer feitiço.

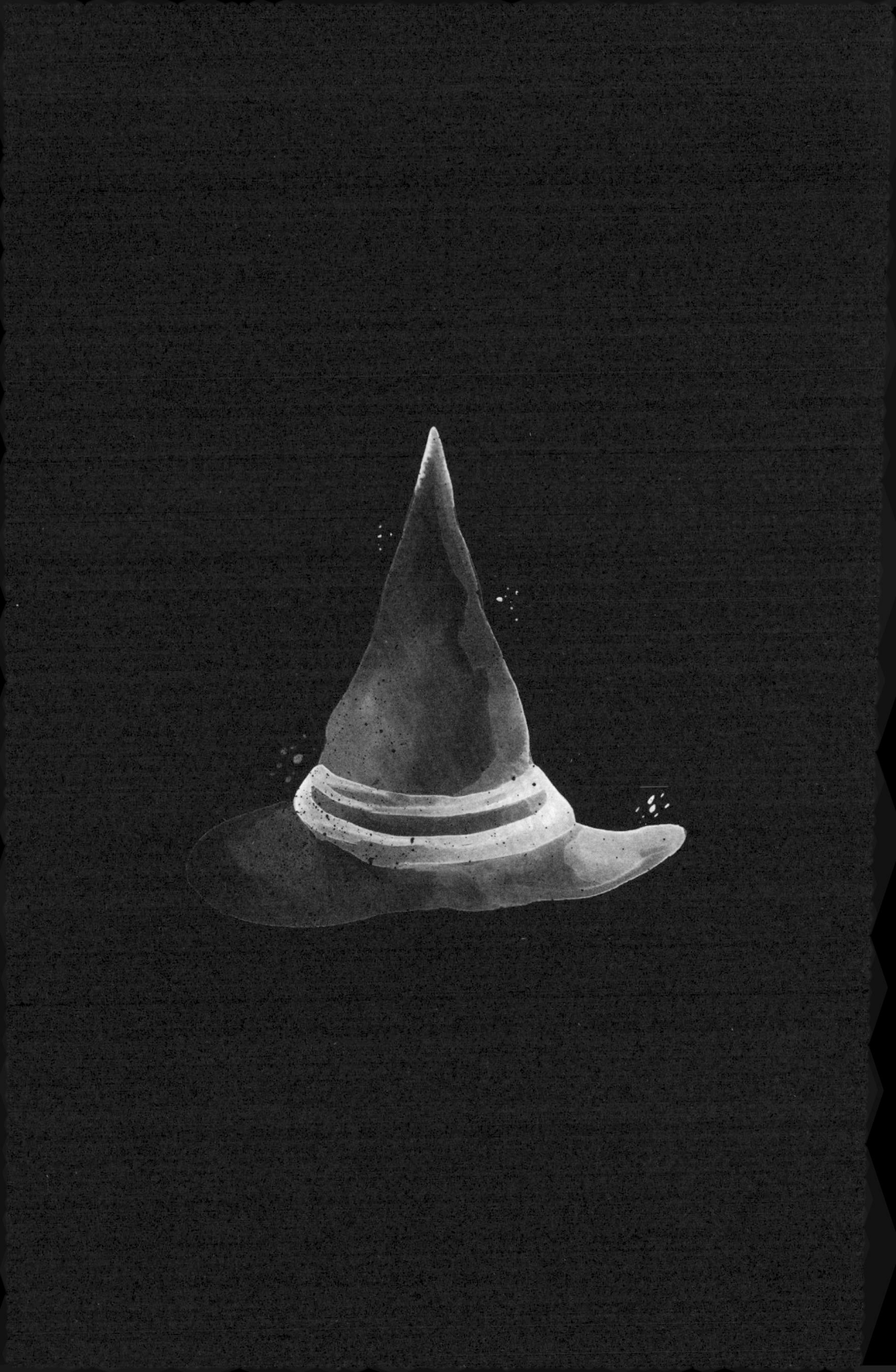

FEITIÇOS PARA TUDO

2

CAPÍTULO 9

O AMOR É CONQUISTADO

Skye Alexander

Feitiços para amor e amizade

Como você deve suspeitar, os feitiços para o amor são os mais frequentemente criados pelas bruxas e magos. Até usamos termos mágicos para descrever como é estar apaixonada — sentimo-nos encantadas, enfeitiçadas, fascinadas, hipnotizadas e assim por diante. Quando pensamos em feitiços para o amor, nossas mentes conjuram imagens de encantamentos mágicos e poções misteriosas feitas para despertar paixão na pessoa que a feiticeira deseja, em especial se essa pessoa não sente o mesmo. Contos de fadas, poesia, músicas populares e Hollywood perpetuam essa ideia.

No entanto, tenha em mente que os feitiços para o amor não são criados para encantar ou enfeitiçar alguém para que ele/ela se apaixone por você — principalmente se essa certa pessoa já estiver envolvida em um relacionamento amoroso com outro alguém. Embora possa ser tentador, e uma quantidade considerável de feiticeiros tenham usado a magia para manipular pessoas, o tiro pode sair pela culatra, e às vezes os resultados são desastrosos. Todos temos livre-arbítrio e nada pode violá-lo, nem a magia ou feitiços. O verdadeiro propósito de um feitiço para o amor é aumentar seu próprio poder e capacidade de atração, para que possa encontrar a melhor pessoa para você.

Caso seu feitiço envolva outra pessoa, peça permissão a ela antes de lançá-lo. Isso pode não ser possível se estiver tentando fazer as pazes com outra pessoa da qual esteja separada ou se precisar quebrar um laço indesejado entre você e outro alguém. Mesmo assim, explique suas intenções para o eu superior da pessoa e esclareça que busca apenas o melhor para todos os envolvidos. Se for apropriado, você pode convidar a outra pessoa para participar do feitiço. Isso pode ser bom, se a intenção do feitiço for consolidar algum aspecto de um relacionamento que já exista, como aumentar a paixão e a alegria entre vocês.

Existem diversos feitiços para o amor, e antes de fazer um é importante definir o que você deseja. Está tentando atrair alguém? Procurando por sua alma gêmea? Espera melhorar sua relação atual? Quanto mais claro o propósito estiver na sua mente e quanto mais específico for, maiores as chances de sucesso. As tabelas neste capítulo mostram quais ingredientes podem emprestar mais poder para seus feitiços do amor.

Passo a passo para obter sucesso ao lançar um feitiço
Quando fizer um feitiço, lembre-se de seguir algumas etapas testadas e aprovadas, como descritas no Capítulo 1. Essas precauções ajudam a evitar complicações, enganos e desapontamentos:

1. *Remova todas as distrações.*
2. *Reúna e limpe todos os ingredientes e instrumentos que usará no feitiço.*
3. *Purifique e consagre seu espaço.*
4. *Aquiete sua mente.*
5. *Trace um círculo mágico ao redor da área onde fará o feitiço.*
6. *Lance o feitiço.*
7. *Se tiver invocado a ajuda de deidades ou espíritos, agradeça-lhes e libere-os.*
8. *Abra o círculo.*
9. *Guarde seus instrumentos em um local seguro até precisar deles novamente.*

Cores para feitiços de amor

Procure incorporar as cores vermelha (para paixão), rosa (para afeição), e/ou roxo (para romance) em seus feitiços do amor. A maneira mais comum de fazer isso é acender velas ou confeccionar amuletos com essas cores. Outra sugestão é usar pedras preciosas vermelhas ou rosas como talismãs, ou adicionar pétalas de cor vermelha, rosa ou roxa a patuás, banhos ritualísticos, sachês ou poções. Muitos dos feitiços neste capítulo recorrem a essas associações de cores.

Ingredientes para feitiços do amor
Pedras preciosas
Cornalina: estimula o desejo sexual
Diamante: aprofunda o comprometimento e a confiança em um relacionamento amoroso
Granada: aumenta o amor e a paixão
Opala: ajuda o amor e a sedução
Pérola: encoraja o amor, a felicidade e o equilíbrio emocional
Quartzo (rosa): atrai romance, afeição e amizade
Flores
Gerânio (cor-de-rosa): aumenta a fertilidade e o amor
Jasmim: incentiva o amor, a harmonia, a sedução e a sensualidade
Margarida: inspira leveza no amor e na amizade
Murta: traz sorte no amor
Rosa: atrai amor e amizade; cor-de-rosa para afeição, vermelha para paixão
Óleos essenciais/Incenso
Almíscar: aumenta a sensualidade e a sexualidade
Ilangue-ilangue: aumenta a sensualidade e poder de atração

Ingredientes para feitiços do amor
Jasmim: encoraja amor, harmonia, sedução e sensualidade
Patchouli: aumenta a paixão e a sensualidade
Rosa: atrai amor e amizade

Ervas e temperos
Baunilha: encoraja uma abordagem mais alegre e leve ao amor
Gengibre: estimula o romance, a empolgação e a sexualidade
Manjerona: abençoa uma nova união e traz felicidade
Pimenta caiena: atiça a sexualidade e o desejo

Um feitiço simples para atrair amor

Este feitiço fácil e simples para atrair amor requer apenas um punhado de pétalas de rosas (de preferência presenteadas a você por um amigo ou pela pessoa amada, para que já estejam imbuídas com boa energia). Leve-as para fora de sua casa ou apartamento e espalhe-as na calçada, formando um caminho até a sua casa, enquanto diz em voz alta:

"Amor, venha me encontrar,
Amor, venha para ficar!"

Continue repetindo o encantamento até chegar à porta. Guarde uma pétala de rosa para carregar com você como um talismã e encorajar o amor a te seguir até em casa.

Feitiço para atrair sua alma gêmea

Você está procurando por aquela pessoa especial, sua metade da laranja. Mas por onde começar? Lançando um feitiço, é claro. Este aqui envia a mensagem de que você está aberta a receber amor — e a pessoa ideal sentirá sua energia:

> Ingredientes/Instrumentos:
> 1 rosa vermelha
> 1 vaso de água fria
> 1 caneta esferográfica
> 1 vela rosa pequena
> 1 vela vermelha pequena
> Algumas gotas de óleo essencial de ilangue-ilangue
> 1 tigela de cobre
> Fósforos ou um isqueiro
>
> Melhor ocasião para lançar o feitiço:
> Na lua nova, preferencialmente na sexta-feira, ou
>   quando o sol ou a lua estiverem em Libra.

Coloque a rosa, que simboliza o amor que você está procurando, em um vaso de água sobre seu altar. Use a caneta para inscrever a letra X — a runa nórdica do amor — nas velas. Utilize o óleo essencial para ungir as velas, que representam você e sua alma gêmea. (Rosa é a cor do amor e do carinho, vermelho é a cor da paixão.) Junte as velas na tigela sobre o altar. Acenda-as e diga em voz alta:

> *"Ventos de amor, venham até mim,*
> *Tragam minha alma gêmea, eu decreto.*
> *Como eu desejo, que seja assim."*

Imagine-se com sua alma gêmea. Visualize da forma mais detalhada e vívida possível. Sinta a presença dessa pessoa se formando no ar ao seu redor. Deixe as velas queimarem até o fim, para que as ceras rosa e vermelha derretam-se juntas na tigela. Enquanto a cera ainda estiver morna, modele-a com os dedos para formar um coração, misturando o rosa e o vermelho. Despeje a água do vaso na tigela para que a cera não grude e, em seguida, remova o coração de cera. Se você tiver conhecimento sobre Feng Shui, mantenha o coração de cera no setor do relacionamento na sua casa; caso contrário, mantenha-o em seu quarto. Deixe as pétalas da rosa secarem. Guarde-as para outros feitiços.

Feitiço para atrair amigos

Neste mundo, você precisa ter amigos. Para muitas pessoas, eles são tão importantes quanto ter um envolvimento romântico com alguém. Os amigos trazem à tona o seu melhor, compartilham de seus interesses, ficam por perto nos momentos difíceis e formam uma comunidade na qual você pode florescer.

Ingredientes/Instrumentos:
Diversas fitas

Melhor ocasião para lançar o feitiço:
Durante a lua crescente, preferencialmente quando o
sol ou a lua estiverem em Gêmeos ou Aquário.

Esse é um bom feitiço para fazer quando você se mudar para um novo lugar ou entrar para uma escola diferente onde não conheça ninguém. Reúna diversas fitas com cores variadas de que você goste. Cada uma representa um amigo. Amarre as fitas aos galhos de uma árvore. Enquanto isso, foque em atrair um novo amigo para sua vida e diga em voz alta: "Eu agora tenho um amigo que amo, respeito, confio e aprecio". Repita até ter amarrado todas as fitas à árvore e em seguida agradeça a ela por adicionar sua energia positiva ao feitiço.

Feitiço para melhorar um relacionamento amoroso

Tem algo faltando no seu relacionamento? Você busca mais romance, harmonia, felicidade e paixão? Escolha os ingredientes que vão aumentar o que deseja. Velas cor-de-rosa, por exemplo, representam amor e afeição, enquanto as vermelhas simbolizam paixão. Escolha o óleo essencial de que você mais gostar — para sugestões, consulte a tabela no início deste capítulo.

Ingredientes/Instrumentos:
2 velas vermelhas ou rosas em castiçais
Algumas gotas de óleo essencial de rosa, ilangue-
ilangue, jasmim, gardênia, baunilha ou patchouli
Baralho de tarô
Fósforos ou isqueiro

Melhor ocasião para lançar o feitiço:
Durante a lua crescente, preferencialmente em uma sexta-feira,
ou quando o sol ou a lua estiverem em Touro ou Libra.

Durante a lua crescente, use óleo essencial para ungir as velas. Pingue uma gota de óleo sobre seu coração para abri-lo. Do baralho de tarô, separe o rei e a rainha de copas (que simbolizam você e sua pessoa amada) e o nove de copas (a carta do desejo). Disponha as três cartas no altar, posicionando uma vela de cada lado.

Acenda as velas e faça seu pedido. Seja específica. Imagine-o se realizando. Depois de alguns minutos, apague as velas e leve-as para um local onde você e a pessoa amada passarão um tempo juntos. Quando estiverem reunidos nesse local, não deixe de mantê-las acesas.

Você também pode escolher cartas de tarô de acordo com o signo solar astrológico para representar você e a pessoa amada. O naipe de Paus corresponde aos signos de fogo (Áries, Leão, Sagitário). As cartas de Ouros são associadas aos signos da terra (Touro, Virgem, Capricórnio). Espadas se relacionam aos signos do ar (Gêmeos, Libra, Aquário). E Copas estão ligadas aos signos da água (Câncer, Escorpião, Peixes). Se tiver mais de 21 anos, selecione o rei ou rainha do naipe correspondente ao seu signo para representar você e a outra pessoa. Se tiver menos de 21 anos ou estiver fazendo um feitiço para pessoas mais jovens, use os pajens dos naipes apropriados.

Torta "salva-relacionamento"

Mesmo um ótimo relacionamento às vezes passa por dificuldades. Quando seu relacionamento precisar de uma forcinha, faça uma torta de maçã para trazer mais doçura à sua união. As maçãs representam saúde e amor. A canela é uma erva do amor doce e picante, a baunilha inspira amor e paz, e o gengibre é estimulante. Certifique-se de que seus pensamentos sejam amorosos enquanto prepara essa delícia.

Rendimento: 6 porções
Ingredientes/Utensílios:
6 maçãs médias, descascadas e cortadas em fatias finas
½ colher de chá de gengibre
½ colher de chá de canela
½ colher de chá de noz-moscada (ou a gosto)
½ colher de chá de baunilha
¼ xícara de farinha

2 massas compradas prontas para uma torta de
   aproximadamente 22 cm (ou faça a massa em casa)
2 colheres de sopa de manteiga

Melhor ocasião para lançar o feitiço:
Em uma sexta-feira à noite, durante a lua crescente,
   ou quando a lua estiver em Libra ou Touro.

1. Pré-aqueça o forno a 220°C

2. Misture os pedaços de maçã com as especiarias, a baunilha e a farinha e distribua a mistura sobre uma das partes da massa. Salpique o topo das maçãs com pedacinhos de manteiga.

3. Coloque por cima a outra parte da massa, juntando as beiradas,
   enquanto diz:

"Guardada aqui dentro,
Minha magia inicia,
Adoce nosso amor,
Com bênçãos divinas."

4. Use um garfo para gentilmente desenhar um coração no topo da
   massa, de forma que a energia seja canalizada enquanto a torta
   estiver assando.

5. Asse a massa em forno pré-aquecido por 45 minutos ou até ficar
   dourada e você perceber que a calda das maçãs está borbulhando
   sob o coração desenhado. Saboreie a torta junto da pessoa amada.

A bebida do amor

O cientista japonês Masaru Emoto descobriu que a água incorpora a vibração de imagens, palavras, pensamentos e emoções que entram em contato com ela. A água conserva essas impressões — e quando você a bebe, seu corpo absorve as energias. Este feitiço usa a linda imagem da carta Os Amantes de seu baralho de tarô favorito para te preencher com sentimentos de amor.

Ingredientes/Utensílios:
A carta Os Amantes de um baralho de tarô
1 copo de água mineral
1 colher (ou prato) de prata
1 gota de mel derretido ou pitada de açúcar

Melhor ocasião para lançar o feitiço:
Em uma noite de sexta-feira, durante a lua crescente,
ou quando o sol ou a lua estiverem em Libra.

Coloque a carta de tarô virada para cima no parapeito da janela, onde a luz da lua a ilumine. Coloque o copo de água em cima da carta e deixe da noite para o dia. A vibração da imagem da carta será absorvida pela água. De manhã, use a colher de prata para adoçar a água (e, simbolicamente, também o relacionamento) com o mel ou o açúcar. Beba a água com a pessoa amada para fortalecer o amor entre vocês.

O banho do amor

Um banho luxuoso pode acalmar a mente, o corpo e o espírito e te ajudar a liberar o estresse do dia. Este feitiço elimina sua tensão ou desconforto em um relacionamento amoroso, para que você possa aproveitar as coisas positivas e se abrir para mais felicidade.

Ingredientes/Instrumentos:
Uma banheira cheia d'água confortavelmente quente
1 xícara de sais de banho
Algumas gotas de óleo essencial de jasmim,
    ilangue-ilangue, patchouli ou rosa
As pétalas cor-de-rosa que sobraram do feitiço
    para atrair sua alma gêmea
1 vela rosa ou vermelha em um castiçal
Fósforos ou um isqueiro
Música romântica

Melhor ocasião para lançar o feitiço:
Em uma sexta-feira à noite, durante a lua crescente.

Conforme a banheira for enchendo, salpique os sais de banho na água. Eles são um agente purificador e dispersam quaisquer vibrações indesejadas. Também são um símbolo do elemento terra, associado à estabilidade, segurança e sensualidade. Adicione o óleo essencial à água e em seguida espalhe as pétalas de rosa por cima. Acenda a vela e ligue a música.

Entre na banheira e aprecie o momento agradável enquanto tem pensamentos amorosos sobre sua pessoa amada. Se ainda não tiver alguém, mentalize pensamentos positivos sobre quem deseja atrair. Se tiver, convide essa pessoa para entrar na banheira com você.

Feitiço para reparar um desgaste no relacionamento

Uma briga deixou você e a pessoa amada em desacordo. Talvez você tenha dito ou feito coisas que gostaria de desfazer. O orgulho, a mágoa, a raiva e outras emoções destrutivas podem estar impedindo que vocês façam as pazes. Como esse desgaste pode ser solucionado? Lançando um feitiço mágico, é claro. A chave para o sucesso deste feitiço é focar sua mente apenas em imagens positivas.

> **Ingredientes/Instrumentos:**
> 1 cristal de quartzo transparente
> 1 caneta esferográfica
> 1 pedaço de papel
> Algumas gotas de óleo essencial de jasmim
> 2 velas cor-de-rosa
> Castiçais
> Fósforos ou isqueiro
>
> **Melhor ocasião para lançar o feitiço:**
> Assim que possível.

Lave o cristal de quartzo com sabão neutro e água, depois seque-o delicadamente. No pedaço de papel, escreva tudo que você gosta, admira e aprecia na pessoa amada. Inclua as qualidades positivas dele ou dela, aspectos do relacionamento pelos quais você é grata, bons momentos que compartilharam e assim por diante. Quando terminar, pingue uma gota de óleo sobre cada canto do papel e dobre-o três vezes.

Use a caneta para escrever seu nome em uma das velas e o da pessoa amada na outra. Friccione um pouco de óleo nelas (deixando o pavio seco). Coloque as velas nos castiçais e posicione-os sobre o altar, uma mesa ou outra superfície plana, a mais ou menos trinta centímetros de distância uma da outra. Coloque o papel dobrado entre as velas e o cristal sobre ele. Acenda as velas.

Feche os olhos e visualize a pessoa amada. Diga para a imagem: "Eu honro o divino dentro de você. Eu te perdoo e me perdoo. Sou grata por todos os bons momentos que tivemos juntos. Eu te abençoo e te amo". Deixe ir toda a raiva, ressentimento, recriminação, críticas e o que mais você estiver guardando. Não pense nos problemas que levaram ao desentendimento; mantenha apenas pensamentos e sentimentos positivos. Quando estiver pronta, abra os olhos e apague as velas. Se necessário, repita o feitiço no dia seguinte, mas dessa vez diminua um pouco a distância entre as velas. Faça esse feitiço diariamente, posicionando as velas cada vez mais próximas, até que tenha resolvido o conflito.

Um feitiço para a fidelidade

Este feitiço estimula a fidelidade, mas antes de fazê-lo, pense em seus motivos. Você quer apenas fortalecer a confiança entre você e a pessoa amada ou acha que ele/ela está sendo infiel? Nesse caso, você quer mesmo ficar com essa pessoa?

Ingredientes/Instrumentos:
4 velinhas pequenas (1 amarela, 1 vermelha, 1 azul e
    1 verde) em algum tipo de apoio de vidro
1 objeto que represente a pessoa amada
1 objeto que represente você
Fósforos ou isqueiro

Melhor ocasião para lançar o feitiço:
Na lua cheia.

Certifique-se de dispor as velas em um local seguro, onde não possam atear fogo a nada inflamável. Posicione a vela amarela no leste, dentro do espaço onde você fará seu feitiço. Posicione a vermelha no sul, a azul no oeste e a verde no norte. Isso define o perímetro do seu círculo e, conforme for acendendo cada vela — partindo do leste no sentido horário —, trace o círculo. Antes de fazer isso, certifique-se de que você e os objetos que escolheu para representar a si mesma e a pessoa amada estejam dentro do círculo.

Volte-se para o leste e acenda a vela amarela. Respire fundo e imagine seu intelecto lúcido, cristalino, capaz de tomar boas decisões. Vire-se para o sul e acenda a vela vermelha. Visualize você e a pessoa amada abraçando-se apaixonadamente. Vire-se para o oeste e acenda a vela azul, enquanto sente vibrações de amor fluindo entre você e a pessoa. Vire-se para o norte, acenda a vela verde e imagine um forte vínculo de devoção, respeito e carinho unindo vocês. Quando terminar de acender as velas, fique de frente para o leste e diga:

> *"Ventos do leste e da mente, mantenha os pensamentos*
> *de [nome da pessoa] comigo. Assim se faça."*

Vire-se para o sul e diga:

> *"Fogos do sul e da paixão, mantenha [nome da*
> *pessoa] perto de mim. Assim se faça."*

Vire-se para o oeste e diga:

> *"Águas dos nossos corações, nunca nos separem. Assim se faça."*

Vire-se para o norte e diga:

> *"Forças da terra, mantenham nossos corpos juntos*
> *agora e para sempre. Assim se faça."*

Mova-se para o centro do círculo e diga:

> *"Este feitiço é feito em harmonia com a Vontade Divina,*
> *nossas verdadeiras vontades, e para o bem de todos."*

Para abrir o círculo, apague as velas na ordem inversa, movendo-se no sentido anti-horário, e enterre o que restar no quintal. Se você mora em um apartamento, coloque as velas em uma caixa de madeira e guarde-a embaixo da sua cama.

Colar mágico para estimular a paixão

Você parece estar perdendo o interesse na pessoa amada? Talvez você sinta falta dos dias em que sua relação era apaixonada e divertida. Ainda assim, não está pronta para desistir do relacionamento. Este talismã atrai as energias das pedras preciosas para ajudar a reacender seu entusiasmo. Também é um belo adereço pessoal.

Ingredientes/Instrumentos:
Contas de cornalina ou granada (quantas você desejar)
Contas de opala (quantas você desejar)
Pérolas cor-de-rosa (quantas você desejar)
Fio de metal para bijuteria, suficiente para fazer um colar
Algumas gotas de óleo essencial de ilangue-ilangue ou jasmim

Melhor ocasião para lançar o feitiço
Durante a lua crescente, preferencialmente em uma
    terça ou sexta-feira, ou quando a lua ou o sol
    estiverem em Áries, Touro ou Escorpião.

Lave suas contas com água e sabão neutro, seque-as delicadamente. Comece a colocar as contas no fio, na ordem e quantidade que você desejar ou achar necessário. A cornalina e a granada aumentam a paixão. A opala estimula o romance. As pérolas promovem equilíbrio emocional, harmonia e alegria.

Enquanto trabalha, lembre-se dos bons momentos que você viveu com a pessoa amada. Concentre-se principalmente nos momentos apaixonados, românticos e empolgantes entre vocês. Pense em todas as coisas que você admira e gosta na pessoa. Não permita que sua mente desvie para os pensamentos negativos. Faça o colar no comprimento que desejar. Quando tiver terminado, umedeça as contas com um pouco do óleo essencial. Permita que o perfume impregne seu subconsciente. Use seu colar mágico para reacender a paixão entre vocês. Quando começar a sentir seu entusiasmo diminuir, toque as contas para se lembrar de sua intenção.

Talismã para o comprometimento

A pessoa que você ama tem fobia de compromisso? Você está com dificuldades de avançar um passo à frente no seu relacionamento? Este talismã ajuda a aprofundar e estabilizar os sentimentos entre vocês. No entanto, para fazer este feitiço funcionar, você terá que agir de um jeito que parece contrário às suas intenções: pare de pressionar por compromisso e dê à pessoa amada o espaço de que ele ou ela precisa.

Ingredientes/Instrumentos:
1 quartzo rosa pequeno
1 quartzo fumê pequeno
1 cornalina pequena
1 hematita pequena
1 anel de ouro, prata
    ou cobre
Incenso de rosa
    ou jasmim
Incensário
Fósforos ou isqueiro
1 bolsinha de seda rosa
1 fio do seu cabelo
1 fio do cabelo da
    pessoa amada
Pétalas de rosa, jasmim
    ou gardênia
1 fita vermelha
Água salgada

Melhor ocasião para lançar o feitiço:
Em uma sexta-feira durante a lua crescente, de preferência
quando o sol ou a lua estiverem em Touro ou Libra.

Lave os cristais e o anel com sabão neutro e água, depois seque-os delicadamente. Acenda o incenso no incensário. Coloque as quatro pedras na bolsinha de seda. Amarre os fios de cabelo ao redor do anel, se forem longos o bastante; caso contrário, coloque-os na bolsinha junto do anel. Adicione as pétalas de flores.

Feche a bolsinha amarrando com a fita vermelha, fazendo oito nós. Enquanto ata cada nó, repita este encantamento:

> *"Eu te amo e você me ama*
> *Juntos sempre estaremos*
> *E viveremos em perfeita harmonia."*

Quando terminar, salpique o talismã com a água salgada e defume-o na fumaça do incenso por alguns momentos para energizá-lo. Diga em voz alta: "Isto é feito em harmonia com a Vontade Divina, nossas verdadeiras vontades e para o bem de todos".

Se entender de Feng Shui, coloque o talismã na seção do relacionamento na sua casa; do contrário, mantenha no seu quarto. Agora que completou o feitiço, deixe o universo agir.

Feitiço para um relacionamento tranquilo

Não importa o quanto tentem se entender, você e a pessoa amada sempre brigam por alguma coisa. Este feitiço ajuda a adoçar a energia entre vocês e promover a paz e a harmonia no relacionamento.

Ingredientes/Instrumentos:
1 concha do mar
1 pedra com formato alongado
1 caldeirão, cinzeiro grande, incensário ou
    outro recipiente à prova de fogo
1 incenso de gardênia tipo cone
Pétalas de rosas desidratadas
Uma porção pequena de mel
Fósforos ou incenso
1 bolsinha rosa de tecido, se possível de seda ou veludo

Melhor ocasião para lançar o feitiço:
Em uma sexta-feira, preferencialmente quando
    o sol ou a lua estiverem em Libra.

Lave a concha e a pedra com sabão neutro e água e seque-as. Coloque o recipiente à prova de fogo no seu altar ou em outro local seguro. Posicione o incenso no centro do recipiente e salpique as pétalas de rosas ao redor do incenso. Passe um pouco de mel na concha e na pedra e, em seguida, coloque-as no recipiente.

Pense na pessoa amada. Acenda o incenso. Enquanto ele queima, entoe este encantamento em voz alta três vezes:

"Que sempre exista
Entre mim e você,
Amor, paz e harmonia."

Permita que o incenso queime completamente. Quando tudo tiver esfriado, coloque a concha, a pedra, as pétalas de rosas e as cinzas na bolsinha. Mantenha-a debaixo do seu travesseiro ou do colchão para encorajar sentimentos positivos.

Feitiço para aumentar seu poder de atração

Você pode usar este feitiço para atrair alguém especial ou conseguir a atenção das pessoas que gostaria de ter como amigas.

Ingredientes/Instrumentos:
1 morango maduro
1 tigela ou pires pequeno
1 garfo

Melhor ocasião para lançar o feitiço:
Durante a lua crescente, de preferência em uma quinta
ou sexta-feira, ou quando a lua estiver em Libra.

Segure o morango enquanto visualiza as pessoas te dando uma segunda olhada, elogiando sua aparência, aproximando-se para falar com você e assim por diante. Coloque o morango na tigela e amasse-o gentilmente com o garfo. Em seguida, passe o sumo nos lábios. Coma sensualmente o morango amassado, saboreando a sensação da polpa na sua língua. Diga em voz alta:

"Que as palavras que eu disser,
Que os sorrisos que eu sorrir
Sejam doces.
Como a abelha à flor,
Como o mel à mosca,
Eu te atraio."

Feitiço para despertar o romance

Este feitiço aumenta sua "chama" em uma situação íntima. Pode te ajudar a atrair um novo amor ou trazer entusiasmo para um relacionamento existente.

Ingredientes/Instrumentos:
Champanhe (ou espumante de maçã)
1 cálice (ou uma taça de champanhe bonita)
3 gotas de água de rosas

Melhor ocasião para lançar o feitiço:
Durante a lua crescente, de preferência em uma sexta-
feira ou quando a lua estiver em Libra.

Sirva o champanhe em seu cálice ou taça. Adicione a primeira gota de água de rosas e diga em voz alta: "Eu deslumbro".
Adicione a segunda gota de água de rosas enquanto diz: "Eu brilho".
Adicione a terceira e última gota de água de rosas e diga: "Corteje-me!".
Mexa a taça gentilmente para misturar o champanhe com a água de rosas. Beba, visualizando exatamente quão atraente você deseja ser e que tipo de experiência gostaria de ter com a pessoa em questão. Visualize vocês dois felizes e realizados. Visualize da forma mais vívida que for capaz.

Variações para experimentar:
Adicione uma pétala fresca de rosa vermelha
à superfície do champanhe.
Dobre os ingredientes para servir duas pessoas
e beba com a pessoa em questão.
Sirva morangos cobertos de chocolate para aumentar
ainda mais a atmosfera para o amor.

Feitiço para proteger o amor

Este feitiço usa três técnicas de feitiçaria — verbal, escrita e física — para renovar, fortalecer, preservar e energizar seu amor.

Ingredientes/Instrumentos:
Cartolina vermelha ou roxa (vermelho e roxo são as cores da paixão e do romance, respectivamente)
Óleo de rosas
Tesoura
Cola ou fita adesiva
1 foto de você e da pessoa amada
1 caneta vermelha

Melhor ocasião para lançar o feitiço:
Qualquer ocasião.

Umedeça o dedo no óleo de rosas e toque no papel, dizendo:

"Rosa do amor, este feitiço começa
Eu e [nome da pessoa amada] sempre seremos um!"

Corte a cartolina em formato de coração. No meio dele, cole uma foto sua e da pessoa amada. Escreva seus nomes embaixo. Mantenha o coração na seção do relacionamento na sua casa (se conhecer o Feng Shui) ou no seu quarto para manter o amor vivo.

CAPÍTULO 10

PROSPERAR É SUPERAR

Skye Alexander

FEITIÇOS PARA FINANÇAS E ABUNDÂNCIA

Quem não gostaria de um pouco mais de dinheiro — ou talvez um montão a mais? Todos sabemos que dinheiro não compra amor, saúde, amizade, felicidade nem respeito — mas prosperidade certamente é melhor que pobreza. No nosso mundo material, o dinheiro pode não ser tudo, mas é essencial para nossa existência diária. Naturalmente, a abundância consiste em bem mais do que dinheiro. Você pode ter abundância de vitalidade, intelecto ou criatividade — tipos de riqueza que não dependem de dinheiro nem podem ser compradas. No entanto, a prosperidade financeira pode prover espaço, segurança e oportunidade para você expressar outros talentos, sem ter de gastar a maior parte do seu tempo e energia apenas para ganhar seu sustento.

Você está cansada de se preocupar com as contas? Gostaria de ter uma vida e ou/ambiente de trabalho melhores? Você precisa de mais tempo para se dedicar à sua busca criativa, mas acha que não pode se dar a esse luxo? Quer mais liberdade financeira para viajar, continuar estudando, sair de uma situação doméstica infeliz ou começar seu próprio negócio? Os feitiços neste capítulo são feitos para te ajudar a superar os obstáculos à prosperidade e atrair abundância de todos os tipos para sua vida. As tabelas abaixo mostram quais ingredientes podem emprestar maior poder aos seus feitiços — sinta-se livre para customizá-los, se você decidir fazer um feitiço mais pessoal.

Passo a passo para obter sucesso ao lançar um feitiço

Quando fizer um feitiço, lembre-se de seguir algumas etapas testadas e aprovadas, como descritas no Capítulo 1. Essas precauções ajudam a evitar complicações, enganos e desapontamentos:

1. Remova todas as distrações.
2. Reúna e limpe todos os ingredientes e ferramentas que usará no feitiço.
3. Purifique e consagre seu espaço.
4. Aquiete sua mente.
5. Trace um círculo mágico ao redor da área onde fará o feitiço.
6. Lance o feitiço.
7. Se tiver invocado a ajuda de espíritos, agradeça-lhes e libere-os.
8. Abra o círculo.
9. Guarde seus instrumentos em um local seguro até usá-los novamente.

Cores para usar em feitiços de dinheiro

Para aprimorar os feitiços criados para dinheiro e prosperidade, incorpore as cores dourada e prata (para simbolizar metais preciosos e moedas), assim como o verde (é a cor do papel-moeda em algumas culturas e indicador do crescimento saudável das plantas). As maneiras mais populares de incluí-las são acender velas ou confeccionar amuletos nessas cores. Também é uma boa ideia usar pedras preciosas douradas, prateadas ou verdes como talismãs, ou adicionar pétalas de flores douradas a patuás, banhos ritualísticos, sachês ou poções. Muitos feitiços neste capítulo recorrem a essas associações de cores.

Ingredientes para feitiços de prosperidade
Pedras preciosas
Ágata (verde): ajuda a estabilizar suas finanças
Aventurina: Atrai riqueza e abundância
Olho de tigre: aumenta a sorte e a prosperidade
Quartzo cristal da abundância: ajuda no crescimento financeiro e atrai abundância de todos os tipos
Flores
Calêndula: encoraja o ganho financeiro
Girassol: suas muitas sementes representam a abundância e suas pétalas amarelas sugerem ouro
Narciso: atrai sorte
Tulipa: a forma de xícara representa um recipiente para guardar dinheiro e tesouros
Óleos essenciais/Incenso
Cravo-da-índia: estimula o crescimento financeiro
Canela: estimula o ganho financeiro através de uma carreira bem-sucedida ou empreendimento financeiro

Ingredientes para feitiços de prosperidade
Cedro: protege e aumenta seu patrimônio
Verbena: ajuda na materialização dos seus objetivos
Ervas e temperos
Canela: aumenta o poder de um feitiço
Endro (semente ou erva): atrai sorte
Hortelã: uma das mais populares ervas para questões financeiras
Salsa: estimula a prosperidade e o sucesso

Feitiço para aceitar a prosperidade

Antes de atrair riqueza, você deve sentir que é digna dela. Muitas de nós fomos ensinadas a acreditar que não merecemos a prosperidade, mas essa ideia pode atrapalhar sua habilidade de alcançar a segurança financeira. Este feitiço te ajuda a reescrever e revisar crenças antigas e ultrapassadas — veja o Capítulo 5 para informações sobre como escrever afirmações da maneira correta.

Ingredientes/Instrumentos:
14 velas verdes
1 recipiente de vidro vazio
Uma afirmação

Melhor ocasião para lançar o feitiço:
Na lua nova.

Compre catorze velas verdes perfumadas com óleo essencial de cedro ou pinheiro. Velinhas pequenas, tipo as de aniversário ou velas para réchaud, são boas para este feitiço. Na noite da lua nova, acenda uma das velas em seu altar ou local especial. Enquanto ela vai queimando,

diga sua afirmação em voz alta e sinta que é verdadeira. Depois de cinco minutos, apague a vela e esfregue suas mãos na fumaça. Conduza a fumaça para o seu rosto, corpo e roupas. Cubra o nariz com as mãos e inale o aroma. Lembre-se da fragrância e associe-a com abundância, prosperidade e sua nova crença. Deixe a vela de lado.

Repita esse ritual diariamente pelos treze dias seguintes, usando uma nova vela a cada vez. Coloque cada vela gasta ao lado da anterior no fundo do seu altar. Na lua cheia, depois de ter queimado as catorze velas, acenda-as outra vez e deixe que terminem de queimar completamente. Em seguida, despeje a cera restante no recipiente de vidro, formando uma nova vela. Ela simboliza sua nova crença sobre prosperidade. Quando a cera endurecer, enterre-a simbolicamente, plantando-a no chão para fazer sua riqueza crescer. Se preferir, molde a cera ao redor de um novo pavio e acenda-a para atrair abundância.

Feitiço para atrair prosperidade

Este feitiço pode ser usado para qualquer tipo de prosperidade, mas funciona melhor para a plenitude da paz interior, a fonte de toda verdadeira prosperidade. Quando você realmente acredita que a merece, ela vem até você sem qualquer esforço. A sálvia é uma boa erva para se livrar da negatividade, e a canela é excelente para aumentar sua criatividade. Como você sabe, a cor verde representa dinheiro e crescimento.

Ingredientes/Instrumentos:
1 vela verde
1 caldeirão, ou uma tigela de cerâmica ou cobre à prova de fogo
1 raminho de sálvia
Fósforos ou isqueiro
Uma pitada de canela

Melhor ocasião para lançar o feitiço:
Na lua nova.

Na noite de lua nova, coloque a vela verde em seu caldeirão ou tigela, junto da sálvia. Acenda ambos. Polvilhe canela na chama, enquanto diz: "Eu aceito a prosperidade e a paz interior". Repita essas palavras e continue polvilhando canela nas chamas, até que a especiaria acabe. Deixe a vela e a sálvia queimarem totalmente e então enterre os restos no seu quintal ou em um local importante para você.

A cor do dinheiro

Em alguns países, a cor do papel-moeda é verde; portanto, sua mente automaticamente faz a conexão entre a cor verde e a riqueza. Se você vive em um país onde o papel-moeda tem outra cor, use-a como símbolo do dinheiro. Dourado e prata, as cores dos metais preciosos, também são uma boa escolha.

Feitiço Feng Shui para riqueza

No antigo sistema chinês conhecido como Feng Shui, o vermelho e o roxo são considerados cores de sorte. As plantas simbolizam o crescimento. Este feitiço combina os dois símbolos para atrair riqueza.

Ingredientes/Instrumentos:
1 planta com flores vermelhas ou roxas

Melhor ocasião para lançar o feitiço:
Durante a lua crescente.

Fique parada na porta que você mais usa para entrar e sair da sua casa, de frente para o interior. Localize o canto esquerdo mais distante do seu ponto de vista. Essa é a área que se conhece como setor da riqueza. Coloque a planta nessa área para fazer sua riqueza crescer. Cuide da planta com gentileza e carinho. Fale com ela. Envie bons pensamentos. Toque música clássica para ela (ela pode até dançar sem que você veja). À medida que você cuidar da planta, vendo-a crescer, perceberá que o mesmo acontece com a sua fortuna.

Feitiço de manifestação no caldeirão

Os desejos nem sempre se materializam da noite para o dia — alguns levam um tempo para se desenvolver. Tente não se sentir desencorajada e lembre-se de que tudo acontece no tempo certo. Enquanto espera, faça este feitiço para alimentar seu desejo e realizá-lo:

> **Ingredientes/Instrumentos:**
> 1 folha de papel
> Tesoura
> 1 caneta ou lápis
> 1 caldeirão (ou outro recipiente em formato de tigela)
> Uma pitada de gengibre em pó
> 1 cápsula ou comprimido de cardo-santo
> 1 pano verde
>
> **Melhor ocasião para lançar o feitiço:**
> A segunda noite de lua nova.

Corte o papel em doze tiras. Na primeira, escreva seu desejo em forma de afirmação (ver Capítulo 5). Dobre o pedaço de papel três vezes e coloque no caldeirão. Salpique um pouco do gengibre em pó (para acelerar o resultado) e um pouco do cardo (para ajudar seu objetivo a se manifestar). Você pode comprar o suplemento herbal de cardo na internet, em lojas de produtos naturais e em alguns supermercados. Abra uma cápsula ou esmague um comprimido até virar pó e então adicione ao caldeirão. Cubra-o com o pano verde.

Permita que o feitiço "ferva" da noite para o dia; de manhã, remova o pano e repita-o. Continue a fazer isso por doze dias. Caso seu desejo não se manifeste até a lua cheia, faça uma pausa durante a lua minguante e recomece no primeiro dia da lua crescente. Não desista — confie que seu desejo se manifestará no momento certo.

Feitiço para reabastecer sua riqueza

Tradicionalmente, a hortelã é associada à prosperidade e o limão, à limpeza. Combine-os com pimenta, criando um feitiço poderoso para reabastecer suas finanças. Se você estiver passando por uma crise criativa, se suas finanças estiverem estagnadas ou se tiver atingido um período de escassez, este feitiço poderá estimular a prosperidade.

Ingredientes/Instrumentos:
1 faca para frutas
1 limão
1 punhado de folhas frescas de hortelã
1 tigela de vidro
3 folhas de louro
3 grãos de pimenta
1 pedaço pequeno de aventurina
1 pedaço pequeno de olho de tigre

Melhor ocasião para lançar o feitiço:
Durante a lua crescente, em especial em uma quinta ou sexta-feira, ou quando o sol ou a lua estiverem em Touro.

Fatie o limão e desidrate as rodelas no forno em baixa temperatura. Espalhe as folhas de hortelã na tigela de vidro e então distribua por cima as rodelas de limão desidratadas. Coloque as folhas de louro sobre o limão. No centro, posicione os três grãos de pimenta e em seguida coloque a aventurina e o olho de tigre por cima da pimenta. Imponha as mãos abertas, com as palmas para baixo, sobre a tigela, e feche os olhos. A tigela representa nutrição e plenitude. Visualize a tigela cheia de dinheiro, um suprimento infinito que se refaz sempre que utilizado. Imagine-se pegando o que precisa da tigela — o dinheiro na verdade sobe para suas mãos, como se as palmas fossem ímãs. Não importa quanto você pegue, o dinheiro flui para encher a tigela outra vez.

Crie seu próprio dinheiro

Não seria legal se você pudesse criar seu próprio dinheiro? Assim, não teria de se preocupar com o fato de não ter o suficiente. Bem, agora você pode. Não, não estamos falando de falsificação. Em vez disso, use a magia para aumentar sua riqueza.

Ingredientes/Instrumentos:
1 imitação de uma nota de 1 milhão de reais
1 vaso verde de cerâmica
Terra para plantar
Sementes de hortelã ou pimenta, ou uma muda de hortelã
Água

Melhor ocasião para lançar o feitiço:
Durante a lua crescente, de preferência quando
    o sol ou a lua estiverem em Touro.

Faça uma imitação de uma nota de 1 milhão de reais — você pode desenhar ou baixar uma da internet (embora não exista uma nota real nesse valor, o número alto vai chamar sua atenção). Dobre a nota três vezes e coloque-a no fundo do vaso de cerâmica. Encha o pote com terra. Plante as sementes e regue o solo.

Enquanto trabalha, repita este encantamento:

"Todos os dias
De todas as formas
A prosperidade
Vem para mim."

Coloque o pote na parte da casa designada pelo Feng Shui como setor da prosperidade (exceto se as condições do local não forem adequadas para a planta). Continue cuidando dela e lembre-se de repetir o encantamento diariamente. Quando podar a planta, guarde e seque as folhas para usá-las em talismãs. Conforme a planta for crescendo, crescerão também suas finanças.

Infusão da prosperidade

Este feitiço usa a magia das ervas e o simbolismo das plantas crescendo, com uma ajudinha do Feng Shui para atrair prosperidade. Você também pode bebê-la quente ou gelada para aumentar sua percepção da prosperidade.

Ingredientes/Instrumentos:
1 copo d'água
1 panela pequena
Salsa fresca e picada
Folhas de hortelã frescas e picadas
1 colher de pau
1 coador

Melhor ocasião para lançar o feitiço:
Na lua nova.

Na noite de lua nova, despeje um copo de água em uma panela e leve ao fogo. Adicione a salsa e a hortelã à água e diga: "Eu aceito a prosperidade e me abro para receber abundância de todos os tipos". Mexa a infusão com uma colher de pau, fazendo três círculos no sentido horário para energizar a mistura. Deixe ferver, desligue o fogo e espere esfriar. Coe e regue com esse líquido a planta que você colocou no seu setor da riqueza (veja o feitiço Feng Shui para riqueza) ou use a infusão para regar outras plantas na sua casa ou jardim.

Riqueza sem limites

Fazer um feitiço como esse tira a prosperidade de outra pessoa? De jeito nenhum! A prosperidade e a abundância não têm limites — as riquezas do universo são infinitas e estão disponíveis para todos. No entanto, se você estiver tentando trapacear ou se beneficiar do prejuízo de outra pessoa, esses feitiços podem não funcionar.

Poção do dinheiro rápido

Precisa de dinheiro rápido? Esta poção mágica começa a funcionar assim que você a ingere. Você pode prepará-la como um chá quente ou bebê-la gelada. Se desejar, compartilhe com alguém cuja intenção se relacione à sua.

Ingredientes/Instrumentos:
1 faca para frutas
Gengibre fresco
Folhas frescas de hortelã
Água mineral
Canela
1 copo ou taça transparente (sem estampa)
O Ás de Pentáculos de um baralho de tarô ou o
     Ás de Ouros de um baralho normal

Melhor ocasião para lançar o feitiço:
Durante a lua crescente, preferencialmente em
     uma quinta-feira, mas se for uma emergência,
     lance o feitiço conforme a necessidade.

Pique o gengibre e as folhas de hortelã — a quantidade é a gosto. Salpique-os na água mineral e adicione uma pitada de canela. Se desejar, aqueça a água para fazer um chá (mas não deixe ferver). Despeje a água de ervas em um copo ou taça transparente. Coloque a carta com a frente para cima no seu altar, mesa ou bancada e posicione o copo de água em cima. Deixe por cinco minutos, para permitir que a carta energize a água com suas vibrações, e então beba.

Feitiço para contenção de despesas

O dinheiro está indo embora mais depressa do que está entrando? Este feitiço usa a magia do Feng Shui para diminuir o gasto de dinheiro e ajudá-la a controlar as despesas.

Ingredientes/Instrumentos:
Todos os seus cartões de crédito
1 envelope preto
Algumas gotas de óleo essencial de pinheiro
1 pedaço de hematita rolada
1 pedaço de ônix rolado
Sua carteira ou bolsa
1 pedra grande (que pese mais ou menos 1 kg)

Melhor ocasião para lançar o feitiço:
Durante a lua minguante, de preferência no sábado ou
    quando o sol ou a lua estiverem em Capricórnio.

Organize seus cartões de crédito e coloque aqueles de que você não precisa ou não usa regularmente — tantos quanto possível — no envelope preto. (Você pode considerar cancelar alguns deles durante esse processo.) Em seguida, passe um pouco de óleo essencial em cada uma das pedras. Depois que o óleo secar, guarde a hematita na carteira ou na bolsa — toda vez que for usar dinheiro, toque na pedra para lembrar de sua intenção.

Mantenha o envelope com os cartões de crédito em um local seguro e coloque sobre ele o pedaço de ônix, para conter simbolicamente os gastos. Por fim, deixe a pedra grande no setor de riqueza da sua casa. Para localizá-lo, fique na entrada de sua casa (a que você usa com mais frequência, não necessariamente a porta da frente), de costas para a porta, de modo que esteja olhando para dentro. O canto esquerdo mais distante é o setor de riqueza.

Sugestão adicional: se desejar cortar despesas comerciais, você pode colocar outro pedaço de hematita ou ônix em sua caixa registradora ou cofre, e outra pedra grande no setor de riqueza no local onde seu negócio funciona.

Amuleto para espantar credores

As ligações irritantes e cartas de cobrança raivosas de credores estão roubando seu sono? Embora você esteja fazendo o melhor que pode, as empresas de cobrança podem ser tão persistentes quanto pitbulls. Este amuleto vai ajudar a espantar os credores da mesma forma que os amuletos antigos repeliam espíritos do mal.

Ingredientes/Instrumentos:
1 imagem de urso
A runa *Eihwaz*
1 pedaço pequeno de turquesa
Folhas desidratadas de manjericão
Funcho desidratado
Salsa desidratada
1 bolsinha preta com cordão de franzir, feita de tecido ou couro

Melhor ocasião para lançar o feitiço:
Durante a lua minguante, de preferência no sábado ou
quando o sol ou a lua estiverem em Capricórnio.

Reúna todos os ingredientes listados. A imagem do urso pode ser uma foto de revista, uma miniatura, um pingente ou um desenho feito por você. A runa *Eihwaz*, que significa "defesa", pode ser um pedaço de pedra, cerâmica, madeira ou metal com o símbolo gravado ou pintado. (Parece um pouco com um Z ao contrário e um pouquinho inclinado.) Lave a turquesa com sabão neutro e água e seque-a delicadamente.

Coloque as ervas, a runa e o pedaço de turquesa na bolsinha. Em seguida, segure a imagem do urso e olhe para ela. O urso representa proteção e força. Peça ao urso espiritual, simbolizado pela imagem, que te proteja contra o assédio e te dê força para suportar o desafio que está enfrentando. Coloque a imagem na bolsinha e feche-a. Use o amuleto ou mantenha-o consigo enquanto continuar lidando com seus problemas financeiros.

Um feitiço para combater a má sorte

Todos temos períodos de má sorte. Confeccione alguns destes talismãs e use-os para ajudar a dispersar a energia negativa que pode acabar com suas finanças.

Ingredientes/Instrumentos:
3 centavos (ou outras moedas de baixo valor)
3 pedaços de tecido verde, dourado ou prateado
3 pedaços de fita ou cordão branco

Melhor ocasião para lançar o feitiço:
Qualquer hora.

Coloque as moedinhas sobre os pedaços de pano e então amarre-os com o cordão ou a fita, formando trouxinhas. Atando os nós, recite este encantamento:

"Na sorte eu confio,
Na sorte eu acredito,
Com este pacotinho,
A abundância cresce!"

Para ativar o feitiço, leve a trouxinha para um local remoto longe de qualquer água ou árvores e enterre-o. Diga em voz alta:

"A má sorte vem,
Mas não prospera.
Eu a ordeno
Que não seja severa."

Afaste-se do local onde enterrou a bolsinha e não olhe para atrás. Visualize-se abandonando toda a energia negativa que acumulou no passado.

Círculo da prosperidade infinita

Mesmo que a sua situação financeira atual esteja boa, você não pode adivinhar o que o futuro trará. Este feitiço garante que a prosperidade continuará fluindo até você e que terá sempre mais do que o suficiente para cobrir seus gastos.

> **Ingredientes/Instrumentos:**
> 9 potinhos pequenos (os de papinha de bebê são perfeitos)
> 1 pedaço de papel
> 1 caneta de tinta verde, dourada ou prateada
> Moedas (de qualquer valor)
>
> **Melhor ocasião para lançar o feitiço:**
> Diariamente, começando durante a lua crescente.

Escolha um ponto da sua casa ou local de trabalho onde possa manter os potes isolados. Posicione-os formando um círculo. No pedaço de papel, escreva a seguinte afirmação: "Eu agora tenho dinheiro suficiente para tudo que preciso e desejo e, também, para compartilhar com as outras pessoas". Coloque o papel no meio do círculo de frascos e uma moeda sobre ele para segurá-lo. Em seguida, comece no leste, movendo-se no sentido horário e colocando uma moeda em cada pote. Repita a afirmação em voz alta toda vez que colocar a moeda em um pote.

No dia seguinte, coloque outra moeda em cada um dos potes, de novo começando no leste e trabalhando no sentido horário. Continue a fazer isso, colocando uma nova moeda por dia nos potes. Quando todos eles estiverem cheios, remova as moedas e doe o dinheiro para uma instituição de caridade. Ao fazer a doação, repita a afirmação a seguir três vezes: "Eu ofereço este dinheiro com amor e gratidão. Eu agora recebo dez vezes de volta, para o bem de todos os envolvidos."

Comece a encher os potes de novo. Continue fazendo esse feitiço e compartilhando sua riqueza indefinidamente, para manter sempre a prosperidade vindo até você.

Roda da fortuna

Parece que você nunca tem dinheiro suficiente para comprar mais nada depois de pagar as contas? Você está apenas sobrevivendo. Algum dia conseguirá assumir o controle e se permitir alguns luxos? Este feitiço te ajuda a atrair sorte e adquirir os objetos que você deseja.

Ingredientes/Instrumentos:
Imagens das coisas que você gostaria de ter
Tesoura
1 pedaço de papelão ou isopor
Cola ou fita adesiva
A carta Roda da Fortuna de um tarô que você não use para leituras

Melhor ocasião para lançar o feitiço:
Durante a lua crescente, de preferência em uma quinta-feira.

Recorte imagens de revistas e catálogos, ou imprima da internet, mostrando os objetos que você gostaria de ter: um carro novo, roupas de grife, joias, o computador mais recente — o que você desejar. Corte o papelão ou isopor na forma de um círculo ou roda. Cole a carta Roda da Fortuna no centro do círculo de papel. Organize as imagens que você selecionou ao redor da carta de tarô e cole-as no papelão. Enquanto trabalha, imagine que todas essas coisas maravilhosas pertencem a você. Imagine-se dirigindo aquele carro novo ou usando aqueles diamantes. Visualize da forma mais real possível.

Disponha sua "roda da fortuna" em um local em que possa ver com frequência. Uma sugestão é deixá-la na parte da casa ou de seu local de trabalho que o Feng Shui classifica como setor da riqueza. Para localizá-lo, fique na entrada de casa ou do trabalho — a que você mais usa, não necessariamente a porta da frente —, de costas para a porta, de forma a olhar para dentro. O canto esquerdo mais distante é seu setor da riqueza. Toda vez que olhar para a colagem, ela irá reforçar sua intenção de atrair abundância para a vida.

Feitiço da árvore de dinheiro

O dinheiro pode até não crescer em árvores, mas você pode acessar o simbolismo de crescimento inerente às árvores para aumentar sua renda. Não importa para que você precisa de dinheiro; seja para cobrir um gasto inesperado, comprar algo especial ou só aumentar seu status financeiro, este feitiço vai te ajudar a atrair abundância de todos os tipos.

Ingredientes/Instrumentos:
Fitas douradas e/ou prateadas
Pequenos pingentes, brincos, contas, cristais
    e/ou outros ornamentos
Sinos comuns ou sinos dos ventos

Melhor ocasião para lançar o feitiço:
Durante a lua crescente, de preferência na terça ou sexta-
    feira, ou quando o sol ou a lua estiverem em Touro.

Amarre as fitas, sem apertar, nos galhos de sua árvore favorita. Pode ser uma árvore do quintal ou de um local especial para você. Pendure os outros ornamentos nos galhos também. Esses objetos representam presentes ou oferendas aos espíritos da natureza, em troca de sua ajuda em te trazer riquezas. Os elementais da terra conhecidos como gnomos gostam muito de brilho e vão apreciar os objetos. Ao pendurar cada item, afirme sua intenção em voz alta e peça aos espíritos da natureza que ajudem você a adquirir o que deseja. Ao terminar, agradeça à árvore e aos espíritos da natureza.

Salada de frutas da prosperidade

Esse café da manhã ou sobremesa sazonal combina frutas com a prosperidade e abundância. Ao comê-las, você absorve a energia delas em seu corpo, o que simboliza disposição de aceitar a prosperidade na sua vida. Misture as frutas de acordo com seu próprio gosto e com associações que elas têm para você.

Ingredientes/Instrumentos:
Pedaços de abacaxi fresco
Mirtilos
Cerejas sem caroço e cortadas ao meio
Uvas cortadas ao meio e sem sementes
Maçãs cortadas em cubos
Peras cortadas em cubos
1 tigela de vidro
1 colher de chá de suco de limão
¼ de xícara de açúcar

Melhor ocasião para lançar o feitiço:
Durante a lua crescente.

Lave, seque e corte as frutas no tamanho apropriado. Misture-as na tigela. Adicione o suco de limão. Salpique açúcar sobre as frutas e deixe descansar por uma hora. Delicie-se, enquanto imagina a prosperidade fluindo até você.

CAPÍTULO II

PROTEGER É AMAR

Skye Alexander

Feitiços para segurança e proteção

Os feitiços para proteção estão entre as mais antigas e procuradas formas de magia. Caçadores, guerreiros, viajantes — e praticamente todo mundo — esperavam que feitiços os protegessem de ferimentos, doenças, roubos, má sorte, catástrofes naturais e o mal em todas as suas formas. Mesmo nos tempos atuais, se você viajar para a Grécia ou Turquia, verá por toda parte um tipo de amuleto conhecido como "olho grego" — geralmente símbolos semelhantes a um olho azul de vidro ou cerâmica —, pendurado nas casas, ambientes comerciais e carros para espantar forças perigosas. E quem nunca jogou sal por cima do ombro para se proteger da má sorte, fez o sinal da cruz diante da adversidade ou carregou um objeto especial em uma viagem?

Hoje, o perigo espreita por todas as partes, assim como acontecia há milênios. Embora alguns de nós não acreditem que alguém nos amaldiçoará com "mau-olhado", ainda assim todos buscamos proteção contra acidentes de carro, crimes, indisposições físicas e outros tipos de dano. Os feitiços neste capítulo foram criados a fim de proteger você (ou alguém com quem você se importa) das adversidades. E se não conseguir encontrar um item necessário para o feitiço? As tabelas incluídas aqui mostram quais ingredientes substituir, se necessário ou se você quiser tornar um feitiço mais pessoal.

Passo a passo para obter sucesso ao lançar um feitiço

Quando fizer um feitiço, lembre-se de seguir algumas etapas testadas e aprovadas, como descritas no Capítulo 1. Essas precauções ajudam a evitar complicações, enganos e desapontamentos:

1. Remova todas as distrações.
2. Reúna e limpe todos os ingredientes e instrumentos que usará no feitiço.
3. Purifique e consagre seu espaço.
4. Aquiete sua mente.
5. Trace um círculo mágico ao redor da área onde fará o feitiço.
6. Lance o feitiço.
7. Se tiver invocado a ajuda de deidades ou espíritos, agradeça-lhes e libere-os.
8. Abra o círculo.
9. Guarde seus instrumentos em um local seguro até usá-los novamente.

Cores para usar em feitiços de proteção

Para fortalecer os feitiços de segurança e proteção, inclua as cores branca ou preta — mas se o objetivo for aumentar sua habilidade psíquica de proteção, use índigo. As formas mais comuns de utilizá-las é queimando velas ou confeccionando amuletos nessas cores. Você também pode usar pedras preciosas brancas ou pretas como amuletos, vestir roupas dessas cores, ao lançar feitiços de proteção, ou adicionar pétalas de flores brancas a patuás, banhos ritualísticos, sachês e poções. Muitos feitiços neste capítulo utilizam essas associações de cores.

Ingredientes para feitiços de proteção
Pedras preciosas
Âmbar: embora não seja uma pedra de verdade — é seiva fossilizada —, o âmbar oferece proteção contra ameaças físicas e não físicas
Obsidiana floco de neve: promove proteção geral
Ônix: te dá forças para se impor diante de seus adversários
Pedra de sangue: promove a proteção física e aumenta a coragem; os antigos acreditavam que ela estancava o fluxo do sangue
Peridoto: repele energias negativas e neutraliza toxinas
Turmalina: blinda contra as energias negativas no ambiente
Flores
Cravo (branco): traz proteção e força
Gerânio (branco): ajuda a proteger você e sua casa
Erva-crânio-do-dragão (branca): protege da ilusão e do engano, protege sua casa
Lilás (branco): repele e remove maldições, guarda a alma em sua jornada até o pós-vida
Óleos essenciais/Incenso
Anis-estrelado: protege contra a energia negativa

Ingredientes para feitiços de proteção
Funcho: promove proteção física e psíquica
Pinheiro: protege contra espíritos negativos e maus
Ervas e temperos
Cominho (sementes): protege você e sua casa de ladrões
Alecrim: oferece segurança e limpa as energias negativas
Angélica: oferece proteção e purificação
Confrei: garante proteção em viagens
Manjericão: uma das ervas mais populares para proteção geral

Colar de pedras preciosas para uma viagem segura

Embora as estatísticas mostrem que a maioria dos acidentes acontecem perto de casa, é natural sentir-se um pouco ansiosa a respeito da sua segurança em uma viagem longa. Este amuleto de pedras preciosas é mais do que um colar bonito; ele também oferece proteção na viagem.

Ingredientes/Instrumentos:
Contas de âmbar
Contas de jade
Contas de turquesa
Contas de pedra-do-sangue
Contas de ágata
Pingentes de ouro ou prata na forma de anjos, estrelas, pentagramas e afins (opcional)
Elástico para bijuterias

Melhor ocasião para lançar o feitiço:
Pelo menos três dias antes da viagem.

Corte um pedaço de elástico comprido o bastante para ser usado como colar (se você preferir, pode fazer um bracelete). Comece colocando as contas no elástico. Você pode alternar as contas em um único elástico ou, se preferir, montar três fios separados e torcê-los juntos. Adicione os pingentes para simbolizar proteção, se preferir.

Enquanto trabalha, visualize a si mesma perfeitamente segura, viajando tranquilamente para onde quiser. Imagine uma bola de energia branca e pura circundando você e protegendo de qualquer perigo. Quando terminar, faça um nó no elástico. Enquanto isso, diga esta afirmação em voz alta: "Este colar me mantém sã e salva em qualquer tempo e qualquer situação, agora e sempre". Use o amuleto para se proteger em viagens.

Travesseiro de ervas para proteção

Os monstros do armário e os pesadelos estão te impedindo de ter uma bela noite de sono? Você escuta barulhos à noite? Este travesseiro aromático de proteção acalma seus nervos e te ajuda a relaxar, para que você não se preocupe mais com visitantes noturnos indesejados.

Ingredientes/Instrumentos:
2 quadrados de tecido azul escuro, de
      7,5 cm x 7,5 cm ou maior
Linha branca
1 agulha
Folhas de manjericão desidratadas
Sementes de funcho
Alecrim
Salsa desidratada
Flores de lavanda
Capim-limão
Sálvia

Melhor ocasião
para lançar
o feitiço:
Na lua nova.

Reúna os ingredientes listados. Junte os quadrados de tecido e costure três lados — é melhor que você faça à mão, em vez de usar a máquina de costura. Em seguida, encha a bolsinha com as ervas. Costure o quarto lado, formando um pequeno travesseiro. Coloque-o debaixo do seu travesseiro normal. Se preferir, deixe o travesseiro de proteção ao seu lado para que possa sentir o aroma calmante durante a noite.

Feitiço do animal de poder para proteger o seu lar

Você tem um animal de poder? Eles atuam como espíritos guardiões e ajudantes — é possível invocar sua ajuda em momentos de necessidade. Seu totem é um animal, pássaro, réptil ou inseto com o qual você sente uma forte afinidade e que, para você, representa o poder de proteção. (Para mais informações sobre animais de poder/totem, veja o Capítulo 7 e o meu livro *The Secret Power of Spirit Animals*.)

Ingredientes/Instrumentos:
1 imagem do animal/totem
Folhas de manjericão
Tigela (opcional)

Melhor ocasião para lançar o feitiço:
Três dias antes da lua nova, ou quando sentir necessidade.

Escolha uma imagem de seu totem — pode ser miniatura, desenho, fotografia ou imagem baixada da internet — e coloque-a perto da porta da frente. Diga em voz alta para o seu animal guardião:

"Proteja este lar,   *De porta a porta,*
De cima a baixo,   *Do leve ao pesado,*
De muro a muro,   *Do chão ao ar."*

Em seguida, espalhe as folhas de manjericão ao redor de toda a parte externa da casa. Se morar em um apartamento, espalhe-as em volta de todo o prédio ou, em vez disso, coloque as folhas em uma tigela e deixe-a junto da imagem do seu animal, do lado de dentro da porta do seu apartamento.

Amuleto de proteção para a casa

Aqui está outra maneira de proteger sua casa. Você também pode fazer este feitiço para proteger seu negócio, carro ou outras posses — substitua a foto da casa por uma foto do que pretende proteger.

Ingredientes/Instrumentos:
1 vela branca
1 foto da sua casa
1 pentagrama de prata
Pétalas desidratadas de um cravo branco
1 folha de freixo
1 cristal de quartzo
1 pedaço de coral branco
1 pedra da lua
1 pedaço de âmbar
1 bolsinha branca, preferencialmente feita de seda
1 fita preta
Água salgada

Melhor ocasião para lançar o feitiço:
Em um sábado ou quando a lua ou o sol estiverem
em Capricórnio; no entanto, se você se sentir
ameaçado, faça o feitiço o quanto antes.

Coloque a vela no altar e acenda-a. Posicione a foto da sua casa no altar em frente à vela e ponha o pentagrama sobre ela (ou desenhe um pentagrama no verso da foto). Olhe fixamente para a foto e, ao mesmo tempo, visualize uma esfera de luz branca envolvendo sua casa por completo. Diga em voz alta:

> *"Minha casa está agora protegida,*
> *O tempo todo,*
> *Em todas as situações,*
> *Sempre e de todas as formas."*

Coloque as pétalas de flores, a folha de freixo, o cristal, o coral, a pedra da lua e a pedra âmbar na bolsinha branca de seda. Adicione a foto da sua casa e o pentagrama. Feche a bolsinha com a fita, dando oito nós. A cada nó, repita a afirmação enquanto visualiza sua casa envolvida na luz branca. Quando terminar, salpique o amuleto com água salgada para energizá-lo. Apague a vela. Pendure o amuleto junto à porta da frente, pelo lado de dentro, para proteger sua casa e seus pertences.

Feitiço para banir espíritos da sua casa

Há espíritos não identificados ou vibrações ruins invadindo sua casa? Você sente a tensão e a animosidade dos vizinhos, dos antigos moradores ou talvez de fantasmas? Este feitiço bane energias indesejadas e evita que "intrusos psíquicos" voltem.

Ingredientes/Instrumentos:
1 bastão ou incenso (de varetinha) de sálvia
Fósforos ou isqueiro
1 panela grande
2 l de água ou mais
1 maço grande de manjericão fresco
1 jarro

Melhor ocasião para lançar o feitiço:
No crepúsculo de um sábado, de preferência quando o
sol ou a lua estiverem em Câncer ou Capricórnio.

Acenda o bastão ou o incenso e permita que a fumaça se espalhe pela sua casa. Caminhe pelos cômodos, deixando a fumaça limpar o ar. Chame as energias indesejadas e ordene: "Vão embora agora". Em seguida, aqueça a água na panela. Adicione o manjericão e deixe ferver por dez minutos. Espere que a infusão esfrie. Coe e despeje o líquido no jarro. Deixe o manjericão secar e guarde-o para usar em outros feitiços. Leve o jarro com a infusão de manjericão para fora e despeje-a no chão perto da sua porta da frente, desenhando um pentagrama com o líquido. Enquanto marca o chão com o pentagrama, declame este encantamento em voz alta:

"Espíritos perigosos, longe fiquem.
Más intenções também.
Minha casa dia e noite segura se mantém."

Repita o processo na porta dos fundos (e quaisquer outras portas que deem acesso à casa).

Sachê de temperos para proteção

Um sachê de alecrim, angélica, sálvia, três cravos-da-índia e uma pitada de sal, fechado com uma fita branca, é um amuleto multifuncional que pode ser pendurado sobre uma porta ou mantido em seu carro para proteção.

Óleo para selar

Use este óleo para proteger o objeto que desejar: bolsa, joias, carro, casa etc. Você pode até usá-lo na coleira de seu animal de estimação para mantê-lo seguro.

Ingredientes/Instrumentos:
1 frasco ou potinho de vidro
3 colheres de sopa de óleo de oliva
3 pitadas de sal
1 cravo-da-índia inteiro
1 folha de manjericão

Melhor ocasião para lançar o feitiço:
Quando for necessário.

Lave o potinho ou frasco. Misture os ingredientes nele. Deixe-o em um local ensolarado e permita que os ingredientes macerem por três dias. Quando o óleo mágico estiver pronto, umedeça o dedo nele e desenhe uma linha cruzando seja lá o que você estiver selando (ao redor da moldura da porta ou janela, dentro da abertura da sua bolsa etc.).

Amuleto de proteção financeira

Despesas crescentes, investimentos ruins, desemprego ou débitos estão ameaçando sua segurança financeira? Este amuleto ajuda a proteger seus bens e sua serenidade.

Ingredientes/Instrumentos:
1 marcador preto
1 círculo de couro macio e flexível (camurça
    é perfeito) de 20 cm de diâmetro
1 perfurador de papel de um buraco só

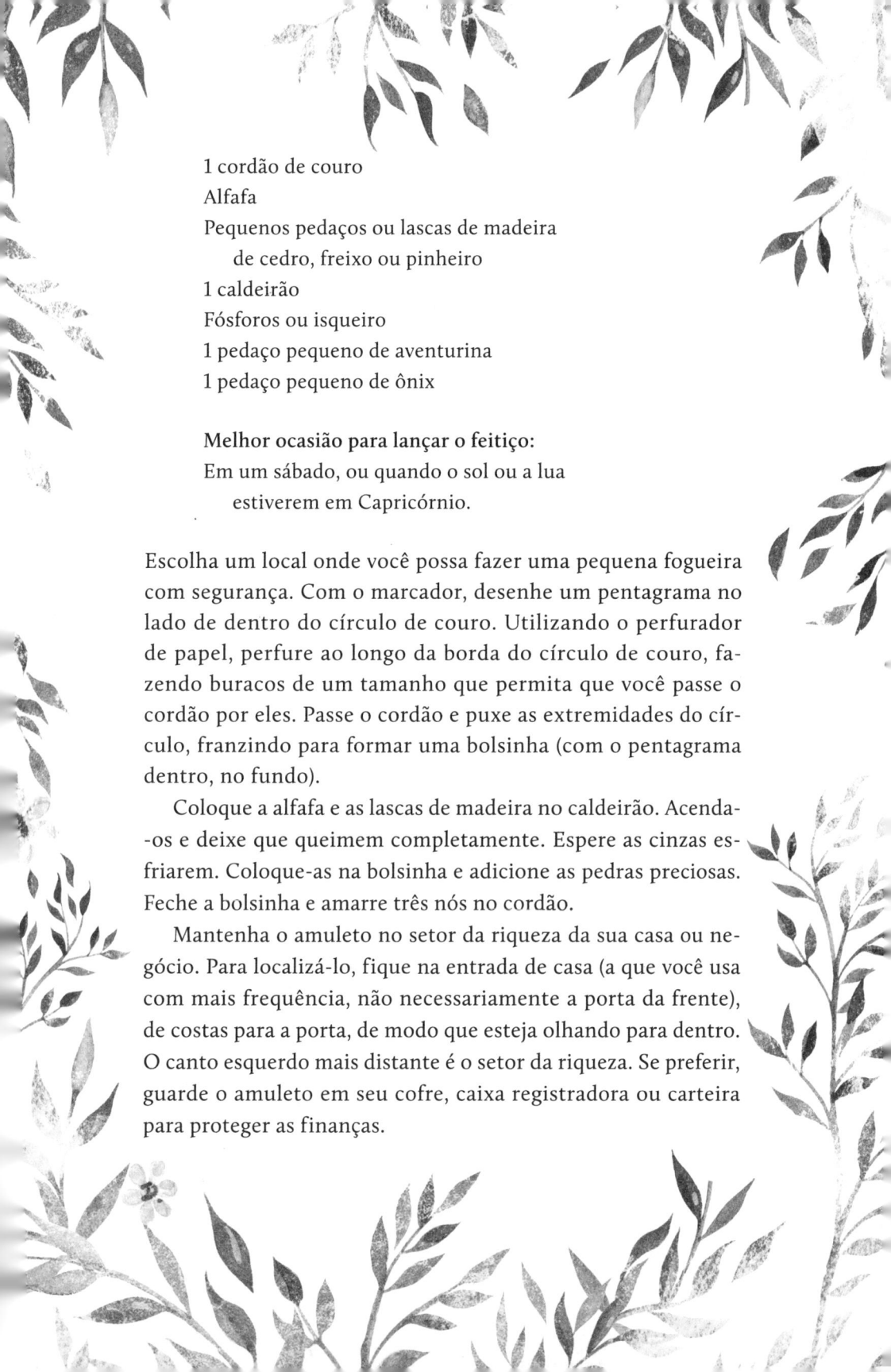

1 cordão de couro
Alfafa
Pequenos pedaços ou lascas de madeira
    de cedro, freixo ou pinheiro
1 caldeirão
Fósforos ou isqueiro
1 pedaço pequeno de aventurina
1 pedaço pequeno de ônix

Melhor ocasião para lançar o feitiço:
Em um sábado, ou quando o sol ou a lua
    estiverem em Capricórnio.

Escolha um local onde você possa fazer uma pequena fogueira com segurança. Com o marcador, desenhe um pentagrama no lado de dentro do círculo de couro. Utilizando o perfurador de papel, perfure ao longo da borda do círculo de couro, fazendo buracos de um tamanho que permita que você passe o cordão por eles. Passe o cordão e puxe as extremidades do círculo, franzindo para formar uma bolsinha (com o pentagrama dentro, no fundo).

Coloque a alfafa e as lascas de madeira no caldeirão. Acenda--os e deixe que queimem completamente. Espere as cinzas esfriarem. Coloque-as na bolsinha e adicione as pedras preciosas. Feche a bolsinha e amarre três nós no cordão.

Mantenha o amuleto no setor da riqueza da sua casa ou negócio. Para localizá-lo, fique na entrada de casa (a que você usa com mais frequência, não necessariamente a porta da frente), de costas para a porta, de modo que esteja olhando para dentro. O canto esquerdo mais distante é o setor da riqueza. Se preferir, guarde o amuleto em seu cofre, caixa registradora ou carteira para proteger as finanças.

Banho de proteção

Este feitiço relaxante é bom para fazer à noite, antes de dormir, para remover quaisquer energias ruins que você possa ter absorvido durante o dia. Ele limpa corpo, mente e espírito de energias não desejadas e te protege enquanto seu espírito viaja durante o sono.

Ingredientes/Instrumentos:
4 velas brancas em castiçais inquebráveis
Fósforos ou isqueiro
4 cristais de quartzo transparentes
Uma banheira cheia de água confortavelmente quente
½ xícara de sais de Epsom (ou sulfato de magnésio)
Algumas gotas de óleo essencial de lavanda
Algumas gotas de óleo de erva doce, manjericão
    ou cedro — ou uma combinação deles

Melhor ocasião para lançar o feitiço:
Toda noite ou sempre que possível.

Coloque as velas nos castiçais nos cantos da sua banheira e as acenda. Disponha um cristal de quartzo ao lado de cada vela. Encha a banheira com água enquanto despeja os sais. Adicione os óleos essenciais. Permaneça na água perfumada e calmante pelo tempo que desejar, visualizando-se sendo purificada e limpa de todas as energias negativas, perigosas e/ou desequilibradas. Veja-se cercada de uma bolha de luz branca que continuará a te proteger mesmo depois que sair do banho.

Apague as velas e saia da água; esvazie a banheira. Você pode carregar os cristais consigo durante o dia ou deixá-los nos cantos da banheira — a escolha é sua.

Loção do coração valente

Se você sofre de medo do palco ou se sente desconfortável ao falar para um grupo de pessoas, prepare um pouco desta loção mágica e use-a para aumentar sua confiança. Você também pode utilizá-la quando estiver nervosa por causa de uma entrevista de emprego, uma reunião importante ou uma grande competição esportiva.

Ingredientes/Instrumentos:
1 cornalina, granada ou rubi pequeno
1 pote ou frasco de vidro, preferencialmente escuro e com tampa
120 ml de óleo de amêndoas
3 gotas de óleo essencial de erva-doce
3 gotas de óleo essencial de cedro
¼ de colher de chá de folhas de manjericão desidratadas

Melhor ocasião para lançar o feitiço:
Vários dias antes de sua aparição pública, de preferência
em uma terça-feira ou um domingo; se não tiver
muito tempo, faça conforme a necessidade.

Lave a pedra e o pote, ou frasco, com sabão neutro e água. Despeje o óleo de amêndoas. Adicione os óleos essenciais e inale a fragrância, permitindo que ela revigore sua mente. Esfarele as folhas de manjericão e adicione ao óleo. Acrescente a pedra preciosa. Tampe o pote ou frasco e chacoalhe-o três vezes para misturar e energizar os ingredientes.

Todas as manhãs, despeje um pouco do óleo mágico na palma da mão e umedeça o dedo indicador nele. Friccione o óleo na sua pele, no centro do coração. Sinta sua confiança aumentando. Respire fundo e devagar várias vezes, inalando o cheiro quente e condimentado, permitindo que ele te fortaleça e revitalize. Repita toda manhã até que seu medo diminua. Friccione um pouquinho mais no peito um pouco antes de encarar a plateia. O show não pode parar!

Óleo de proteção contra inimigos secretos

Você pode não perceber que alguém está tramando contra seus interesses, então considere preparar e usar este óleo de proteção regularmente. Se suspeitar que alguém esteja tentando te atingir, ele aumentará sua força e ajudará a aguçar sua intuição para que possa se proteger antes que o inimigo ataque.

Ingredientes/Instrumentos:
1 pote ou frasco de vidro com tampa hermética
3 cravos-da-índia
1 pedaço pequeno de hematita
Uma pitada de sal
90 ml de azeite de oliva

Melhor ocasião para lançar o feitiço:
Quando precisar, mas de preferência em
uma terça-feira ou um sábado.

Lave o frasco e coloque os cravos-da-índia, um por um, enquanto visualiza o recipiente sendo preenchido por luz branca. Adicione a hematita, visualizando a cor prateada da pedra ondulando e espiralando através da luz branca. Adicione o sal e visualize as luzes prateada e branca tornando-se mais brilhantes. Com cuidado, despeje o azeite de oliva no pote ou frasco sobre os outros ingredientes e então tampe-o bem. Chacoalhe três vezes para misturar e energizar os ingredientes.

Abra o frasco e umedeça o dedo no óleo. Com o dedo umedecido, desenhe um pentagrama sobre seu terceiro olho (o chacra frontal) e no centro do seu peito (no chacra cardíaco). Se desejar, desenhe mais pentagramas nos seus outros chacras para maior proteção.

Escudo de proteção para o carro

Aproximadamente 2 milhões de pessoas ferem-se em acidentes automobilísticos todo ano nos Estados Unidos (e quase um quarto de todos os acidentes envolvem o uso de celular). Esse é um bom motivo para criar este escudo de proteção mágico para proteger você e seu carro.

Ingredientes/Instrumentos:
1 prego, lixa de unha metálica, faca pequena
    ou qualquer ferramenta afiada
1 vela preta
1 castiçal
Fósforos ou isqueiro
1 pedaço de papel branco
1 caneta preta

Melhor ocasião para lançar o feitiço:
Conforme for preciso, mas de preferência em
    uma quinta-feira ou um sábado.

Use o prego ou outra ferramenta para gravar um pentagrama na vela. Encaixe-a no castiçal, coloque-a no altar ou em outra superfície e acenda a vela. No pedaço de papel, desenhe um círculo e escreva "Estou segura" dentro dele. Se desejar, adicione símbolos, palavras ou outras imagens que representem segurança para você, podendo até mesmo fazer um desenho do seu carro ou escrever o número da placa no papel. Goteje um pouco da cera da vela derretida em cada canto do papel. Use o prego ou outra ferramenta para fazer um pentagrama na cera ainda quente. Apague a vela e mantenha esse escudo no porta-luvas do seu carro ou fixe-o no painel. (E não use seu celular para enviar mensagens ou falar enquanto dirige!)

Poção para proteger um ente querido

Você está preocupado com a segurança de alguém que ama? Esta poção mágica protege outra pessoa do perigo. No entanto, antes de fazê-la, pergunte a ela — seja direta ou psiquicamente — se você pode usar a magia para ajudá-la, de forma que não interfira no livre-arbítrio.

Ingredientes/Instrumentos:
1 frasco transparente com tampa
1 pequeno cristal de quartzo transparente
Tinta ou esmalte de unha preto
Água
1 chaleira ou panela
Confrei desidratado (pode ser chá em sachês)

Melhor ocasião para lançar o feitiço:
Em uma segunda-feira, ou quando o sol ou
a lua estiverem em Câncer.

Lave a garrafa e o cristal com água e sabão neutro e deixe-os secar. Pinte um pentagrama na lateral do frasco. Aqueça a água em uma chaleira ou panela e adicione o confrei para fazer um chá (você encontra chá de confrei em sachês em lojas de produtos naturais e em muitos supermercados). Deixe infundir por alguns minutos e depois espere esfriar. Despeje o chá no frasco. Adicione o cristal de quartzo. Tampe o frasco e agite três vezes para energizá-lo. Deixe a poção descansar durante a noite, de preferência onde o brilho da lua consiga alcançá-la.

Remova o cristal e dê a poção de proteção para seu amigo ou ente querido. Se estiver com medo de que a pessoa ache estranho, você pode transferir o chá para outro frasco *sem* o pentagrama — o chá manterá a energia do símbolo. Instrua a pessoa a beber um pouco todos os dias. Sugestão adicional: já que está com a mão na massa, faça um pouco para você também.

Feitiço fácil e rápido para viagens aéreas

Este feitiço não requer instrumentos — apenas sua imaginação — e você pode fazê-lo em mais ou menos um minuto, logo antes de seu avião se posicionar para a decolagem. Feche os olhos e respire lenta e profundamente. Visualize um casulo de luz pura e branca envolvendo todo o avião, do nariz à cauda e às pontas das asas. Veja a luz girando em torno do avião no sentido horário, formando uma barreira protetora contra os elementos. Repita mentalmente a seguinte afirmação três vezes: "Agora desfruto de uma viagem confortável e chego em segurança ao [nome do aeroporto de destino]". Visualize o avião viajando pelo céu e pousando com segurança na pista de seu destino.

Sopa para força e segurança

Faça esta deliciosa receita durante aqueles momentos em que sentir que precisa de um pouquinho mais de proteção ou achar que possa estar pegando um resfriado. Alho e cebola são os ingredientes principais. Os romanos usavam o alho para força, e muitas pessoas o valorizam por suas propriedades de proteção (não só contra vampiros). Os egípcios usavam a cebola para afastar espíritos malignos e faziam com que pessoas escravizadas comessem para garantir vitalidade. Esta receita também conta com o número quatro, por sua influência terrena e estabilizadora.

> Ingredientes/Utensílios:
> 1 cebola espanhola grande
> 1 cebola roxa grande
> 1 maço de cebolinha
> 1 cebola branca
> Frigideira
> 1 colher de sopa de manteiga

4 dentes de alho pequenos, descascados e amassados

4 hastes de salsão (aipo) cortadas em cubos (opcional)

Panela grande

2 xícaras de caldo de carne

2 xícaras de caldo de galinha

2 xícaras de água

1 colher de sopa de molho inglês (ou a gosto)

Croutons e queijo ralado (para guarnição, opcional)

Corte as cebolas em rodelas e refogue em uma frigideira com a manteiga e o alho até dourar. Para um caldo mais forte, acrescente o aipo e refogue com a cebola. Magicamente, o aipo aumenta sua visão psíquica e sensação de paz interior. Mexa os vegetais no sentido anti-horário, enquanto cozinham, para banir as energias negativas. Diga em voz alta:

"Cebolas para a saúde
E para manter o perigo afastado,
Alho para a segurança
E contra o mau-olhado!"

Continue repetindo o encantamento até que as cebolas estejam prontas. Transfira a mistura para uma panela grande; adicione os caldos, a água e o molho inglês. Cozinhe essa mistura em fogo médio a baixo até reduzir para cerca de dois terços. Sirva a sopa com *croutons* e queijo ralado, caso prefira. Visualize seu corpo sendo preenchido com luz branca enquanto come. Você pode querer compartilhar sua sopa mágica com amigos e entes queridos.

Ritual do anjo da guarda

Várias pesquisas conduzidas pela Associated Press, AOL, Gallup e outros institutos descobriram que quase 80% dos americanos acreditam em anjos. Aqui está uma forma de solicitar proteção e assistência angelical. Com este ritual, você invoca Rafael, Miguel, Gabriel e Uriel. Realize-o como um feitiço em si mesmo para pedir a ajuda deles ou combine-o com outros feitiços. Você também pode fazê-lo em outras pessoas, se desejar — apenas certifique-se de que você e seus companheiros estejam de acordo sobre suas crenças e intenções.

Ingredientes/Instrumentos:
1 velinha amarela
1 velinha vermelha
1 velinha azul
1 velinha verde
Fósforos ou isqueiro

Melhor ocasião para lançar o feitiço:
Qualquer hora.

Vire-se para o leste e coloque a vela amarela no chão (ou piso) à sua frente, onde possa queimar em segurança. Acenda a vela e diga em voz alta:

"Arcanjo Rafael, guardião do leste,
Venha e fique comigo neste local sagrado.
Peço sua proteção e orientação
Em tudo que eu fizer, agora e sempre."

Vire-se em sentido horário até estar de frente para o sul e posicione a vela vermelha no chão (ou piso) à sua frente. Acenda a vela e diga em voz alta:

"Arcanjo Miguel, guardião do sul,
Venha e fique comigo neste local sagrado.
Peço sua proteção e orientação
Em tudo que eu fizer, agora e sempre."

Vire-se em sentido horário até estar de frente para o oeste e coloque a vela azul no chão (ou piso) à sua frente. Acenda a vela e diga em voz alta:

"Arcanjo Gabriel, guardião do oeste,
Venha e fique comigo neste local sagrado.
Peço sua proteção e orientação
Em tudo que eu fizer, agora e sempre."

Vire-se em sentido horário até estar de frente para o norte e coloque a vela verde no chão (ou piso) à sua frente. Acenda a vela e diga em voz alta:

"Arcanjo Uriel, guardião do norte,
Venha e fique comigo neste local sagrado.
Peço sua proteção e orientação
Em tudo que eu fizer, agora e sempre."

Vá até o centro do círculo que você traçou. Feche os olhos e visualize os quatro arcanjos ao seu redor, como sentinelas te protegendo do mal. Sinta o poder fluindo para você, te enchendo de força e confiança. Fique no centro do círculo por quanto tempo tiver vontade. Se desejar, pode fazer outro feitiço ou ritual agora, sob a proteção vigilante dos arcanjos. Quando terminar, libere os arcanjos e abra o círculo da seguinte maneira:

Posicione-se a leste, voltada para o exterior do círculo. Diga em voz alta:

"Arcanjo Rafael, guardião do leste,
Agradeço por sua presença aqui esta noite (ou dia).
Por favor, continue a me guiar e proteger
sempre e de todas as maneiras,
Mesmo depois de retornar ao seu lar nos céus.
Salve, adeus e bendito seja."

Apague a vela amarela. Mova-se em sentido anti-horário até o norte e volte-se para o exterior do círculo. Diga em voz alta:

"Arcanjo Uriel, guardião do norte,
Agradeço por sua presença aqui esta noite (ou dia).
Por favor, continue a me guiar e proteger
    sempre e de todas as maneiras,
Mesmo depois de retornar ao seu lar nos céus.
Salve, adeus e bendito seja."

Apague a vela verde. Mova-se em sentido anti-horário até o oeste e volte-se para o exterior do círculo. Diga em voz alta:

"Arcanjo Gabriel, guardião do oeste,
Agradeço por sua presença aqui esta noite (ou dia).
Por favor, continue a me guiar e proteger
    sempre e de todas as maneiras,
Mesmo depois de retornar ao seu lar nos céus.
Salve, adeus e bendito seja."

Apague a vela azul. Mova-se em sentido anti-horário até o sul e volte-se para o exterior do círculo. Diga em voz alta:

"Arcanjo Miguel, guardião do sul,
Agradeço por sua presença aqui esta noite (ou dia).
Por favor, continue a me guiar e proteger
    sempre e de todas as maneiras,
Mesmo depois de retornar ao seu lar nos céus.
Salve, adeus e bendito seja."

Apague a vela vermelha. Sugestão adicional: se preferir, você pode substituir esse ritual mais longo e detalhado pela forma mais básica de traçar o círculo mágico, descrita no Capítulo 3.

CAPÍTULO 12

A MENTE CONQUISTA

Skye Alexander

Feitiços para o sucesso pessoal e profissional

Como sua mente é a arquiteta da sua realidade, é inevitável que os pensamentos sobre si mesma gerem condições materiais que correspondam às suas ideias. Sua vida é o seu espelho. O que você vê refletido é o que acredita sobre si. Conforme for avaliando seu sucesso profissional e pessoal, pense na situação geral da sua vida: finanças, trabalho, relacionamentos, posição na comunidade e saúde. Se não estiver satisfeita com sua situação, pode mudá-la ao transformar as percepções de si mesma.

Lembre-se de que ninguém mais tem o poder de decidir se você é digna de sucesso. Apenas você decide. Pense nesta citação de Eleanor Roosevelt: "Ninguém pode te fazer se sentir inferior sem o seu consentimento". Da mesma forma, ninguém pode limitar seu poder pessoal sem o seu consentimento.

Os feitiços neste capítulo cobrem diferentes fatores relacionados ao sucesso em todas as áreas da vida, porque, na verdade, todas elas estão ligadas. Em vez de focar apenas em fama e fortuna, estes feitiços te ajudam a se conectar com seu próprio poder e a corrigir circunstâncias que podem estar sabotando seu sucesso. O feitiço para se livrar da negatividade, por exemplo, remove os obstáculos para o sucesso —, o que pode ser necessário antes que você comece a atrair as boas condições que busca.

Passo a passo para obter sucesso ao lançar um feitiço

Quando fizer um feitiço, lembre-se de seguir algumas etapas testadas e aprovadas, como descritas no Capítulo 1. Essas precauções ajudam a evitar complicações, enganos e desapontamentos:

1. *Remova todas as distrações.*
2. *Reúna e limpe todos os ingredientes e instrumentos que usará no feitiço.*
3. *Purifique e consagre seu espaço.*
4. *Aquiete sua mente.*
5. *Trace um círculo mágico ao redor da área onde fará o feitiço.*
6. *Lance o feitiço.*
7. *Se tiver invocado a ajuda de deidades ou espíritos, agradeça-lhes e libere-os.*
8. *Abra o círculo.*
9. *Guarde seus instrumentos em um local seguro até usá-los novamente.*

Cores para usar nos feitiços para o sucesso

Para fortalecer os feitiços que fizer para o sucesso, incorpore o amarelo, dourado e/ou laranja em seus trabalhos. Caso seu objetivo também seja atrair dinheiro, você pode incluir o verde e/ou prata. As formas mais comuns de usar essas cores é queimar velas ou confeccionar patuás. Você também pode usar pedras preciosas nessas cores, como amuletos, ou vestir roupas nesses tons ao lançar os feitiços. Adicione pétalas de flores que lembrem o sol a patuás, banhos ritualísticos, sachês e poções. Muitos dos feitiços neste capítulo utilizam essas associações de cores.

Ingredientes dos feitiço para o sucesso
Pedras preciosas
Safira estrela: fortalece a esperança e a clareza de propósito
Hematita: desvia a negatividade, encoraja a determinação e promove a justiça em questões legais
Ônix: fortalece sua capacidade de se impor aos adversários
Topázio: aumenta a confiança e a coragem; atrai fama e sucesso financeiro
Flores
Iris: as três pétalas da iris simbolizam fé, sabedoria e valores necessários para o sucesso
Calêndula: encoraja reconhecimento; traz sucesso em questões legais
Lírio-do-vale: aumenta a concentração e a habilidade mental
Trevo: atrai sorte
Óleos essenciais/Incenso
Canela: acelera o sucesso na carreira e a riqueza
Cedro: encoraja a prosperidade e protege contra adversários
Patchouli: estimula o entusiasmo e o sucesso em qualquer empreendimento
Sândalo: reforça a habilidade mental; facilita a orientação e a ajuda de forças superiores
Ervas e temperos
Louro: usada para coroar o vencedor dos jogos na Roma antiga; aumenta o sucesso e a sabedoria
Noz-moscada: traz sucesso em especulações financeiras
Pimenta da Jamaica: encoraja a prosperidade e a boa sorte
Urtiga: atenua situações complicadas e te mostra como lidar com problemas

Feitiço para se livrar da negatividade

De acordo com a Lei da Atração, você atrai as circunstâncias que se alinham com seus pensamentos e sentimentos. Isso significa que, se tiver uma atitude negativa, provavelmente atrairá situações e pessoas negativas. Quer mudar esse quadro? Troque essa atitude ruim por uma positiva.

Ingredientes/Instrumentos:
1 folha de papel
1 caneta azul
Cravos brancos em um vaso de vidro transparente
Fósforos ou isqueiro

Melhor ocasião para lançar o feitiço:
Durante a lua minguante.

Se você se deparar com uma situação ruim, este feitiço vai quebrar o ciclo destrutivo de negatividade e restaurar a paz. Talvez você não seja capaz de mudar o que aconteceu, mas é possível alterar sua perspectiva, o que pode suavizar o impacto. Abandonar os pensamentos e sentimentos negativos abrirá espaço na sua vida para as vibrações afortunadas e mais felizes.

Escreva a seguinte intenção no papel:

"Eu agora libero [a situação]
E crio energia nova e positiva para me conduzir adiante.
Confio que isto é para o meu bem maior
E afirmo meu comprometimento com esse novo caminho."

Coloque o papel debaixo do vaso de flores. Deixe lá até que elas murchem. Quando as jogar fora, queime o papel para completar o processo.

Feitiço do ponto de poder

Com este feitiço, você afirma que o seu ponto de poder está no presente, no "agora". Neste exato momento, você pode começar a criar as circunstâncias que deseja — é o trampolim para o resto da sua vida. Vamos ao trabalho!

Ingredientes/Instrumentos:
1 vaso de flores amarelas
1 pedaço de turquesa
1 vela verde
1 vela roxa
Fósforos ou isqueiro

Melhor ocasião para lançar o feitiço:
Em uma quinta-feira ou um sábado, durante a lua crescente.

As flores amarelas simbolizam autoestima e otimismo. A vela verde representa crescimento e prosperidade, e a vela roxa significa sabedoria e poder. A turquesa atrai abundância, sucesso e sorte.

Coloque a planta e a pedra preciosa em seu altar, entre as duas velas. Acenda as velas e diga em voz alta:

"Como estas flores,
Meu poder
Está no agora,
É pra valer."

Apague as velas. Leve a pedra preciosa no bolso ou na bolsa para reforçar seu poder pessoal. Deixe as flores no altar até que murchem; depois reúna as pétalas e desidrate-as para usar em feitiços futuros.

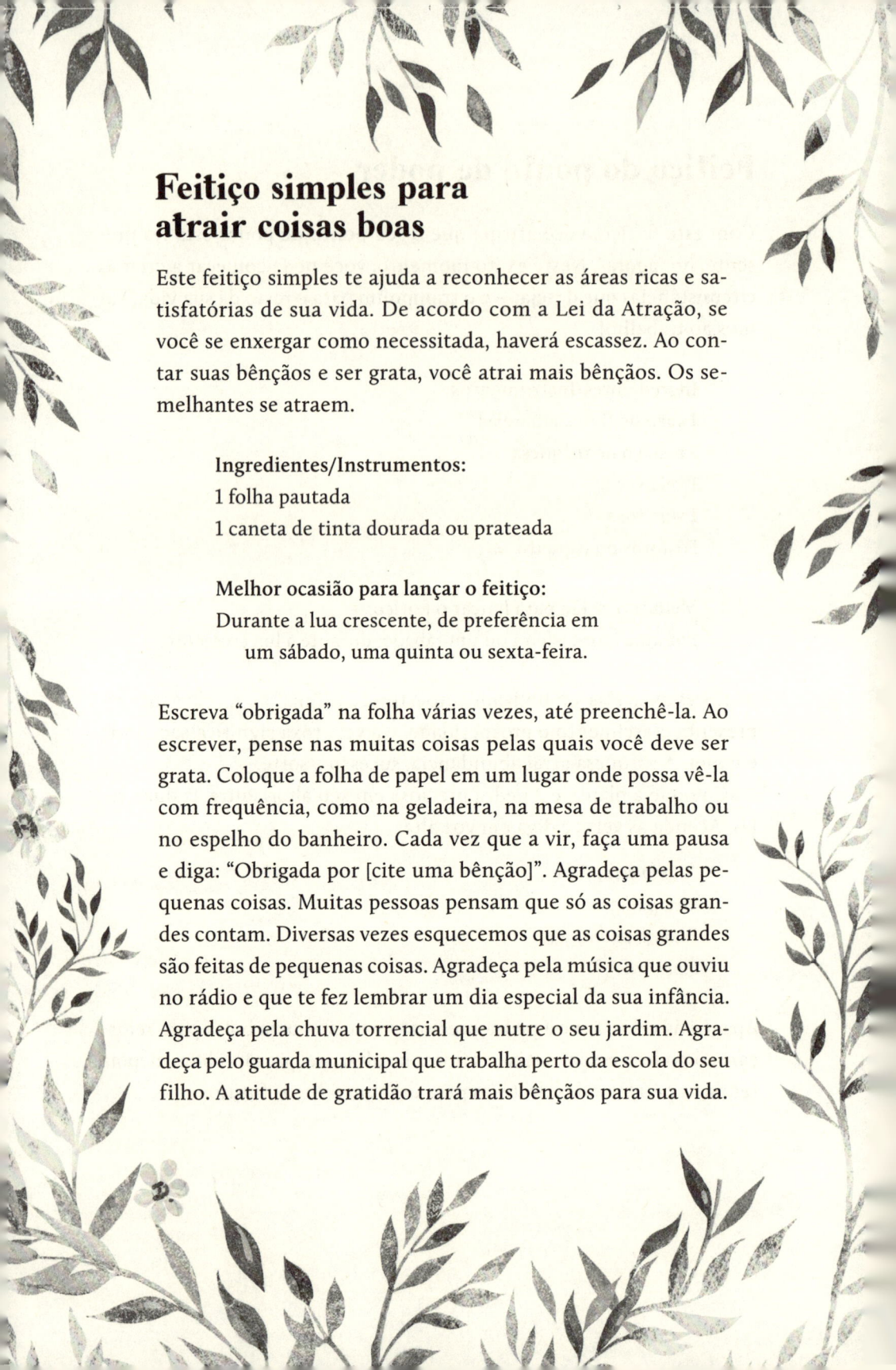

Feitiço simples para atrair coisas boas

Este feitiço simples te ajuda a reconhecer as áreas ricas e satisfatórias de sua vida. De acordo com a Lei da Atração, se você se enxergar como necessitada, haverá escassez. Ao contar suas bênçãos e ser grata, você atrai mais bênçãos. Os semelhantes se atraem.

Ingredientes/Instrumentos:
1 folha pautada
1 caneta de tinta dourada ou prateada

Melhor ocasião para lançar o feitiço:
Durante a lua crescente, de preferência em
    um sábado, uma quinta ou sexta-feira.

Escreva "obrigada" na folha várias vezes, até preenchê-la. Ao escrever, pense nas muitas coisas pelas quais você deve ser grata. Coloque a folha de papel em um lugar onde possa vê-la com frequência, como na geladeira, na mesa de trabalho ou no espelho do banheiro. Cada vez que a vir, faça uma pausa e diga: "Obrigada por [cite uma bênção]". Agradeça pelas pequenas coisas. Muitas pessoas pensam que só as coisas grandes contam. Diversas vezes esquecemos que as coisas grandes são feitas de pequenas coisas. Agradeça pela música que ouviu no rádio e que te fez lembrar um dia especial da sua infância. Agradeça pela chuva torrencial que nutre o seu jardim. Agradeça pelo guarda municipal que trabalha perto da escola do seu filho. A atitude de gratidão trará mais bênçãos para sua vida.

Feitiço para se livrar do perfeccionismo

Sim, você leu certo. Ao se apegar à crença de que precisa ser perfeito, você automaticamente se prepara para falhar. Em vez disso, faça o melhor que puder — e faça este feitiço para liberar qualquer culpa remanescente.

Ingredientes/Instrumentos:
1 folha de pergaminho ou papel
1 caneta

Melhor ocasião para lançar o feitiço:
Durante a lua minguante, ao pôr do sol.

Desenhe um certificado que pareça de verdade. Nele, escreva o seguinte: *"Eu, por meio deste, autorizo [seu nome] a ser imperfeita"*.

Assine. Guarde o certificado em local seguro. Pegue-o e olhe para ele quando se sentir culpada por não ser uma super-heroína no dia a dia.

Hasteie sua bandeira

Este feitiço permite que você "anuncie" a si mesma e seu objetivo para o mundo. Como as bandeiras de oração budistas, esta prática aproveita a força do vento para levar sua mensagem por toda parte.

Ingredientes/Instrumentos:
1 quadrado de tecido amarelo ou laranja
medindo pelo menos 20 cm x 20 cm
1 marcador à prova d'água

Melhor ocasião para lançar o feitiço:
Durante a lua crescente, em especial quando o sol
ou a lua estiverem em Gêmeos ou Sagitário,
em uma quarta-feira, ao meio-dia.

Escreva seu nome no tecido com o marcador. Logo abaixo, escreva uma afirmação que declare o que você deseja alcançar. Lembre-se de declarar sua intenção no tempo presente e de maneira positiva (consulte o Capítulo 5 para mais informações). Se desejar, pode incluir imagens que simbolizem seu objetivo. (Se você tiver mais de um objetivo, crie uma bandeira diferente para cada.) Quando terminar, pendure a bandeira de modo a fazê-la tremular: um varal, mastro, cerca etc. Se seus objetivos mudarem, ou a bandeira começar a parecer esfarrapada, faça outra para substituí-la.

Feitiço para acabar com a concorrência

Quando a competição ficar difícil e você temer que o adversário queira te tirar de cena, lembre-se de que você tem uma arma secreta: a magia. Este feitiço te ajuda a se destacar e impede que os infratores ganhem espaço.

Ingredientes/Instrumentos:
Massa Fimo
1 agulha grande
Elástico para bijuteria
1 assadeira antiaderente

Melhor ocasião para lançar o feitiço:
Em uma terça-feira ou quando o sol ou a lua estiverem em Áries.

Você já viu animais agindo em defesa de seu território? Eles geralmente atacam com garras e dentes. Esse feitiço segue a mesma lógica. Que animal representa coragem e ferocidade para você? Um leão? Um urso? Um dobermann? Talvez uma criatura mitológica como um dragão? Xamãs e feiticeiros podem usar dentes ou garras reais de um animal de poder para incorporar as características desse animal. Você vai fabricar "dentes" e "garras" de massa Fimo para atrair o mesmo simbolismo. Escolha massa branca ou marfim para simular a coisa real, ou outra cor, se preferir (quem sabe a cor dos dentes de um dragão?).

Siga as instruções do pacote de massa para fazer muitos dentes pontiagudos e garras, cada um com cerca de dois e meio a cinco centímetros de comprimento. Com a agulha, fure cada um na extremidade mais grossa, fazendo um furo grande o suficiente para que o elástico de bijuteria passe por ele. Arrume os dentes e as garras na assadeira, mantendo as peças afastadas umas das outras. Asse de acordo com as instruções na embalagem.

Corte um pedaço do elástico de forma que ele consiga dar a volta no seu pescoço. Quando os dentes e as garras tiverem assado e esfriado, passe o elástico pelos orifícios para fazer um colar. Dê um nó no elástico. Use esse colar de guerreira para aumentar sua coragem, manter longe os concorrentes e proteger o que é seu.

Feitiço para salvar seu emprego

Se você teme perder o emprego, não se preocupe — isso apenas vai piorar as coisas. Em vez disso, use seu tempo e energia de maneira mais produtiva lançando este feitiço:

Ingredientes/Instrumentos:
4 pedras brancas
Tinta, esmalte ou marcador permanente na cor preta

Melhor ocasião para lançar o feitiço:
A qualquer hora.

Junte quatro pedras brancas. Elas podem ser similares no tamanho e na forma ou diferentes; a escolha é sua. Depois de lavá-las com sabão neutro e água, permita que sequem ao sol. Com a tinta, esmalte ou marcador preto, desenhe um pentagrama em cada pedra para dar proteção e segurança.

Coloque uma pedra no chão em cada canto do seu espaço, escritório ou ambiente de trabalho para estabilizar sua posição. Ao fazer isso, diga ou pense esta afirmação: "Meu trabalho aqui está seguro e garantido, e tudo está bem".

Talismã para causar uma boa impressão

Esteja você indo para uma entrevista de emprego, fazendo uma apresentação ou se encontrando com um cliente importante, este amuleto da sorte vai ajudar a causar uma boa impressão. Lembre-se de que a chave do sucesso é acreditar em si mesma. O entusiasmo é contagiante — se você estiver entusiasmada com suas habilidades e ideias, as outras pessoas também ficarão empolgadas.

Ingredientes/Instrumentos:
Incenso de sândalo
Incensário
Fósforos ou isqueiro
Esmalte ou tinta vermelha
1 escova pequena
1 pequena pedra
1 folha de papel
1 caneta
1 bolsinha de tecido laranja, de preferência de seda
Lascas de cedro
Canela
Salsa desidratada
1 fita amarela
Água salgada

Melhor ocasião para lançar o feitiço:
Em um sábado, ou quando a lua ou o sol estiverem em Leão.

Coloque o incenso no incensário e acenda-o. Use o esmalte ou tinta para desenhar a runa *Inguz*, que se parece com dois Xs empilhados, na pedra. Essa runa representa novos começos, fertilidade e grande poder.

Enquanto espera o esmalte ou a tinta secar, escreva no papel o que você pretende realizar. Quem você deseja impressionar? Que resultados

espera desta reunião ou aparição? Ao escrever sua lista de objetivos, imagine-se já alcançando-os. Quando terminar, dobre o papel para que fique pequeno o suficiente para caber no saquinho e diga em voz alta: "Isto agora é realizado em harmonia com a Vontade Divina, minha vontade verdadeira e para o bem de todos".

Coloque a pedra, o papel, o cedro, a canela e a salsa na bolsinha. Amarre-a com a fita, fazendo três nós. Mantenha a imagem do seu sucesso em mente enquanto faz os nós. Salpique o talismã com a água salgada e defume-o com a fumaça do incenso por alguns instantes para energizar. Para ter sorte, leve-o no bolso, na bolsa ou na pasta quando for à reunião. Só o fato de saber que ele está com você aumentará sua autoconfiança e te ajudará a causar uma boa impressão.

Feitiço para abrir novas portas

Se a redução de equipes na empresa, a terceirização ou outra circunstância fora do seu controle tiraram seu emprego, lembre-se do velho ditado: "Quando uma porta se fecha, outra se abre". Este feitiço usa o simbolismo familiar para trazer novas oportunidades ao seu caminho.

Ingredientes/Instrumentos:
Pequenos sinos, um para cada porta da sua casa
Fitas vermelhas com 22 centímetros de comprimento,
    uma para cada porta da sua casa

Melhor ocasião para lançar o feitiço:
Na lua nova.

Amarre um sino na ponta de cada fita e então amarre uma fita em cada porta de casa. Enquanto trabalha, visualize-se atraindo novas oportunidades. Se já souber o tipo de emprego que gostaria de ter, imagine-se trabalhando. A cada fita que amarrar à maçaneta de uma porta, diga em voz alta: "Eu agora tenho um emprego que é perfeito para mim de todas as formas".

À medida que for passando pelas portas, ao circular pela sua casa diariamente, você será lembrada da sua intenção. As fitas vermelhas simbolizam sorte. Os sinos tilintantes enviam seu pedido pelo mundo. Repita a afirmação toda vez que abrir uma porta, até conseguir o emprego desejado.

Feitiço para fortalecer novos negócios

Durante os períodos de pouco movimento, você pode precisar "sair da caixinha" para atrair novos clientes e oportunidades. Desde os tempos antigos, os tambores são usados como forma de comunicação. O toque dos tambores também rompe as condições estagnadas. Este feitiço ajuda você a fazer divulgação magicamente — e não vai custar uma fortuna em publicidade.

> Ingredientes/Instrumentos:
> 1 tambor
> 1 imagem, emblema ou outro símbolo que
>   represente o sucesso em seu o negócio
> Algo para prender o símbolo ao tambor (por
>   exemplo, fitas ou fita adesiva)
>
> Melhor ocasião para lançar o feitiço:
> Na lua nova.

Prenda o símbolo ao tambor como quiser. Você pode deslizar a imagem por baixo das cordas do tambor. Se preferir, amarre-a ao tambor com uma fita da cor apropriada. Você pode até pintar o símbolo no tambor.

Fique de frente para o leste e comece a tocar o tambor. Imagine-se enviando uma mensagem para o mundo, convidando todos a apoiar o seu negócio. Se desejar, estenda o convite verbalmente, explicando tudo de bom que você tem a oferecer, como se estivesse fazendo um comercial. Visualize as pessoas se aglomerando e desfrutando de seus produtos ou serviços. Após alguns minutos, vire-se para o sul e faça a mesma coisa. Continue tocando enquanto você vira para o oeste e, finalmente, para o norte. Toque o tambor pelo tempo que achar necessário. Repita este feitiço quantas vezes desejar, até ter toda a clientela que conseguir administrar.

Feitiço para vencer uma disputa

Se uma decisão que está por vir afetará seu trabalho ou imagem pública, ou um projeto no qual esteja trabalhando, use a magia para pesar a balança em seu favor. Este feitiço te coloca em uma posição forte e garante que você será julgada de maneira justa.

Ingredientes/Instrumentos:
Incenso de canela
Incensário
Fósforos ou isqueiro
1 balança antiga ou 2 pires brancos
A carta do Julgamento de um baralho de tarô
1 foto sua
1 imagem que simbolize "o outro" (por exemplo,
    uma pessoa, questão ou concurso)
1 pedaço de turmalina melancia
1 pano dourado

Melhor ocasião para lançar o feitiço:
Durante a lua crescente, ou quando o sol e/
    ou a lua estiverem em Libra.

Coloque o incenso no incensário e acenda-o. Posicione a balança ou os pires em seu altar ou outro local seguro até que a decisão seja tomada. Se estiver usando uma balança, coloque a carta de Julgamento voltada para cima na frente dela. Se estiver usando dois pires, posicione-os um ao lado do outro, a cerca de quinze centímetros de distância, e coloque a carta do Julgamento voltada para cima entre eles. Posicione sua foto no prato direito da balança ou no pires da direita. Disponha a imagem que simboliza "o outro" no prato esquerdo da balança ou no pires esquerdo.

Coloque o pedaço de turmalina no prato direito da balança ou no pires direito, junto de sua foto. Se você estiver usando uma balança, a pedra vai realmente incliná-la a seu favor. Se estiver usando pires, imagine a turmalina apoiando e fortalecendo você, dando "peso" à sua posição e trazendo sorte. Deixe que o incenso termine de queimar por completo enquanto visualiza a decisão sendo tomada, de forma que você se beneficie. Visualize-se feliz e bem-sucedida, vencendo o desafio. Cubra os componentes do feitiço com o pano dourado. Deixe o feitiço no lugar até que a decisão seja final.

Feitiço do Feng Shui
para o sucesso

O antigo sistema mágico chinês, conhecido como Feng Shui, associa áreas da sua casa com áreas da sua vida. Quando estiver na porta que costuma usar para entrar e sair de casa, voltada para dentro, a área central entre o canto direito e o canto esquerdo mais distantes representa seu futuro, fama, carreira e imagem pública.

Ingredientes/Instrumentos:
3 objetos que representem sucesso para você
1 espelho
1 sino

Melhor ocasião para lançar o feitiço:
Durante a lua crescente.

Nesse setor da casa, organize os três objetos que você escolheu. Posicione o espelho de forma que reflita esses objetos, simbolicamente duplicando seu impacto. Todos os dias, reserve alguns momentos para contemplá-los. Toque o sino ao fazer isso, para ativar a energia positiva nessa parte da casa. O som do sino também chama sua atenção e te ajuda a se concentrar em alcançar o sucesso.

Talismã de pedra preciosa para o sucesso

Este feitiço pode te ajudar a ser bem-sucedida — por exemplo, encontrar um novo emprego, ser promovida ou conseguir uma vaga no time. Seu poder vem da combinação de significados mágicos dos símbolos das runas com as energias inerentes às pedras, potencializado pelo seu desejo.

Ingredientes/Instrumentos:

Livro ou lista dos símbolos rúnicos

Tinta dourada ou esmalte dourado

3 pedras preciosas que correspondam ao seu
objetivo (para sugestões, ver tabelas no
começo deste capítulo e no Capítulo 4)

1 bolsinha dourada

30 cm de fita vermelha

Melhor ocasião para lançar o feitiço:

Durante a lua crescente, de preferência quando
o sol ou a lua estiverem em Leão.

Consulte um livro ou lista de símbolos rúnicos e selecione três que representem os objetivos, condições ou resultados que você deseja. Pinte uma runa em cada uma das pedras preciosas. Quando a tinta estiver seca, coloque todas as pedras na bolsinha e amarre-a com a fita. Faça três nós na fita, um para cada pedra, e pense nas intenções que você escolheu. Carregue o talismã no bolso, na bolsa ou na mochila. Se preferir, guarde-o em uma gaveta de sua escrivaninha ou em seu altar.

Vista-se para o sucesso

As roupas podem não ser tudo para o homem ou a mulher, mas sua forma de se vestir influencia a maneira como as pessoas te consideram e reagem a você. O presidente não falaria à nação usando calça jeans rasgada e uma camiseta, certo? Se você aspira a uma posição de autoridade ou destaque, comece a se vestir como se já tivesse essa posição, mesmo que seu sonho ainda não tenha se manifestado. Dessa forma, você não apenas comunica aos outros, mas também envia uma mensagem ao seu subconsciente de que espera que isso a ajude a atingir seu objetivo.

Ingredientes/Instrumentos:
Roupas, joias, acessórios etc. que se enquadrem
na posição que você deseja

Melhor ocasião para lançar o feitiço:
Todas as manhãs, durante a lua crescente, quando o sol e/ou a lua
estiverem em Leão, na véspera do Samhain, em 31 de outubro
(ou 1º de maio, se você segue a Roda Sul), ou no seu aniversário.

Todo dia, antes de sair, olhe-se no espelho e afirme que já alcançou a posição que busca. Visualize-se desempenhando o papel que deseja com grande habilidade e satisfação. Feche os olhos e imagine sua aura (campo de energia ao redor de seu corpo) expandindo-se até pelo menos trinta centímetros para fora de seu corpo em todas as direções; visualize-a brilhando com uma luz dourada radiante. Não apenas imagine essa luz, sinta-a formigando ao seu redor, aquecendo-a com seu poder, permeando todo o seu ser. Imagine as outras pessoas notando e reagindo favoravelmente a esse brilho dourado. Agora, abra os olhos e veja o que há de melhor em você — os outros também verão.

CAPÍTULO 13

PODERES ANCESTRAIS

Skye Alexander

FEITIÇOS PARA CURA E SAÚDE

Nossos ancestrais não tinham a vantagem dos procedimentos médicos e medicamentos da modernidade, como acontece hoje. Em vez disso, quando as pessoas adoeciam, elas contavam com remédios à base de plantas, poções mágicas e feitiços de cura para tratar as doenças e ferimentos. Em muitas partes do mundo ainda é assim. Mas até nos Estados Unidos, as ervas medicinais, os óleos essenciais e vários tipos de terapias holísticas estão ganhando popularidade. Os médicos também admitem que nossos pensamentos e emoções têm muito a ver com nosso bem-estar físico. Vários estudos mostram que a meditação, visualização e oração também podem ter efeitos positivos na nossa saúde.

Para alguns, isso pode soar como magia — e talvez seja. Como você já sabe, controlar seu poder mental é a chave para a feitiçaria. Você também entende que o trabalho com as forças da natureza — plantas, minerais e assim por diante — e a conexão com as energias inerentes a ela podem ajudar a manifestar as condições que deseja. Da mesma forma, você está ciente de que pode invocar seres espirituais para ajudar no seu trabalho mágico. Então faz sentido que os feitiços podem influenciar sua saúde e a das outras pessoas. Neste capítulo, você encontrará algumas opções para ajudar em uma variedade de problemas. Mas lembre-se: antes de lançar um feitiço para outra pessoa, pergunte (diretamente ou através de comunicação psíquica) se ela está de acordo com o uso da magia para ajudar. Assim, você não interfere no livre-arbítrio. Por segurança, é uma boa ideia terminar o feitiço dizendo algo como: "Isto é feito para o bem de todos os envolvidos". É claro que os feitiços não devem substituir o cuidado médico profissional.

Passo a passo para obter sucesso ao lançar um feitiço

Quando fizer um feitiço, lembre-se de seguir algumas etapas testadas e aprovadas, como descritas no Capítulo 1. Essas precauções ajudam a evitar complicações, enganos e desapontamentos:

1. Remova todas as distrações.
2. Reúna e limpe os ingredientes e ferramentas que usará no feitiço.
3. Purifique e consagre seu espaço.
4. Aquiete sua mente.
5. Trace um círculo mágico ao redor da área onde fará o feitiço.
6. Lance o feitiço.
7. Se tiver invocado a ajuda de deidades ou espíritos, agradeça-lhes e libere-os.
8. Abra o círculo.
9. Guarde seus instrumentos em um local seguro até usá-los novamente.

Cores para usar em feitiços para saúde e cura

Para fortalecer os feitiços para saúde e cura, incorpore as cores verde e azul em seus trabalhos. O branco representa purificação e proteção, então você também pode usá-lo. Considere acender velas ou confeccionar patuás nessas cores. Outra possibilidade é utilizar pedras preciosas verdes ou azuis, como amuletos/talismãs, ou usar roupas dessas cores ao lançar esse tipo de feitiço. Inclua matéria vegetal verde/azul em patuás, banhos ritualísticos, sachês e poções. Muitos dos feitiços neste capítulo utilizam essa associação de cores.

Ingredientes para feitiços de saúde e cura
Pedras preciosas
Ametista: aumenta o relaxamento
Crisocola: ameniza a dor emocional
Citrino: promove limpeza e dissolve impurezas
Fluorita: ameniza o estresse e problemas relacionados
Jade: encoraja boa saúde e longevidade
Jaspe: a jaspe marrom apoia a cura física; a jaspe papoula rompe bloqueios que impedem a circulação da energia pelo corpo
Flores/plantas
Aloe vera: trata queimaduras, alivia problemas estomacais e intestinais
Calêndula: alivia cortes e problemas de pele
Gardênia: traz tranquilidade e harmonia
Lavanda: acalma o corpo, a mente e o espírito; estimula o relaxamento e o sono
Óleos essenciais/Incenso
Eucalipto: alivia a congestão e os resfriados
Lavanda: encoraja o relaxamento e o sono
Manjerona doce: relaxa os músculos e a dor/rigidez das juntas

Ingredientes para feitiços de saúde e cura		
Ervas e temperos		
Camomila: ajuda nos problemas estomacais; alivia o estresse e ajuda o relaxamento		
Confrei: encoraja a saúde e a cura dos ossos		
Gengibre: melhora a digestão, alivia enjoos		
Menta: ajuda na azia e má digestão, alivia a dor de cabeça		
Milefólio: sob a forma de cataplasma, ajuda a estancar sangramentos		

Como os feitiços de cura funcionam

Ao fazer um feitiço de cura, você primeiramente limpa a obstrução, disfunção ou energia negativa que está causando o problema. Em seguida, você canaliza energia positiva e harmonia para a pessoa que busca ajuda, fortalecendo seu sistema imunológico e impedindo que o problema retorne.

Abracadabra

Todo mundo conhece a palavra mágica *Abracadabra* — se você a disser em voz alta, seus problemas desaparecerão? Na verdade, é melhor escrevê-la como os antigos curandeiros faziam. Este feitiço existe há milhares de anos, mas ainda hoje é um remédio poderoso.

Ingredientes/Instrumentos:
1 vela azul
1 castiçal
Fósforos ou isqueiro
1 folha de papel ou pergaminho
1 caneta ou marcador

Melhor ocasião para lançar o feitiço:
Durante a lua minguante, de preferência quando o
sol ou a lua estiverem em Virgem ou Peixes.

Coloque a vela no seu castiçal e acenda-a. No papel ou pergaminho escreva a palavra Abracadabra como um triângulo invertido, assim:

ABRACADABRA
ABRACADABR
ABRACADAB
ABRACADA
ABRACAD
ABRACA
ABRAC
ABRA
ABR
AB
A

Quando terminar, apague a vela e abra o círculo. Coloque o papel sobre a parte afetada do corpo por alguns minutos. Visualize a doença ou lesão sendo transmitida para o símbolo. Em seguida, retire o papel e leve-o para fora. Coloque o papel na fenda de uma árvore, onde ficará exposto aos elementos. À medida que a palavra e o papel se desintegram, seu desconforto desaparece.

Dor, vá embora

Depois de um dia estressante, sua cabeça dói como se alguém a apertasse? A chave para este feitiço é se desligar da dor, em vez de resistir a ela.

Ingredientes/Instrumentos:
Nenhum

Melhor ocasião para lançar o feitiço:
A qualquer momento.

Sente-se em um lugar confortável. Feche os olhos. Reconheça a presença da dor, em vez de lutar contra ela, mas não a ponto de estabelecer uma identificação. Tente imaginá-la como algo que não faz parte de você. Mentalmente, dê um passo para trás, de modo que sua consciência fique um pouco acima e fora de sua cabeça, e observe a dor, sem emoção.

Pressione os polegares na nuca, um de cada lado, onde ela encontra a base do crânio. Aplique uma pressão firme, mas confortável, por um minuto ou mais, respirando lenta e profundamente. Cada vez que respirar, imagine estar inalando um ar azul e leve. Visualize o suave ar azul subir para sua cabeça e girar de forma delicada dentro do crânio.

Depois de cerca de um minuto, solte o pescoço e pressione um dedo indicador no seu "terceiro olho" (localizado entre as sobrancelhas, onde o nariz e a testa se encontram). Continue respirando o ar azul por um ou dois minutos. Libere a pressão em seu terceiro olho e mantenha os dedos indicadores nas têmporas. Aplique pressão por pelo menos um minuto, inalando a luz azul curativa e, em seguida, expire. Abra os olhos. Repita conforme necessário.

Feitiço para aliviar dor de cabeça

Aqui está mais um feitiço para aliviar a dor de cabeça — em especial se a causa for tensão ou falta de sono. Fazer este ritual de relaxamento todo dia pode ter efeito benéfico na pressão sanguínea, ansiedade, insônia, problemas digestivos e outras condições relacionadas ao estresse.

Ingredientes/Instrumentos:
1 cristal de quartzo fumê
1 pedaço de quartzo rosa
Incenso com fragrância de lavanda
Incensário
Fósforos ou isqueiro

Melhor ocasião para lançar o feitiço:
Quando necessário.

Lave as pedras em água corrente e, em seguida, energize-as expondo-as à luz do sol por alguns minutos. Coloque o incenso no incensário e acenda-o. Sente-se em silêncio em um local confortável e comece a inspirar de maneira devagar e profunda. Segure o quartzo rosa na mão esquerda e sinta-o gentilmente emitindo vibrações amorosas e calmas. Segure o cristal de quartzo fumê contra a testa e imagine-o dispersando a dor. Permaneça o tempo que precisar nesse estado relaxado e calmo. Ao terminar, limpe as pedras de novo e deixe-as em um local ensolarado.

Feitiço para aliviar o enjoo

Quer você esteja em um navio ou avião, ou subindo a montanha em um veículo, o enjoo pode transformar sua viagem dos sonhos em um pesadelo. Esse tipo de enjoo normalmente acontece quando você se sente fora de controle — note que quem está dirigindo o carro raramente fica enjoado. Este feitiço te ajuda a encontrar seu equilíbrio e acalmar a náusea.

> **Ingredientes/Instrumentos:**
> Pulseira antienjoo (disponível on-line, em algumas
>   lojas de produtos naturais e em farmácias,
>   em pacotes de duas unidades)
> 1 frasco pequeno de óleo essencial de hortelã-pimenta
> Colar de pedras preciosas para uma viagem segura (ver Capítulo 11)
>
> **Melhor ocasião para lançar o feitiço:**
> Conforme necessário.

Se começar a sentir desconforto, ou achar que vai sentir, coloque as pulseiras. Elas devem estar bem ajustadas, com a protuberância pressionada firmemente contra o centro da parte interna do braço, a cerca de dois ou três dedos de distância da curva do pulso. Inspire um pouco do óleo essencial de menta — você pode pingar um pouco do óleo em um lenço ou cheirá-lo diretamente do frasco.

Coloque o colar de pedras preciosas. Sinta a magia te protegendo e mantendo segura, apesar do mar bravio, da turbulência ou das estradas perigosas. Imagine-se cercada de uma bola de luz branca e pura te protegendo contra o mal. Se desejar, visualize anjos guardiões ou outras deidades ao seu redor, zelando pela sua segurança. Repita a afirmação: "Estou sã e salva o tempo todo, em todas as situações" até se sentir melhor.

Banho de leite curativo

Há quase 3 mil anos, Hipócrates, o "pai da medicina", recomendava banhos para todos os tipos de doenças e, durante séculos, as pessoas "tomaram as águas" para remediar problemas de saúde diversos. Esse simples banho de leite acalma o corpo e a mente — adapte-o às suas necessidades especiais, adicionando ervas ou flores apropriadas, óleos essenciais, sais de banho e outros ingredientes.

Ingredientes/Instrumentos:
1 xícara de amido de milho
2 xícaras de leite em pó
2 colheres de sopa de ervas desidratadas (veja
    sugestões na tabela no início deste capítulo)
1 pote de vidro de 750 ml com tampa

Melhor ocasião para lançar o feitiço:
Quando necessário.

Coloque todos os ingredientes em um liquidificador ou processador. Bata até que a mistura esteja homogênea e reduzida a um pó fino. Despeje no pote. Para usar, adicione meia xícara dessa mistura mágica à água da banheira, enquanto ela estiver enchendo. (Guarde o restante na geladeira.) Fique na água pelo tempo que quiser. Alternativa: substitua as ervas por óleos essenciais: eucalipto para resfriados, sândalo para dores etc.

Infusão mágica para cura

Você está se sentindo mal e um pouco de magia aliviaria sua aflição. Ao beber esta infusão curativa, você nutre o corpo, a mente e o espírito com a medicina das ervas e com energia amorosa.

Ingredientes/Instrumentos:
Chá de hortelã
1 cálice (ou xícara)
1 cápsula de equinácia (disponível em lojas de
    alimentação natural e em alguns supermercados)
Suco de limão a gosto
Mel a gosto
1 colher

Melhor ocasião para lançar o feitiço:
Quando necessário.

Faça o chá de hortelã e sirva um pouco no cálice ou xícara. Abra a cápsula de equinácia e despeje a erva no chá. Adicione um pouco de suco de limão e mel. Mexa o chá no cálice três vezes, em sentido horário, para energizá-lo.

Olhe para o cálice e imagine um raio de luz cor-de-rosa fluindo para ele, infundindo o chá com energia curativa. Em seguida, beba-o lentamente. Sinta suas vibrações amorosas sendo absorvidas pelo seu corpo. Deixe que elas se espalhem do estômago para os braços, pernas e cabeça. Sinta um formigamento quente irradiando no chacra cardíaco. Permita que a mistura de ervas curativas alivie seu desconforto e restaure sua sensação de bem-estar. Repita conforme necessário.

Feitiço dos bons sonhos

Quando você se deita para dormir à noite, sua mente continua agitada como um hamster correndo em uma rodinha? Se não consegue parar de pensar em tudo que tem de fazer no dia seguinte, experimente este ritual — ele te ajuda a relaxar e ter uma boa noite de sono, para que seu corpo e mente possam rejuvenescer.

Ingredientes/Instrumentos:
1 pedaço de ametista
1 velinha azul-escura
Fósforos ou isqueiro
Essência de flor de castanha branca (White Chestnut, um floral
de Bach disponível em lojas de produtos naturais ou on-line)
1 copo de água mineral
1 folha de papel
1 caneta ou lápis

Melhor ocasião para lançar o feitiço:
Antes de dormir.

Lave a ametista com água e sabão neutro e seque-a delicadamente. Acenda a vela e passe alguns momentos olhando para a chama para relaxar sua mente. Pingue quatro gotas do floral de castanha branca no copo d'água e beba devagar. No papel, faça uma lista de todas as coisas que você deve se lembrar de fazer no dia seguinte. Depois de escrever essas tarefas, sua mente pode parar de lembrar delas.

Quando terminar de anotar tudo em que puder pensar, vire o papel e desenhe nele o hexagrama do *I Ching* "T'ai/Paz". Ele é formado por seis linhas, uma em cima da outra. Cada uma das três linhas superiores se parece com dois traços lado a lado. As três linhas inferiores são contínuas. Deixe o papel na sua mesa de cabeceira com o hexagrama do *I Ching* voltado para cima. Coloque a ametista sobre ele.

Apague a vela. Deite-se e sinta as ressonâncias calmantes do floral e da ametista aquietando seus pensamentos. Se sua mente se desviar para assuntos preocupantes, interrompa os pensamentos suavemente e substitua-os por uma imagem mental do símbolo "T'ai". Sugestão adicional: faça esse feitiço pelo menos quinze minutos após escovar os dentes, pois um creme dental ou enxaguante bucal com menta anulará os efeitos da castanha branca.

Poção dos doces sonhos

De acordo com o WebMD, a privação do sono pode levar a problemas coronários, infartos, diabetes e acidentes de automóvel. Precisamos ter o sono em ordem para viver bem, e mesmo assim muitas pessoas relatam não conseguir dormir o bastante — ou ter um sono de qualidade. Aqui está outra forma de acalmar seus pensamentos e emoções para que você possa dormir melhor. Esta poção mágica também inspira sonhos proféticos que podem oferecer orientações para quando você estiver acordada.

Ingredientes/Instrumentos:
1 tigela (preferencialmente de prata ou vidro transparente)
1 pedra da lua
Água mineral
1 garrafa de vidro com tampa, de qualquer tamanho

Melhor ocasião para lançar o feitiço:
Em noite de lua cheia; porém, se não puder esperar
tanto, faça conforme necessário.

Lave a tigela e a pedra da lua com sabão neutro e água, depois coloque a pedra na tigela. Encha-a de água mineral. Coloque-a no parapeito da janela, na bancada da cozinha, em cima de uma mesa ou outra superfície onde a lua refletirá na água. Deixe da noite para o dia. De manhã, retire a pedra da lua e armazene a água na garrafa.

Todas as noites, beba um pouco da poção ao se deitar para te ajudar a dormir melhor. Preste atenção também aos seus sonhos — eles podem ter respostas para os dilemas diários ou oferecer visões do futuro. Renove seu suprimento da poção dos doces sonhos toda lua cheia.

Feitiço para curar um ferimento leve

Este feitiço usa um boneco para representar o indivíduo ferido — tudo que você fizer com o boneco vai se manifestar na pessoa que você deseja curar. Lembre-se de obter a permissão da outra pessoa antes de fazer o feitiço para ela. (Este feitiço tem como objetivo auxiliar na cura — ele não deve substituir cuidados médicos profissionais ou ser usado para tratar ferimentos graves.)

Ingredientes/Instrumentos:
1 pedaço de tecido de algodão ou seda, de 30 cm x 30 cm, que
    corresponda à cor da pele da pessoa que busca a cura
Alfinetes retos
Marcadores de cores variadas
Tesoura
Agulha e linha na cor do tecido
Enchimento para o boneco (algodão, lã, palha ou outro material)
Fios de lã na cor do cabelo do indivíduo (ou, se possível, cabelo
    real da pessoa para quem você está fazendo o feitiço)
Papel ou pergaminho
Ervas e/ou flores que correspondam à natureza da ferida
Tecido verde, azul ou branco

Melhor ocasião para lançar o feitiço:
Quando necessário.

Dobre o tecido ao meio e use os alfinetes para prendê-lo. Com um marcador, trace a forma humana na camada de cima do tecido. Não faça muito pequeno; use toda a área do tecido que for possível. Recorte a forma humana, cortando as duas camadas de tecido ao mesmo tempo. Você terá duas formas parecidas com um ser humano. Alinhe-as e alfinete-as. Use um ponto de alinhavo pequeno para costurar em toda a volta, deixando uma abertura em uma das laterais, entre o braço e o quadril (é melhor fazer isso à mão do que à máquina, pois além de ser mais pessoal, você terá mais tempo para focar na sua intenção).

Encha o boneco com o material que escolheu. Use um alfinete para fechar a abertura temporariamente. Com os marcadores, personalize o boneco para parecer com o indivíduo que será curado. Faça o cabelo usando lã ou aparas do cabelo de verdade da pessoa. Desenhe olhos, nariz, boca e outros detalhes. Adicione quaisquer marcas físicas, como sinais de nascença e tatuagens. Enriqueça a aparência do boneco com cores que correspondam às características do indivíduo. Escreva o nome completo da pessoa e a data de nascimento em uma tira de papel e dobre-a. Remova o alfinete da abertura e coloque o papel dobrado dentro do boneco. Prenda de novo com o alfinete. Segure o boneco e olhe em seus olhos. Diga em voz alta o nome da pessoa com confiança e intenção. Visualize-a inteira e bem — não se concentre no ferimento.

Remova o alfinete de novo e misture pitadas das ervas que você selecionou para corresponder à cura da ferida. Coloque a mistura dentro do boneco. Costure a abertura enquanto afirma:

> *"Linha e agulha,*
> *Costure osso a osso,*
> *Carne a carne,*
> *Célula a célula.*
> *[Nome], você está bem."*

Segure o boneco e emita um som anasalado, com uma única nota musical, como se fosse um mantra. (Você pode optar por produzir um som que corresponda ao chacra relacionado à lesão; consulte o Capítulo 2.) Enquanto emite o som, visualize a energia de cura fluindo pelos seus braços para dentro do boneco. Quando sentir que o boneco já está suficientemente energizado no momento, envolva-o com delicadeza no tecido da cor escolhida para representar a cura. Coloque o boneco em um local seguro.

Você pode repetir os sons de cura uma vez por dia, se for preciso. Quando a pessoa se recuperar e estiver bem de novo, agradeça ao boneco pela ajuda. Então, segure-o e olhe-o nos olhos. Diga em voz alta, com confiança e consciência: "Você não é mais [nome]". Queime ou enterre o boneco para simbolizar que a cura está completa e que ele serviu seu propósito. Outra sugestão: se o indivíduo tiver uma doença crônica, não destrua o boneco; mantenha-o como foco para o trabalho de cura. Você pode perguntar à pessoa se ela gostaria que você mantivesse o boneco para fortalecer o processo de cura.

Loção "pega leve"

Você exagerou e agora seus músculos estão manifestando seu desagrado. Este bálsamo de ervas ajuda a aliviar músculos doloridos e aliviar dores leves.

Ingredientes/Instrumentos:
1 frasco, pote ou outro recipiente de vidro com tampa
1 pequeno cristal de quartzo transparente
120 ml de azeite, óleo de semente de uva ou óleo de amêndoas
Algumas gotas de óleo essencial de cânfora
Algumas gotas de óleo essencial de cravo-da-índia
Algumas gotas de óleo essencial de lavanda
1 pequena quantidade de raiz de gengibre fresca, ralada bem fina

Melhor ocasião para lançar o feitiço:
Quando necessário.

Lave o frasco e o cristal com água e sabão neutro. Despeje o azeite, óleo de semente de uva ou óleo de amêndoas. Adicione algumas gotas de cada óleo essencial. Adicione o gengibre fresco à mistura. Segure o cristal de quartzo no seu "terceiro olho" (entre as sobrancelhas) e carregue-o com uma visão de energia calmante e curativa. Você pode visualizar essa energia como uma luz azul ou verde. Em seguida, coloque o cristal na mistura de óleos e tampe o frasco/pote. Agite-o três vezes para energizá-lo. Friccione a loção curativa nos músculos doloridos para aliviar a dor. Repita conforme necessário.

Ritual de céu e terra para aumentar a vitalidade

Este ritual convida a energia da terra, que nutre e sustenta, e a energia vivificante do sol para se misturarem em seu corpo e trazerem equilíbrio. Se possível, realize este ritual ao ar livre, em um lugar seguro onde você possa acender velas.

Ingredientes/Instrumentos:
4 velas* em castiçais (velinhas pequenas em
    recipientes de vidro são uma boa escolha)
Fósforos ou isqueiro
4 cristais de quartzo transparentes

Melhor ocasião para lançar o feitiço:
Quando necessário.

Posicione as velas nos quatro pontos cardeais. Posicione os cristais entre as velas para formar um círculo. Você perceberá que este círculo de oito pontos se assemelha à Roda do Ano (discutida no Capítulo 8). Entre no círculo e acenda as velas, começando no leste e trabalhando no sentido horário. Fique de frente para o leste, com os braços estendidos ao lado do corpo, paralelos ao solo, com as palmas das mãos para cima.

---

* A autora indica velas feitas com faia ou samouco. Como é um produto que não encontramos com facilidade no Brasil, sugerimos ungir uma vela comum com azeite e rolá-la em uma misturinha de ervas de vitalidade e vigor, como canela, louro e eucalipto.

As velas representam o elemento fogo e a força masculina. Os cristais simbolizam o elemento terra e a força feminina. Sinta a energia equilibrada ao seu redor, fluindo para dentro do seu corpo, de todas as direções. Receba-a em suas mãos abertas e permita que ela te preencha e energize. Atraia a energia da Mãe Terra pelos pés, pernas, tronco, braços e cabeça. Sinta a energia vitalizante do sol fluindo para o topo da cabeça e descendo pelo corpo, indo até os pés. Visualize as duas forças — yin e yang, céu e terra — mesclando-se e equilibrando-se no seu coração.

Fique no centro do círculo pelo tempo que desejar. Quando se sentir revigorada, apague as velas no sentido anti-horário para abrir o círculo e remova os cristais. Tenha-os sempre com você para se carregar continuamente com energia positiva ou mantenha-os nos cantos de sua casa para fornecer energia extra. Repita esse feitiço quantas vezes forem necessárias. Se desejar, pode convidar outras pessoas para se juntarem a você no círculo de cura.

Poção "fica fria"

Esta poção mágica ajuda você a "segurar a onda", seja física ou psiquicamente. O ingrediente secreto é a água-marinha, uma pedra preciosa azul-pálida cujo nome vem da palavra latina para água do mar. Homens e mulheres sábios utilizaram essa pedra para acalmar a raiva, atenuar o estresse, baixar a pressão sanguínea e aliviar a febre.

Ingredientes/Instrumentos:
1 água-marinha
1 cálice (ou copo transparente)
Água mineral

Melhor ocasião para fazer o feitiço:
A qualquer hora.

Lave a água-marinha e o cálice/copo com sabão neutro e água para remover quaisquer vibrações do ambiente e/ou sujeira. Coloque a pedra no fundo do cálice e então encha-o de água. Gire a água no copo no sentido anti-horário para energizá-la enquanto canta o seguinte encantamento:

"Estou curado
De corpo e mente
De desequilíbrios
De todos os tipos."

Remova a água-marinha. Enquanto bebe a poção, imagine-se mergulhando em uma piscina de água refrescante que te ajudará a manter a calma. Guarde a água não utilizada na geladeira, de preferência em uma garrafa de vidro transparente, e mantenha uma certa quantidade em um local de fácil acesso para emergências. Sugestão adicional: você também pode embeber um pano de algodão limpo nessa poção mágica para fazer um cataplasma refrescante. Coloque o pano na testa para aliviar a dor de cabeça, sobre os olhos para aliviar o cansaço visual ou no abdômen para ajudar nas ondas de calor ou cólicas menstruais.

Ritual para recuperar sua energia

Você se sente cansada no final do dia, principalmente quando tem de lidar com muitas pessoas? Quando você está perto de uma pessoa difícil, percebe sua energia diminuir? De acordo com os antigos ensinamentos da cultura tolteca, você deixa um pouco da sua vitalidade para trás com todo indivíduo que encontra durante o dia. Este ritual permite recuperar sua energia.

Ingredientes/Instrumentos:
Nenhum

Melhor ocasião para fazer o feitiço:
No final de todos os dias, antes de dormir.

Sente-se em uma cadeira confortável e feche os olhos. Comece a respirar devagar e profundamente. Lembre-se de todas as pessoas que você encontrou durante o dia e os incidentes que aconteceram, um por um.

Vire a cabeça para a esquerda e lembre-se de um acontecimento do qual você participou de alguma forma. Inspire ao revisitar os pensamentos e sentimentos que teve, assim como as ações que aconteceram. Em seguida, vire a cabeça para a direita e expire, liberando a experiência com a respiração. Continue fazendo isso até que tenha recapitulado todos os acontecimento do dia, do início ao fim. Sinta-se relaxando e ganhando força com cada memória que você joga fora.

Sopa curativa de frango e vegetais

As sopas são uma forma deliciosa de nos mantermos aquecidas no inverno — principalmente se estivermos gripadas ou resfriadas. Nesta receita, o frango e os vegetais ajudam o sistema imunológico a lutar contra a doença. O segredo mágico desta sopa curativa não vem apenas das vitaminas e minerais dos ingredientes, mas também das energias positivas e amorosas que você coloca na receita ao cozinhar.

Ingredientes/Utensílios:

4 colheres de sopa de manteiga

Panela grande

1 cebola branca grande picada

3 dentes de alho laminados

3 colheres de sopa de açúcar mascavo

2 colheres de sopa de farinha de trigo

4 xícaras de caldo de galinha

1 lata de tomates picados com caldo

2 cenouras grandes

2 batatas grandes

1 maço pequeno de couve picada

2 colheres de sopa de salsa fresca picada

Água, conforme necessário

Sal e pimenta-do-reino moída na hora, a gosto

¼ de xícara de vinho do porto ou xerez (opcional)

Pão francês ou *croutons*

1 xícara de muçarela ralada

Modo de preparo:

1. Derreta a manteiga na panela. Adicione a cebola, o alho e o açúcar e cozinhe em fogo médio para alto. Mexa constantemente em sentido horário (para aumentar a energia de cura da sopa) por quinze minutos ou até encorpar e dourar. Retire do fogo.

2. Junte a farinha mexendo sempre. Devagar, adicione o caldo, mexendo novamente no sentido horário. Volte ao fogo e deixe ferver, mexendo regularmente durante o cozimento.

3. Adicione os vegetais — fique à vontade para incluir outros ou substituir os indicados, se desejar (veja as correspondências mágicas nas tabelas do Capítulo 16). Se a sopa ficar muito grossa, acrescente água (ou mais caldo de galinha ou legumes) até obter a consistência desejada. Tempere com sal e pimenta a gosto.

4. Cubra e cozinhe em fogo baixo por meia hora (ou mais, se desejar), mexendo ocasionalmente. Adicione o xerez ou o vinho do porto (se for usar). Prove e corrija o tempero e o sal, se necessário. Sirva quente em tigelas. Sirva também com uma fatia de pão francês ou *croutons*; polvilhe com a muçarela ralada e a salsa picada.

CAPÍTULO 14

ACREDITAR É EXISITIR

Skye Alexander

FEITIÇOS PARA O AUTOAPRIMORAMENTO

Duvidar de si mesma e do próprio valor são problemas comuns para muitas pessoas. As questões de autoestima podem te impedir de conquistar sucesso na carreira, de ter segurança financeira ou de encontrar o amor que você deseja e merece. Podem até causar doenças. Aumentar o senso de merecimento vai ajudá-la a aprimorar todas as áreas da sua vida. Você também pode melhorar seu poder mágico para produzir resultados melhores e mais rápidos.

> *"Pense em si mesmo desta forma: há uma inteligência universal subsistindo através de toda a natureza inerente a cada uma de suas manifestações. Você é uma dessas manifestações. Você é um pedaço dessa inteligência universal — uma fatia de Deus, se prefere assim."*
> — Dr. Wayne W. Dyer, *The Power of Intention* —

Independentemente de qual área da vida você deseje melhorar — aparência, saúde, habilidade musical ou atlética, inteligência ou intuição —, a magia pode ajudar. A parte mais importante da prática mágica é a intenção, carregada por seu desejo e força de vontade. Os feitiços podem não fazer crescer seus músculos físicos — embora possam aumentar energia e determinação para se manter firme em seu programa de treinamento —, mas fazem maravilhas pelo fortalecimento dos "músculos" mentais. A própria natureza da feitiçaria exige que você foque sua mente e use a imaginação para visualizar os resultados.

Os feitiços neste capítulo compreendem uma grande variedade de condições e objetivos: do fortalecimento do seu senso de segurança à eliminação de um velho hábito, passando pela limpeza da sua pele. As tabelas incluídas aqui oferecem informação sobre os ingredientes a serem usados nos feitiços, de acordo com seus objetivos. Sinta-se livre para substituir os ingredientes de forma a customizar seus feitiços e torná-los mais pessoais.

Passo a passo para obter sucesso ao lançar um feitiço

Quando fizer um feitiço, lembre-se de seguir algumas etapas testadas e aprovadas, como descritas no Capítulo 1. Essas precauções ajudam a evitar complicações, enganos e desapontamentos:

1. Remova todas as distrações.
2. Reúna e limpe todos os ingredientes e instrumentos que usará no feitiço.
3. Purifique e consagre seu espaço.
4. Aquiete sua mente.
5. Trace um círculo mágico ao redor da área onde fará o feitiço.
6. Lance o feitiço.
7. Se tiver invocado a ajuda de deidades ou espíritos, agradeça-lhes e libere-os.
8. Abra o círculo.
9. Guarde seus instrumentos em um local seguro até usá-los novamente.

Cores para usar em feitiços de aperfeiçoamento pessoal

Para fortalecer os feitiços de aperfeiçoamento pessoal, incorpore as cores amarela ou laranja em seus trabalhos. Se sua intenção também inclui algum tipo de cura, você pode usar verde e/ou azul. Se sentir necessidade de mais autoamor e aceitação, escolha o rosa. As formas mais comuns de usar essas cores é acender velas ou usá-las na confecção de patuás. Você também pode usar pedras preciosas nessas cores, como amuletos, ou vestir roupas nesses tons ao lançar os feitiços. Adicione pétalas de flores que te lembrem dos seus objetivos aos patuás, banhos ritualísticos, sachês e poções. Muitos dos feitiços neste capítulo utilizam essas associações de cores.

Ingredientes para os feitiços de autoaperfeiçoamento
Pedras preciosas
Água-marinha: estimula a intuição, imaginação e criatividade
Fluorita: melhora a concentração e clareza mental
Lápis-lazúli: aprofunda os *insights* e a sabedoria interior
Moldavita: aumenta a habilidade de comunicação com os espíritos, deidades e extraterrestres
Obsidiana: promove força para enfrentar obstáculos; ajuda a romper velhos hábitos
Safira: aumenta o conhecimento espiritual e a conexão com o Divino
Flores
Cravo: promove força e perseverança
Girassol: aumenta a confiança
Rosa: as flores cor-de-rosa aumentam a autoestima; as amarelas fortalecem a criatividade

Ingredientes para os feitiços de autoaperfeiçoamento
Óleos essenciais/Incenso
Anis: melhora a visão psíquica
Bergamota: eleva seu humor e aumenta a confiança
Laranja: aumenta a felicidade e o otimismo
Limão: clareia a mente e te deixa mais alerta
Ervas e temperos
Manjerona: encoraja a cooperação; ajuda nas mudanças da vida
Sálvia: melhora a memória; elimina velhas atitudes
Tomilho: fortalece o foco e a concentração
Verbena: aumenta as habilidades artísticas, em especial as performáticas

Feitiço para fortalecer o primeiro chacra

Este feitiço foca no maior centro de energia do corpo, conhecido como o chacra raiz, na base da sua coluna, para fortalecer a sensação de segurança, estabilidade e poder interior.

Ingredientes/Instrumentos:
1 objeto que represente a sua "tribo"
1 caneta
1 pedaço de papel
1 vela vermelha em um castiçal
1 vidrinho de óleo essencial de cravo-da-índia
Fósforos ou isqueiro

Melhor ocasião para lançar o feitiço:
Durante a lua crescente, de preferência quando o
sol ou a lua estiverem em Áries ou Leão.

O símbolo da tribo deve ser um objeto que represente sua rede de apoio — uma foto de família, uma miniatura do seu animal de poder, um objeto herdado que você valoriza ou um item de seu passado. Coloque esse "objeto de poder" no altar. Em seguida, escreva uma afirmação que detalhe sua intenção. Por exemplo: "Posso lidar com qualquer desafio que surgir no meu caminho" ou "Sou capaz de cuidar de mim mesma e de meus entes queridos". Dobre o papel três vezes e coloque-o sob o objeto que representa sua tribo.

Passe o óleo de cravo-da-índia na vela (exceto no pavio). Se desejar, passe um pouco do óleo no objeto de poder e na base da sua coluna. Ao acender a vela, sinta o cheiro de cravo-da-índia e declare a afirmação em voz alta. Concentre-se no ponto na base da sua coluna e imagine-se direcionando energia para ele. Visualize uma bola brilhante de luz vermelha ali. Deixe a vela queimar até o fim e, em seguida, queime o papel, liberando sua afirmação para o universo.

Feitiço das cores para corrigir os rumos da sua vida

Este feitiço ajuda a melhorar a sua vida — mesmo que não saiba exatamente o que ou como melhorar as coisas. A chave é lembrar que você, e mais ninguém, está no comando da sua vida, e que a todo momento você tem o poder de mudar o que não te agrada.

Ingredientes/Instrumentos:
1 pedaço de papel
1 caixa de giz de cera (com pelo menos sete cores)

Melhor ocasião para lançar o feitiço:
Durante a lua nova, de preferência quando o sol ou a lua estiverem em Áries, ou em uma terça-feira, quinta-feira ou domingo.

Desenhe um grande círculo no papel para representar a sua vida. Divida o círculo em fatias triangulares, quantas forem necessárias. Designe cada fatia para representar um segmento de sua vida: amigos, dinheiro, família, saúde, carreira, amor — tudo que for importante para você. Normalmente, associamos certas cores às áreas de nossa vida: rosa com amor e carinho, dourado com dinheiro etc. (No início dos capítulos da Parte II deste livro, você encontrará informações sobre cores e seus significados para usar em vários tipos de feitiços — mas se suas associações pessoais forem diferentes, vá em frente.)

Olhe para as fatias que identificou no círculo. Com quais áreas da sua vida você está feliz e quais deseja mudar? Em seguida, observe as cores em sua caixa de giz de cera e pense em como essas cores se relacionam com seus objetivos. Por exemplo, se deseja aliviar o estresse relacionado ao trabalho e costuma associar a serenidade ao azul, pinte o setor do trabalho de azul. Se você busca mais afeto em sua vida amorosa, pinte essa fatia de rosa. Se não tiver certeza do que deseja mudar, escolha a(s) cor(es) pela qual se sentir mais atraída no momento e deixe a intuição guiá-la.

Ao colorir as fatias do círculo, visualize sua vida se realinhando e reequilibrando para refletir suas escolhas. Não se preocupe em colorir direitinho cada fatia sem ultrapassar o contorno. Os aspectos da vida não são compartimentos separados com tanta precisão; é uma bagunça. Reconheça isso, aceite e acolha. Você também pode decorar seu círculo com adesivos, purpurina, fotos recortadas, palavras ou o que desejar para personalizá-lo. É a sua vida — divirta-se! Exiba seu desenho pronto sobre o altar, sua mesa de trabalho, na geladeira, no espelho do banheiro ou em outro lugar onde você o veja com frequência. Cada vez que olhá-lo, reafirme seu compromisso em criar o equilíbrio ideal de energias em sua vida.

Ritual da pele limpa

Você vê espinhas, rugas ou outras "imperfeições" quando se olha no espelho? Ao fazer este ritual simples, você direciona energia positiva no seu rosto para limpar e rejuvenescer a pele.

Ingredientes/Instrumentos:
Nenhum

Melhor ocasião para lançar o feitiço:
Todos os dias.

Feche os olhos e comece a respirar devagar e profundamente. Esfregue as palmas das mãos uma na outra, com vigor, até que esquentem. Começando na clavícula, imponha as mãos a mais ou menos 2,5 centímetros de distância do seu corpo, com as mãos voltadas para você. Mova as mãos para cima, sobre o rosto até o topo da cabeça — mas não o toque. Quando chegar ao topo da cabeça, chacoalhe as mãos vigorosamente, como se tivesse acabado de lavá-las — na verdade você estará chacoalhando para longe a energia indesejada.

Enquanto move as mãos sobre o rosto, imagine-se repelindo toda a tensão e impurezas que causam rugas, espinhas, desidratação, descoloração e outras imperfeições. Visualize energias de cura e vigor preenchendo sua pele. Repita esses movimentos outras seis vezes (para um total de sete). Faça esse ritual fácil e rápido todas as manhãs e noites para estimular sua própria vitalidade e habilidades regeneradoras inerentes.

Use uma representação animal para aumentar uma qualidade

Se você gostaria de aprimorar uma qualidade específica em si mesma, procure no reino animal uma criatura que tenha as qualidades que busca. A coruja, por exemplo, simboliza a sabedoria; o leão representa a coragem; a tartaruga mostra determinação.

Ingredientes/Instrumentos:
1 vela na cor que corresponda à sua intenção ou
    que lembre o animal que você escolheu
1 castiçal
Fósforos ou isqueiro
1 quadrado de papel-alumínio com cerca de 10 cm
1 prego, caneta esferográfica seca ou qualquer objeto pontiagudo

Melhor ocasião para lançar o feitiço:
Na lua nova.

Coloque a vela no castiçal e acenda-a. Deixe-a queimar enquanto você medita sobre o animal que escolheu. Pense nas qualidades que admira na criatura e como usará essas características em sua própria vida. Pegue a vela com cuidado e segure-a na horizontal. Deixe a cera pingar no pedaço de papel-alumínio, formando um círculo do

tamanho de uma moeda. Certifique-se de que a cera forme uma camada de pelo menos três milímetros e tente mantê-la o mais uni-
forme possível. Espere esfriar e secar. Deixe a vela queimar enquanto
você trabalha.

Remova a cera do papel-alumínio e vire-a para que o lado liso fique
para cima. Com o prego, caneta ou outra ferramenta, risque levemente
um símbolo simples na cera, representando o animal escolhido. Não
risque muito fundo, ou quebrará o disco. Segure o amuleto de cera e
visualize o animal, enquanto diz:

> *"Ó [animal], me empreste a sua [qualidade]*
> *A [qualidade] flui através de mim noite e dia, dia e noite.*
> *Estas são as minhas palavras, esta é a minha vontade.*
> *Assim se faça e assim é."*

Se desejar, você pode até imitar o animal para mostrar que está recebendo a energia desejada. Ruja como o leão, pie como a coruja etc. Segure o disco de cera contra o coração enquanto visualiza a qualidade
que busca fluindo para dentro de você, descendo pelos braços e para
dentro do círculo de cera. Apague a vela. Mantenha o disco com você
para que ele continue te trazendo sabedoria, coragem ou qualquer outra qualidade que tenha escolhido.

Banimento para a tristeza

Se você tem se sentido triste ultimamente, este ritual te ajudará a mudar de humor. Tocar tambor estimula pontos de acupressão e reflexologia em suas mãos, produzindo efeitos benéficos. Como as batidas se harmonizam com as batidas do seu coração, tocar tambor faz com que você se sinta alegre e viva.

Ingredientes/Instrumentos:
Incenso de sândalo
Incensário
Fósforos ou isqueiro
Fitas de cores vivas (a quantidade e as cores são opcionais)
1 tambor de mão (por exemplo, um djembê, doumbek ou conga)
A carta do Sol de um baralho de tarô que você não use para leituras

Melhor ocasião para lançar o feitiço:
A qualquer momento.

Coloque o incenso no incensário e acenda-o. Amarre as fitas ao tambor — quantas desejar, nas cores que escolher. Depois, prenda a carta do Sol no tambor, com a imagem voltada para fora (você pode prendê--la sob as cordas do tambor).

Comece a tocar o tambor com as duas mãos. Não se preocupe com o som ou se está fazendo da maneira correta; apenas toque. Sinta as vibrações do tambor ressoando em suas mãos, braços e corpo. Sinta-o quebrando a energia pesada e deprimente ao seu redor. Se preferir, feche os olhos. Experimente várias batidas, mantendo sua mente concentrada no ritmo. Talvez você ouça cantos ou sinta a presença de seres não físicos ao redor, pois os tambores atraem espíritos que amam se divertir. Se desejar, coloque um CD de música africana ou caribenha animada e toque acompanhando o som. Continue tocando pelo tempo que desejar. Repita esse feitiço sempre que começar a se sentir triste; ele mudará rapidamente suas emoções para uma vibração mais elevada.

Uma luz na escuridão

Se você sentir que não está conseguindo a atenção ou o respeito que merece, talvez seja porque as outras pessoas não consigam ver seu eu real. Este feitiço fará com que elas fiquem mais atentas e reparem enquanto você espalha sua luz no mundo, tal qual um farol.

Ingredientes/Instrumentos:
1 carta de tarô que represente você (de um
  baralho que você não use para leituras)
7 velas roxas em castiçais
Fósforos ou isqueiro

Melhor ocasião para lançar o feitiço:
Comece sete dias antes da lua cheia.

Escolha uma carta do tarô com a qual se identifique ou que te represente. Coloque-a voltada para cima sobre o altar ou outro local seguro por uma semana. Arrume as velas em um círculo fechado ao redor da carta. Acenda-as, começando pela vela acima da carta e trabalhando em sentido horário até ter acendido todas. Encare o arranjo por alguns momentos enquanto se imagina iluminada por um brilho intenso, como se estivesse sob um holofote. Veja as outras pessoas te olhando e admirando. Quando se sentir pronta, apague as velas no sentido anti-horário.

No dia seguinte, repita o ritual. Dessa vez, no entanto, expanda o círculo das velas posicionando cada uma em um ponto a cerca de 2,5 a cinco centímetros da posição anterior. Repita o ritual por sete dias no total, afastando as velas um pouco mais a cada dia. À medida que o círculo de velas aumentar, você vai expandir seu poder. A luz que você reflete sobre o mundo queima com mais intensidade e toca mais pessoas. Na noite da lua cheia, deixe que as velas queimem até o final, enviando sua "luz" para o universo. (Lembre-se de não deixar as velas acesas queimando sem supervisão.)

Feitiço para liberar antigos padrões

Identifique um ou mais padrões que estejam te atrapalhando ou limitando sua capacidade de se expressar. Escolha velas de uma cor que se relacione com seu objetivo. Por exemplo, se anseia por mais habilidade de lidar com seus investimentos financeiros, use velas douradas ou prateadas. Se busca ser mais criativa na vida profissional, use velas laranjas. Se deseja ser mais gentil e amável consigo mesma e com o próximo, acenda velas cor-de-rosa.

Ingredientes/Instrumentos:
2 velas na cor que corresponda às suas intenções
1 pedaço de barbante
Fósforos ou isqueiro
Tesoura
Caldeirão (opcional)

Melhor ocasião para lançar o feitiço:
Durante a lua minguante, em um sábado, ou quando
o sol ou a lua estiverem em Capricórnio.

Coloque as velas no seu altar e amarre-as juntas com o barbante. Acenda-as. Imagine que o barbante é uma força limitante que te prende e te impede de funcionar em plenitude. Sinta a energia dessa limitação autoimposta. Deixe suas emoções virem à tona, até que alcancem o ápice e você experimente uma forte necessidade de remover as amarras. Então corte o barbante e queime-o no caldeirão (caso não tenha um, pode queimá-lo na lareira, na churrasqueira ou em outro local seguro). Diga em voz alta:

"Minhas crenças e amarras limitantes
São queimadas neste fogo purificador.
Eu agora sou livre para me expressar
Da maneira que escolho e desejo."

Sinta o alívio que acompanha essa libertação simbólica. Saiba que você pode fazer o que quiser agora que removeu as velhas restrições.

Feitiço angelical para energia criativa

Se você sente uma afinidade especial com um anjo ou deidade específicos, convide-o/a para participar deste feitiço. Ou invoque a ajuda de uma das deidades associadas à criatividade — Brígida, Ísis, Apolo, Lugh, Odin ou Thot, por exemplo.

Ingredientes/Instrumentos:
1 pequena estátua, ícone, pingente, ilustração ou
    outra representação do anjo ou deidade
Uma oferenda para o anjo ou deidade (de sua escolha)

Melhor ocasião para lançar o feitiço:
Durante a lua crescente, em especial quando o sol ou
    a lua estiverem em Leão ou Libra; durante o nascer
    do sol, em um domingo ou uma sexta-feira.

Fique no centro do seu círculo mágico e segure a imagem do anjo ou deidade. Convide-o/a para te encher com o poder criativo e se juntar a você na tarefa que escolheu. Peça aos espíritos dos quatro elementos que emprestem suas energias também. Diga em voz alta:

"Espíritos do Ar, encham-me de inspiração.
Espíritos do Fogo, encham-me de paixão.
Espíritos da Água, encham-me de imaginação.
Espíritos da Terra, encham-me de paciência."

Sinta as energias desses espíritos — sob a orientação de seu anjo ou deidade — fluindo até você. Permaneça de pé no círculo pelo tempo que desejar. Quando sentir que absorveu toda a energia criativa necessária, coloque a imagem do anjo ou deidade no altar. Disponha a oferenda (uma flor, uma pedra preciosa ou o que você tiver escolhido) diante da imagem e expresse seu agradecimento. Libere as entidades que tiver invocado, com gratidão. Quando sentir necessidade de um impulso criativo, toque a imagem e saiba que seu guardião te ajudará.

Feitiço do Feng Shui para aumentar a criatividade

Talvez você não se veja como uma pessoa criativa, mas todos têm algum talento nesse campo. Geralmente, sufocamos nossas habilidades por acharmos que temos de ser como Mozart ou Van Gogh. Este feitiço usa a magia chinesa do Feng Shui para estimular sua imaginação e fazer sua criatividade florescer.

Ingredientes/Instrumentos:
1 pedaço de papel
1 caneta
3 moedas (de qualquer valor)
1 tigela
Pétalas de rosas amarelas

Melhor ocasião para lançar o feitiço:
Na lua crescente, de preferência quando o
    sol ou a lua estiverem em Leão.

Para localizar a área da sua casa correspondente à criatividade, fique de pé, voltada para dentro, na porta que você mais usa para entrar ou sair. No meio do caminho, entre o canto direito mais distante e o mais próximo, está o setor de criatividade.

Escreva uma afirmação em um pedaço de papel, detalhando sua intenção. Lembre-se de expressá-la no presente. Por exemplo, você pode escrever: "Uma editora importante compra meu livro e estou contente com todos os aspectos do contrato". Ou você pode afirmar: "Eu agora tenho um papel na peça do teatro comunitário" ou "Minhas tulipas ganham um prêmio na exposição de jardinagem da primavera".

Mantenha sua afirmação escrita no setor da criatividade da sua casa e coloque as três moedas sobre ela. As moedas simbolizam receber dinheiro (ou outras recompensas) por sua criatividade. A seguir, coloque a tigela sobre as moedas e a afirmação. A tigela representa sua disposição de atrair e expressar ideias criativas. Encha a tigela com as pétalas de rosas. O amarelo, associado com a criatividade e autoestima, sugere que suas ideias criativas estejam brotando e tomando forma no mundo material. Deixe esse feitiço no lugar até a lua cheia ou até que seu desejo se materialize.

Feng Shui para melhorar sua imagem

Você já percebeu que a entrada das casas das pessoas ricas e poderosas — assim como as portas conduzindo a prédios governamentais, empresas de sucesso e catedrais — tendem a ser grandes, facilmente acessíveis e com ótima iluminação? No Feng Shui, a entrada da sua casa corresponde à autoimagem e autoidentidade. Observe sua entrada. É atrativa e convidativa? Ou é indistinta, atravancada, escura, talvez até difícil de encontrar? Para mudar sua imagem, e a impressão que transmite aos outros, você só precisa melhorar a entrada da sua casa.

Ingredientes/Instrumentos:
O que você escolher

Melhor ocasião para lançar o feitiço:
Durante a lua crescente, de preferência quando o sol ou
a lua estiverem em Leão, ou no solstício de verão.

Aqui estão algumas formas de melhorar a autoimagem: instale uma iluminação melhor. Coloque uma planta grande e atraente perto da porta. Pinte a porta de uma cor intensa e alegre. Exiba belos numerais de bronze. Pendure guirlandas decorativas. Elimine a desordem ou obstáculos. Conserte degraus e corrimões quebrados. Lembre-se: essa é a primeira impressão que seus visitantes têm de você, então torne a entrada da sua casa o mais atraente possível.

Enquanto estiver trabalhando, de vez em quando repita este encantamento (ou outro que você mesmo invente):

"As mudanças que faço hoje
Melhoram minha imagem de todas as formas."

Tenha sempre em mente sua intenção — essa é a parte mais importante do feitiço.

Talismã para aumentar a autoconfiança

A maioria de nós tende a ser um pouco autocrítica demais. Prestamos mais atenção às nossas falhas do que aos nossos pontos fortes e talentos. Este feitiço combina uma seleção de ingredientes que encorajam o poder pessoal e aumentam a autoconfiança.

Ingredientes/Instrumentos:
1 pedaço de papel
1 caneta, marcador ou lápis de cor
1 bolsinha dourada, de preferência feita de seda
1 amêndoa
1 pitada de sálvia
1 bolota *
1 pedaço pequeno de olho de tigre, cornalina ou jaspe vermelho
1 fita vermelha
Incenso de sândalo e incensário
Fósforos ou isqueiro

Melhor ocasião para lançar o feitiço:
Na lua cheia, de preferência no domingo ou na quinta-
feira, ou quando o sol ou a lua estiverem em Leão.

---

* A bolota é o fruto do carvalho. Você pode substituí-la por outra castanha mais fácil de ser encontrada no Brasil, pois o que vale é a intenção colocada no feitiço.

Como descrito no Capítulo 5, desenhe um sigilo mágico ao emaranhar as letras que formam a palavra *poder*, para que resultem em uma imagem. Dobre o papel três vezes e coloque-o na bolsinha dourada. Adicione a amêndoa, a sálvia, a bolota e a pedra. Amarre a bolsinha com a fita vermelha, dando nove nós. A cada nó, repita este encantamento:

> *"Pela magia do três vezes três*
> *O poder divino flui através de mim.*
> *Sou tudo que desejo ser."*

Acenda o incenso. Defume o talismã por alguns momentos para energizá-lo. Tenha-o sempre consigo para aumentar a autoconfiança. Segure-o quando sentir necessidade de aumentar sua confiança. Se preferir, mantenha-o no altar ou em um local em que o veja com frequência.

Feitiço de empoderamento rápido e fácil

Este feitiço não precisa de nenhum instrumento além da crença de que a magia funcionará para você. Quando estiver acordando de manhã, antes de abrir os olhos, ainda naquele estado sonolento entre os sonhos e a plena consciência, visualize o que deseja. Os primeiros pensamentos matinais são poderosos e afetam as experiências que você terá durante o dia. Então declare seu desejo silenciosamente para si mesma, na forma de afirmação.

Digamos que você deseje tirar nota máxima em uma prova. Visualize o resultado da forma mais vívida possível: uma grande nota dez no topo da folha. Imprima emoção na visualização. Imagine quão empolgada você vai ficar quando receber a nota. Então diga para si mesma "Eu tiro nota máxima na prova", sentindo-se confiante de que fará exatamente isso. Após levantar-se, esqueça. Libere o desejo e não se preocupe. Partindo do princípio de que você fez sua parte para tirar um dez na prova (estudou e se preparou), sua intenção deve se tornar realidade.

Recupere o que é seu

Se você deixou outra pessoa exaurir sua energia durante o dia, este ritual te ajudará a recuperar o que é seu. Faça esta prática diariamente para melhorar sua vitalidade, fortalecer a habilidade de alcançar seus objetivos e melhorar cada área da sua vida.

Ingredientes/Instrumentos:
Nenhum

Melhor ocasião para lançar o feitiço:
Ao final de cada dia, antes de dormir.

Sente-se em uma cadeira confortável e feche os olhos. Respire devagar e profundamente. Pense em alguém que você encontrou durante o dia. Imagine que a pessoa esteja diante de você. Perceba quaisquer manchas de cor que pareçam estar grudadas no corpo dela — elas representam os pedaços da energia vital que você cedeu.

Escolha uma mancha e, ao inspirar, imagine-se puxando aquele pedaço de energia colorida do corpo da outra pessoa e atraindo-o para si mesma. Enquanto expira, sinta a energia sendo reabsorvida pelo seu corpo. Perceba como isso faz você se sentir — é provável que experimente uma leve sensação de contentamento e força.

Continue assim até ter recuperado toda a energia que perdeu durante o dia. Você saberá que terminou quando não vir mais manchas coloridas no corpo da pessoa. Traga então outra pessoa à mente e repita o ritual. Refaça com cada pessoa com quem interagiu, para que elas não continuem a exaurir seu poder.

Seu verdadeiro eu

O estresse e as preocupações diárias tiraram você do equilíbrio? Esta visualização mágica ativa seus chacras para restaurar a harmonia de todo seu sistema. Quando os chacras estão equilibrados, você se sente melhor no corpo, mente e espírito.

Ingredientes/Instrumentos:
Nenhum

Melhor ocasião para lançar o feitiço:
Qualquer hora.

Sente-se em uma cadeira confortável e feche os olhos. Comece respirando vagarosa e profundamente. Foque sua atenção na base da coluna, o centro de energia conhecido como "chacra raiz". Imagine uma bola de energia vermelha transparente brilhando e sinta o calor irradiando dessa parte do seu corpo por alguns momentos. Em seguida, foque no "chacra umbilical", mais ou menos um palmo abaixo do umbigo. Visualize uma esfera de luz laranja brilhando. Depois de alguns momentos, desvie sua atenção para o plexo solar; visualize uma luz amarela irradiando e aquecendo essa parte do seu corpo.

Continue a respirar enquanto visualiza uma luz verde brilhante irradiando ao redor do coração. Sinta-a acalmando suas emoções. Desvie a atenção para a base da garganta e imagine uma luz azul brilhando por alguns momentos. Isso te ajuda a dizer o que pensa com confiança. Desvie a atenção para o seu "terceiro olho", na testa, entre as sobrancelhas, enquanto imagina uma luz índigo nesse ponto. Por fim, permita que sua atenção vá até o "chacra coronário" no topo da sua cabeça. À medida que visualiza uma luz roxa brilhando nesse ponto, sinta a conexão com uma força superior. Sinta o poder fluindo dos céus para o topo da cabeça e descendo pela coluna, energizando todo o seu corpo.

Aproveite essa sensação agradável e calmante por quanto tempo desejar. Repita esse ritual revitalizante quando se sentir desequilibrada, estressada ou cansada.

Feitiço para se livrar da tristeza

Este feitiço ajuda a animá-la, ao trazer de volta os sentimentos despreocupados da infância. Em nível prático, ele te conduz ao ar livre e ao sol e oferece a oportunidade de um pouco de exercício — coisas que podem melhorar seu humor.

Ingredientes/Instrumentos:
1 pipa
1 linha para pipa
Tiras de papel ou fitas leves
Fita adesiva
Tesoura
Fósforos ou isqueiro
1 caldeirão (opcional)

Melhor ocasião para lançar o feitiço:
Ao pôr do sol.

Prenda a linha na pipa e, em seguida, as tiras de papel ou fitas no rabo da pipa. Cada tira ou fita representa algo que está te causando tristeza. Leve a pipa para uma área aberta. Sinta o vento fluindo ao redor de você. Sinta a tristeza no coração e imagine-a fluindo por seus braços até a pipa. Permita que o vento a leve pelo ar. Se nunca empinou uma pipa, entregue-se à experiência. É necessário foco, intuição e paciência — assim como a magia. Enquanto empina a pipa, imagine o vento levando sua tristeza embora, gentilmente.

Empine a pipa pelo tempo que desejar. Quando terminar, recolha a linha e remova as tiras de papel ou fitas. Queime-as no caldeirão (ou outro local seguro) para eliminar simbolicamente sua tristeza. Repita quantas vezes forem necessárias.

Feitiço para liberar a raiva

Para liberar algo, você deve primeiro reconhecê-lo. Guardar raiva não apenas drena seu poder como também evita que as coisas boas cheguem até você. Este feitiço ajuda a liberar a raiva que pode estar te consumindo e drenando a energia que poderia usar mais produtivamente.

Ingredientes/Instrumentos:
1 pedaço de papel
1 caneta
Fósforos ou isqueiro
1 caldeirão (opcional)

Melhor ocasião para lançar o feitiço:
Durante a lua minguante, ao pôr do sol, em um sábado.

Escreva uma carta para a pessoa com quem você está brava. Use xingamentos, muitas exclamações, letras maiúsculas e não se preocupe com a gramática. Diga à pessoa exatamente o que acha dela e como você se sente. Quando terminar, releia sua carta. Permita-se ficar tão emotiva quanto quiser.

Em seguida, respire fundo três vezes e expire toda sua tensão e estresse. No final da carta, escreva: "Eu libero a minha raiva. [Nome], você não tem mais poder sobre mim". Queime a carta no caldeirão (ou em outro local seguro) para eliminar sua raiva simbolicamente. Visualize o sentimento indo embora com a fumaça. Repita quantas vezes forem necessárias, sempre que uma pessoa ou situação te causar raiva.

CAPÍTULO 15

O PODER DA CONEXÃO

FEITIÇOS EM GRUPO

Em algum ponto de sua jornada mágica, talvez você decida fazer feitiços com outras pessoas — principalmente se você for do tipo sociável e gostar da companhia de pessoas com ideias semelhantes. Você já deve ter ouvido falar de *coven*s de bruxas, mas muitas irmandades mágicas que existiram no passado permanecem até os dias atuais. A Maçonaria, a Ordem Hermética da Aurora Dourada e a Ordem do Templo do Oriente são apenas algumas das mais conhecidas.

Unir forças com outros magos pode fortalecer seu poder ao combinar suas energias e direcioná-las para um propósito comum. É muito provável que algumas pessoas no grupo tenham certos talentos e habilidades e que outros tenham aptidões diferentes — essa variedade pode beneficiar a todos. O segredo é se conectar com pessoas que você respeite e em quem confie e também apresentem objetivos e crenças alinhados com os seus. Problemas podem surgir quando os membros do grupo discordam sobre como as coisas devem ser feitas, ou disputas por poder atrapalham o bem comum. É semelhante ao que às vezes acontece em empresas ou organizações sociais — mas quando se trata de magia, as coisas podem realmente sair do controle.

Os feitiços neste capítulo foram criados para duas ou mais pessoas lançarem juntas. Alguns deles também convidam divindades, elementais, animais de poder e outras entidades para participar com vocês.

Passo a passo para obter sucesso ao lançar um feitiço
Quando fizer um feitiço, lembre-se de seguir algumas etapas testadas e aprovadas, como descritas no Capítulo 1. Essas precauções ajudam a evitar complicações, enganos e desapontamentos:

1. *Remova todas as distrações.*
2. *Reúna e limpe todos os ingredientes e instrumentos que usará no feitiço.*
3. *Purifique e consagre seu espaço.*
4. *Aquiete sua mente.*
5. *Trace um círculo mágico ao redor da área onde fará o feitiço.*
6. *Lance o feitiço.*
7. *Se tiver invocado a ajuda de deidades ou espíritos, agradeça-lhes e libere-os.*
8. *Abra o círculo.*
9. *Guarde seus instrumentos em um local seguro até usá-los novamente.*

Feitiço para conectar-se com outros magos

Se você acha que gostaria de praticar com outras pessoas, mas não sabe onde encontrá-las, crie um feitiço para atraí-las. Seja tão específica quanto possível ao elaborar este feitiço. Se preferir trabalhar apenas com homens ou mulheres, seja clara. Se estiver aberta a trabalhar com um grupo de feitiçaria on-line, deixe as exigências geográficas de lado. Se fizer questão de trabalhar com pessoas de uma religião específica, deixe isso explícito. No entanto, tenha em mente que quanto mais condições estipular, menos pessoas se encaixarão nelas. Você tem todo o direito de ser criteriosa sobre quem atrai para si — e, é claro, não precisa trabalhar com todo mago que encontrar. Este feitiço aumenta suas chances de encontrar pessoas que estejam abertas a trabalhar com outros feiticeiros, mas sem te prender a qualquer tipo de parceria.

Ingredientes/Instrumentos:
1 vela cor de pêssego
Algumas gotas de óleo essencial de baunilha
   (ou puro extrato de baunilha)
Fósforos ou isqueiro
1 pedaço de papel
1 caneta
1 caldeirão (ou tigela à prova de fogo)
Várias penas pequenas

Melhor ocasião para lançar o feitiço:
Ao amanhecer, durante a lua crescente, de preferência
   quando o sol ou a lua estiverem em Aquário.

Use o óleo de baunilha para ungir a vela. Acenda-a, visualizando a luz se expandindo e servindo de farol para magos como você. No papel, escreva um convite para seus futuros parceiros ideais de feitiçaria. Por exemplo, você pode escrever: "Eu, [seu nome], envio este convite para feiticeiros honestos, sinceros e verdadeiros de [sua região geográfica]. Se você busca novas pessoas para trabalhar, que encontremos um ao outro". Assine. Leia o convite em voz alta. Visualize as palavras fluindo para o mundo.

Aproxime a ponta do convite da chama da vela. Quando o papel pegar fogo, deixe-o queimar no caldeirão ou tigela. Enquanto ele estiver queimando, visualize a energia do seu convite sendo liberada para fluir pelo mundo. Espere o caldeirão esfriar. Coloque as penas dentro. Leve-o para fora e segure-o de forma que o vento carregue pelo ar as penas e as cinzas; se necessário, pegue-as e lance-as com sua mão. Observe o vento levando-as embora e saiba que o pedido foi enviado.

Encontrando a conexão certa

Se estiver praticando com um grupo estabelecido de pessoas que se reúne para lançar um feitiço (algumas vezes denominado "círculo"), então haverá pelo menos algum tipo de conexão energética entre vocês. Quanto mais próximos forem, mais fácil será fundir e equilibrar as energias. Isso vem com a prática, é claro; a mistura de energias não acontece perfeitamente na primeira tentativa, não importa quanta experiência vocês tenham. Com a prática, porém, encontrarão o equilíbrio entre as energias pessoais para criar a combinação certa.

Crie um pacote de energia do grupo

Pense em fazer este feitiço quando começar a trabalhar com outros magos, para conectar seus poderes. Ele também fortalece seu senso de unidade e responsabilidade enquanto círculo e pode fortalecer sua intuição sobre os indivíduos no grupo.

Ingredientes/Instrumentos:
Objetos pequenos de sua escolha
1 bolsinha multicolorida que inclua as sete cores do arco-íris

Melhor ocasião para lançar o feitiço:
Qualquer hora.

Peça aos membros do círculo para trazerem pequenos objetos que considerem uma representação de si mesmos. Talvez alguém traga uma pequena miniatura de um animal; outra pessoa, uma pedra ou cristal favorito, um galhinho de árvore, uma pena — pode ser qualquer coisa que tenha significado especial para a pessoa. Se desejar, deixe que os membros expliquem o que os objetos significam para eles. Coloque-os no centro do seu círculo. Atraiam a energia ao entoarem juntos:

"Somos um, nosso poder flui.
Somos um, nosso poder evolui."

Depois de cantarem por um ou dois minutos, vocês começarão a sentir a energia ao seu redor ficando mais forte. Usem a mente para canalizar a energia e direcioná-la aos objetos. Em seguida, coloquem os objetos na bolsinha para mantê-los seguros e conservar a energia. Esse é o pacote de energia do grupo. Se vocês se reúnem regularmente na casa de alguém, guarde-o no local. Se o ponto de encontro variar, designe uma pessoa diferente a cada mês (ou após cada reunião) para guardá-lo em sua casa e cuidar dele. O pacote deve ser levado para todos os encontros do grupo, simbolizando a união.

Feitiço do cálice para estreitar os laços de um círculo de feiticeiros

Este é um ótimo feitiço para oficializar seu comprometimento com o grupo e inaugurar seu círculo. Também é uma boa ideia repeti-lo periodicamente para reforçar a conexão — nos oito sabbats da Roda do Ano, por exemplo.

Ingredientes/Instrumentos:
1 embalagem pequena do suco de fruta de sua escolha
1 jarro de vidro
Copos (um para cada participante)
1 colher de cabo longo

Melhor ocasião para lançar o feitiço:
Durante a lua crescente, de preferência em uma sexta-feira ou quando o sol ou a lua estiverem em Aquário.

Peça que todos tragam algum tipo de suco para a reunião; não combinem o sabor antes — deixe que as escolhas sejam aleatórias. Lave o jarro, os copos e a colher e consagre-os para esse propósito. Coloque-os em seu altar (ou uma mesa dentro do círculo). Peça a cada membro que carregue seu próprio suco com energia positiva, talvez fazendo uma breve afirmação. Então, um a um, despejem o suco no jarro e mexam três vezes em sentido horário.

Quando todos os sucos estiverem misturados no jarro, declarem em uníssono:

"Esta poção especial
Abençoada por cada um de nós
Nos une
A magia começou."

Encham os copos e façam um brinde ao futuro do seu círculo e ao sucesso dos feitiços. Bebam a poção mágica.

Reúna os ingredientes para os feitiços

Reunir os componentes para os feitiços e rituais pode ser uma atividade em grupo que inclua todos os participantes do trabalho mágico. Esse processo não apenas envolve os membros do grupo desde o início, mas também estimula a imaginação e aumenta a expectativa.

Ingredientes/Instrumentos:
Depende do feitiço

Melhor ocasião para lançar o feitiço:
Depende do feitiço.

Depois de terem escolhido um feitiço e determinado os objetos necessários, cada pessoa se responsabiliza por um ou mais desses objetos. Ao providenciar os ingredientes, concentre sua mente no resultado e em como ele será benéfico para todos os envolvidos. Dessa forma, você inicia a magia antes mesmo de juntar os componentes coletados. Quando tiverem reunido todos os itens necessários, sigam juntos as etapas de limpeza do espaço mágico, consagração do local, traçado do círculo etc.

Construa um círculo permanente

Se for possível que o grupo trabalhe junto por um tempo, talvez vocês decidam criar um círculo permanente para lançar feitiços mágicos e realizar rituais. Stonehenge é um exemplo de círculo de pedra antigo que os arqueólogos acreditam ter sido um local de rituais. Os labirintos também são excelentes para o trabalho mágico. No entanto, você não precisa construir algo tão elaborado. Considere as seguintes possibilidades:

- Reúna pedras e posicione-as para formar um círculo grande o bastante para o grupo trabalhar dentro dele. Uma sugestão é colocar quatro pedras maiores nos quatro pontos cardeais.

- Plante flores, arbustos e afins em formato de círculo.

- Erga uma cerca baixa de madeira em formato de círculo.

- Instale postes de metal ou madeira e pendure fios de luz unindo-os e formando um círculo.

- Dentro de casa, você pode pintar um círculo no chão (se os demais moradores e/ou o proprietário permitirem).

Posicione um altar no meio do círculo — ou em outro ponto de preferência do grupo. Com o tempo, você pode incluir outros itens no círculo ou decorá-lo de acordo com a estação, se desejar. Use a imaginação!

Feitiço para encontrar um lar

Lance este feitiço com todos que vão morar com você na casa nova — trata-se de um esforço conjunto, e o local será importante para todos. Além de suas energias coletivas aumentarem exponencialmente, vocês também mostrarão suas intenções com clareza ao trabalharem juntos para fortalecer o laço entre si.

> Ingredientes/Instrumentos:
> Lápis, canetas ou marcadores
> Recortes de revistas
> Tesouras
> Cola ou fita adesiva
> Isopor
>
> Melhor ocasião para lançar o feitiço:
> Na lua nova.

Desenhe a casa que você está procurando (se tiver habilidade artística) ou encontre fotos que mostrem as características que você deseja na nova casa. Cole essas ilustrações no isopor (ou outro material apropriado) e pendure-o onde você o verá com frequência. Adicione palavras, símbolos e outros objetos que considere importantes. O objetivo é criar uma ferramenta visual que foque suas mentes no desejo. Faça-a vívida e detalhada. As crianças amam criar esse tipo de coisa e com frequência têm ótimas ideias. Quanto mais energia vocês colocarem na intenção, mais rápido ela se materializará.

Feitiço da pedra do chacra

Como você aprendeu no Capítulo 2, os chacras são centros de energias que vão da base da sua coluna até o topo da cabeça. Quando estão equilibrados, você se sente bem física, mental e emocionalmente. Este feitiço usa o poder das pedras preciosas para ajudar seus chacras a funcionar em harmonia. Perceba que as cores das pedras correspondem às cores associadas aos sete chacras principais. Faça este feitiço com um amigo ou ente querido.

Ingredientes/Instrumentos:
1 pedaço de jaspe vermelho
1 pedaço de cornalina
1 pedaço de topázio
1 pedaço de jade
1 pedaço de água-marinha
1 pedaço de lápis-lazúli
1 pedaço de ametista

Melhor ocasião para lançar o feitiço:
Qualquer hora.

Lave as pedras com sabão neutro e água e seque-as delicadamente. Encontre um lugar confortável onde possa se deitar de barriga para cima, sem ser incomodada, por mais ou menos meia hora. Seu parceiro neste feitiço deve primeiro colocar o jaspe vermelho sobre seu osso púbico. A seguir, ele ou ela posicionará a cornalina sobre seu baixo-ventre, mais ou menos meio palmo abaixo do umbigo. O topázio vai sobre o plexo solar; a jade, no centro do seu peito, perto do coração; a água-marinha, na base da sua garganta; o lápis-lazúli, na testa, entre as sobrancelhas. Por fim, seu parceiro colocará a ametista de forma que toque o topo da sua cabeça.

Relaxe e sinta as pedras enviando a vibração curativa pelos centros energéticos do seu corpo, restaurando a harmonia e o bem-estar de todo seu sistema. Quando se sentir pronta, peça à sua dupla para remover as pedras. Lave-as e seque de novo. Troquem de lugar, para que agora ele/ela receba as pedras e você as posicione. Quando tiverem terminado, limpe as pedras e guarde-as em local seguro até usá-las outra vez.

A caixa mágica

Todos na casa — membros da família, colegas de quarto, aquela pessoa especial — podem participar deste feitiço. Você precisará de uma caixa de sapato ou algo similar que seja pequeno o bastante para caber em uma prateleira, mas grande o bastante para acomodar muitos desejos. Este feitiço oferece uma forma de combinar as energias para ajudar na realização dos desejos de todos.

Ingredientes/Instrumentos:
1 caixa com tampa
Canetas, marcadores ou lápis coloridos
Recortes de revistas, papel colorido, adesivos e outras decorações
Cola
Tiras de papel

Melhor ocasião para lançar o feitiço:
Durante a lua crescente.

Decore sua caixa como desejar, usando desenhos positivos de que você goste. Escreva nela algumas palavras e/ou símbolos. Desenhe figuras. Cole imagens de revistas ou baixadas da internet. A ideia é personalizar sua caixa e se divertir nessa experiência criativa. Na tampa, escreva *A Caixa Mágica.*

Coloque a caixa em um local onde todos da sua casa tenham acesso e possam vê-la ao entrar. Quando ela estiver completamente decorada, peça a cada membro do grupo para escrever um desejo em uma tira de papel e ler em voz alta para os outros. Coloque os desejos na caixa. Compartilhá-los fortalece seu poder coletivo, elevando a energia e atraindo resultados mais depressa. Conforme cada desejo se tornar realidade, remova-o da caixa. Em seguida, escreva outro desejo e coloque-o lá dentro.

Feitiço para invocar deidades

Este feitiço permite que os membros do grupo invoquem a ajuda dos arcanjos: Rafael, Miguel, Gabriel e Uriel. Você pode pedir auxílio em geral ou para uma questão em particular.

Ingredientes/Instrumentos:
Incenso de sálvia
Incensário
Fósforos ou isqueiro
Algumas gotas de um óleo essencial que corresponda à sua questão; para ajuda em geral, use sândalo
1 pires com 30 ml (ou mais, se necessário) de um óleo carreador, como azeite ou óleo de semente de uva
1 vela pilar branca
1 prego, caneta esferográfica sem tinta, lixa de unha metálica ou um objeto afiado para riscar a vela
1 caldeirão (ou recipiente à prova de fogo)
1 tambor de mão (opcional)

Melhor ocasião para lançar o feitiço:
Quando necessário (veja o Capítulo 8).

Depois de reunir seu círculo, coloque o incenso de sálvia no incensário e acenda-o para limpar o espaço de trabalho. Adicione algumas gotas do óleo essencial ao azeite e misture com o dedo. Faça um pentagrama na testa de cada membro do grupo com o dedo umedecido no óleo, ungindo-os dessa forma (certifique-se de que ninguém no grupo seja alérgico ao óleo que você escolheu). Peça a cada pessoa do círculo para "assinar" a vela com uma marca (palavra, sigilo, glifo astrológico etc.) feita com o objeto afiado. Quando todos tiverem terminado de inscrever a vela, passe o óleo restante nela (exceto no pavio), coloque-a no caldeirão (ou tigela, ou pires) sobre o altar e acenda-a.

Peça a todos que foquem na chama da vela enquanto unem suas energias para o objetivo em comum. Se alguém resolver tocar tambor, ele ou ela deve começar uma batida lenta e constante nesse momento. Todos os participantes entoam bem baixinho um som anasalado, com uma única nota, para gentilmente atrair energia.

Um membro do grupo (escolhido com antecedência) pega a vela do altar, ergue-a, voltado para o leste, e diz:

> "Rafael, abençoe este círculo com sua orientação.
> Ajude-nos a fazer o que é certo para aqueles que
> precisam e a trabalhar apenas para o bem."

Passe a vela para outro membro do grupo (escolhido com antecedência). Essa pessoa volta-se para o sul, ergue a vela e diz:

> "Miguel, abençoe este círculo com sua paixão e força. Ajude-nos
> a defender aqueles que precisam e proteja-nos e aos nossos
> entes queridos o tempo todo e em todas as situações."

Passe a vela para outro membro do grupo (escolhido com antecedência). Essa pessoa volta-se para o oeste, ergue a vela e diz:

> "Gabriel, abençoe este círculo com seu amor e serenidade. Ajude-
> nos a levar luz, amor e paz àqueles que precisam."

Passe a vela para outro membro do grupo (escolhido com antecedência). Essa pessoa volta-se para o norte, ergue a vela e diz:

> *"Uriel, abençoe este círculo com sua estabilidade. Ajude-*
> *nos a levar conforto e cura àqueles que precisam."*

Devolva a vela pilar ao altar. Enquanto todos focam na vela, digam em uníssono:

> *"Contemplem, nós invocamos a luz do Espírito para guiar este círculo."*

Dê tempo para que observem a vela fixamente enquanto ela queima e tremula, abrindo suas mentes para visões, sensações e orientação. Usem o tempo necessário, ou decidam com antecedência terminar o feitiço depois de um determinado período. Nessa hora, uma pessoa selecionada previamente apaga a vela, abafando a chama, e libera as presenças angelicais (conforme descrito no Capítulo 7).

Em seguida, todos os membros do grupo sentam-se juntos e discutem o que testemunharam, pensaram, sentiram ou extraíram da sessão. Essa experiência conjunta permite o recebimento de insights dos reinos superiores sobre como lidar com uma questão em particular ou como proceder com sua prática mágica.

Escolha seu animal de poder

Embora seja comum associar os totens com as tribos nativo-americanas, através da história e pelo mundo os clãs honraram criaturas-totem e contavam com sua ajuda para proteção, alimento e cura. Seu círculo de feiticeiros também pode se beneficiar da orientação de um ou mais totens.

> Ingredientes/Instrumentos:
> Livro ou lista que descreva os espíritos animais (como
>   o meu livro *The Secret Power of Spirit Animals*)
> Papel
> Tesouras
> Marcadores coloridos
>
> Melhor ocasião para lançar o feitiço:
> A qualquer hora.

Conversem sobre os animais, aves etc. com os quais vocês sintam uma forte afinidade. Descrevam as características dessas criaturas. Você provavelmente descobrirá que alguns membros do grupo se identificam com as mesmas criaturas. Conversem também sobre os objetivos que definiram para o grupo, qual caminho pretendem tomar e/ou que energias os une. Uma discussão honesta vai ajudar a determinar os guias animais que estão trabalhando com vocês — e a quais gostariam de pedir ajuda.

Tente reduzir a lista de espíritos animais para um, ou pelo menos não mais que três. Quando todos concordarem sobre o totem(s) com o qual desejam trabalhar, cortem quadrados de papel para cada pessoa desenhar imagens da criatura(s) escolhida(s). Essas figuras podem ser simples ou elaboradas, estilizadas ou realistas — vocês decidem. Levem essas imagens ou coloquem-nas em um lugar onde serão vistas com frequência, para que possam chamar a energia do animal quando necessário.

Sugestão alternativa: se você se sentir *realmente* dedicada e convencida de que a criatura escolhida é seu animal de poder para a vida toda, talvez queira tatuar a imagem no corpo. Se preferir uma expressão menos dolorosa (e menos definitiva), desenhe o animal no seu corpo com um marcador.

Honrando seu animal de poder

Este feitiço complementa o anterior e aprofunda sua conexão com o totem do grupo e uns com os outros.

> **Ingredientes/Instrumentos:**
> Oferendas para o seu totem
> 1 vela pilar branca em um castiçal à prova de fogo
> Fósforos ou isqueiro
> Velas individuais, uma para cada membro do
>   grupo (escolham suas cores preferidas)
>
> **Melhor ocasião para lançar o feitiço:**
> A qualquer momento.

Em grupo, comprem uma estatueta, painel de parede ou outra imagem do animal escolhido. Todos devem concordar com a escolha. Exiba-a no altar ou em outro local de poder onde se encontrem para fazer feitiços. Coloque a vela pilar branca no castiçal sobre o altar e deixe que alguém a acenda. Digam em voz alta, em uníssono:

*"Espírito guardião e guia
Nós agora buscamos sua presença aqui.
Traga-nos a sabedoria dos céus
Preencha-nos com o amor sem limites
E esteja sempre perto."*

Então, um membro de cada vez sobe ao altar e dispõe a oferenda diante da imagem do totem; em seguida, acende a vela pessoal na chama da vela pilar branca. Neste momento, se tiver um pedido específico para seu espírito guardião, declare-o. Se desejar fazer um feitiço ou ritual adicional agora, vá em frente. Do contrário, apenas permaneça no círculo de luz pelo tempo que desejar, aceitando a energia do totem e do grupo. Por fim, agradeça ao totem e apague as velas.

Cumprimente o totem do grupo toda vez que passar por ele e antes de iniciar um feitiço ou ritual juntos; agradeça quando terminar.

Loção da intimidade

A pessoa amada parece meio distante? Sua vida sexual está menos satisfatória do que o normal? Você costuma se sentir cansada ou ocupada demais para se envolver em um verdadeiro ato íntimo? Use esta loção mágica com sua pessoa amada para estimular os sentidos, aprofundar sua conexão e gerar sentimentos de amor entre vocês.

Ingredientes/Instrumentos:
1 tigela de cobre
1 colher (de prata ou banhada à prata, se possível)
1 recipiente de vidro ou porcelana com tampa
(idealmente, o recipiente deve ser vermelho ou cor-de-rosa e/ou decorado com símbolos que representem amor para você, como rosas ou corações)
Óleo ou loção de massagem sem perfume

Algumas gotas dos óleos essenciais de rosas, jasmim,
ilangue-ilangue, patchouli e/ou almíscar —
escolha os que desejar: um, dois ou todos

Melhor ocasião para lançar o feitiço:
Durante a lua crescente, de preferência em uma sexta-feira.

Lave a tigela, a colher e o recipiente com água e sabão neutro. Despeje o óleo de massagem ou a loção na tigela de cobre. Adicione algumas gotas de um dos óleos essenciais de sua escolha. Usando a colher de prata, mexa a mistura, fazendo três círculos no sentido horário. Adicione algumas gotas do segundo óleo essencial (se tiver optado por mais de um). Novamente, mexa a mistura fazendo três círculos no sentido horário. Repita esse processo cada vez que adicionar um óleo essencial. Enquanto trabalha, visualize uma bela luz rosa passando do seu coração ao coração da pessoa amada, crescendo para envolver vocês dois em seu brilho radiante. Ao terminar, despeje a loção/óleo no recipiente de vidro/porcelana e tampe.

Escolha uma hora e um lugar onde você e a pessoa amada possam ficar um longo tempo juntos sem serem perturbados. Revezem-se massageando um ao outro com a loção mágica. Relaxe e envolva seus sentidos. Permita que o toque suave e os óleos aromáticos aumentem a conexão entre vocês.

Poção do amor

Depois de um tempo, muitos casais sentem que seu convívio fica um pouco sem graça — como champanhe sem bolhas. Este feitiço devolve o romance ao seu relacionamento. Faça-o com a pessoa amada.

Ingredientes/Instrumentos:
2 velas cor-de-rosa em castiçais
Fósforos ou isqueiro
Espumante de maçã ou champanhe
1 cálice (ou taça de vinho bonita)

Melhor ocasião para lançar o feitiço:
Durante a lua crescente, de preferência em uma sexta-
feira ou quando o sol ou a lua estiverem em Libra.

Coloque as velas no seu altar (ou mesa, cornija da lareira ou outro local plano). Acenda você mesma uma vela e deixe que a pessoa amada acenda a outra. Sirva o champanhe no cálice. Compartilhem a bebida, passando o cálice um para o outro, enquanto focam no desejo um pelo outro. Se vocês quiserem, expressem seus sentimentos amorosos. Depois que terminarem a bebida, apaguem as velas. Repitam sempre que desejarem.

CAPÍTULO 16

TUDO TEM O TEMPO CERTO

LIVRO DOS FEITIÇOS

Skye Alexander

FEITIÇOS SAZONAIS E RECEITAS MÁGICAS

Durante séculos, as culturas que honram a terra acompanharam a aparente passagem do sol pelo céu. Nossos ancestrais dividiram a Roda do Ano, como é conhecido o ciclo anual, em oito períodos de aproximadamente seis semanas cada. Como discutido no Capítulo 8, cada "raio" corresponde a um grau particular no zodíaco. Os *wiccanos* e outros pagãos chamam esses oito feriados (ou dias santos) de "sabbats". Não é coincidência que muitos dos feriados modernos caiam perto dessas datas solares antigas. Cada um desses dias especiais oferece uma oportunidade única de lançar feitiços e realizar rituais — as forças cósmicas que operam nessas datas podem aumentar o poder da sua magia.

Qualquer dia que tenha um significado especial para você pode ser uma boa ocasião para os feitiços. Seu aniversário, por exemplo, é uma das datas mais auspiciosas do ano para praticar magia.

Os alimentos e o ciclo sazonal

Em nossa sociedade global, podemos comer morangos em janeiro e tomates em novembro. Esquecemos que houve uma época em que as pessoas tinham de aproveitar a oportunidade de comer os alimentos da estação porque eles só estariam disponíveis por um curto período. Conforme diferentes frutas e vegetais amadureciam, nossos ancestrais eram lembrados da mudança das estações e seus próprios lugares no ciclo da natureza.

Hoje você pode explorar os aspectos sazonais e espirituais dos alimentos comprando regularmente em um mercado de agricultores. A cada semana, os itens disponíveis vão variar em quantidade e qualidade. Ao familiarizar-se com a oferta sazonal em diferentes épocas do ano na sua região, você consegue obter um entendimento melhor de como a terra e as energias cósmicas influenciam o alimento que come. Dessa forma, preparar e ingerir as refeições tornam-se experiências mágicas, uma forma de alinhamento com a Roda do Ano e interação com as energias ao seu redor. Honre a força espiritual dos alimentos que você consumir, reconhecendo a consciência existente em toda substância viva e sua conexão com outras formas de vida.

Abençoando a lareira* e o lar

Preparar as refeições tem um significado especial quando você considera mágico cada passo do processo. Enquanto cozinha e limpa, use afirmações para abençoar sua casa e seus entes queridos.

1. Quando abrir a porta da cozinha, diga: "Que apenas a saúde, o amor e a alegria entrem nesta casa por esta porta".

2. Quando mexer uma panela, fale: "Obrigada a todos os seres que contribuíram para esta refeição".

---

* A lareira simboliza o conforto doméstico e o lar, sendo considerada o ponto central da residência, como explica a autora Arin Murphy-Hiscock em *A Casa da Bruxa Natural*. Como em geral não temos lareiras no Brasil, podemos usar o fogão para as afirmações.

3. Quando servir as refeições, afirme: "Que o alimento que eu preparo nutra o corpo e a alma de meus entes queridos".

4. Quando estiver varrendo, declare: "Que toda a energia prejudicial, destrutiva e desequilibrada seja removida deste lugar".

5. Quando apagar a luz da cozinha à noite, diga: "Abençoe esta cozinha e mantenha aqueles que a usam seguros e saudáveis durante a noite".

Pratos e bebidas para os feriados

Nossas celebrações nos feriados geralmente incluem pratos e bebidas de algum tipo. Até associamos certas comidas a determinados feriados — não haveria Natal sem peru, por exemplo. No entanto, a maioria das pessoas não percebe que as frutas, vegetais e outros alimentos contêm propriedades mágicas. Você pode combiná-las para um propósito específico — da mesma forma que mistura vários ingredientes para confeccionar amuletos e talismãs. As bruxas modernas em geral preferem sopas, ensopados e outras "infusões" feitas com ingredientes normais, em vez de olhos de salamandra e dedos de sapo. Neste capítulo, você encontrará uma lista de deliciosas receitas mágicas para saborear nas reuniões festivas, além de outros feitiços.

Frutas mágicas
Abacaxi: prosperidade, sorte, amizade
Ameixa: amor, tranquilidade
Amora: prosperidade, proteção, abundância
Banana: fertilidade, força
Cranberry: proteção, cura
Framboesa: força, coragem, cura (especialmente para mulheres)
Kiwi: fertilidade, amor

Frutas mágicas

Laranja: alegria, saúde, purificação

Lima: felicidade, purificação, cura

Limão: purificação, proteção, saúde

Maçã: amor, saúde, longevidade

Manga: espiritualidade, felicidade

Melão: amor, paz

Mirtilo: tranquilidade, paz, proteção, prosperidade

Morango: amor, paz, felicidade, sorte

Pera: amor, saúde, prosperidade

Pêssego: espiritualidade, fertilidade, amor, harmonia

Uva: prosperidade, fertilidade

Vegetais mágicos

Abóbora: abundância, harmonia (considere a cor e o formato para entender as correspondências)

Aipo: paz, concentração, clareza mental, saúde

Alface: paz, harmonia

Alho: proteção, banimento, purificação

Batata: fertilidade, abundância

Brócolis: proteção, abundância

Cebola: proteção, exorcismo, cura

Cenoura: fertilidade, cura (especialmente para homens)

Cogumelo: força, coragem, proteção

Couve-flor: fertilidade, proteção

Ervilha: amor, abundância

Feijão: amor, harmonia familiar

Vegetais mágicos
Pepino: fertilidade, cura
Pimentão: prosperidade
Repolho: prosperidade
Tomate: amor, paixão

Grãos mágicos
Arroz: fertilidade, felicidade, amor, proteção
Centeio: amor, alegria, afeto
Cevada: amor, fertilidade
Milho: espiritualidade, segurança, prosperidade, proteção
Trigo: força, crescimento, abundância, sucesso

Passo a passo para obter sucesso ao lançar um feitiço

Quando fizer um feitiço, lembre-se de seguir algumas etapas testadas e aprovadas, como descritas no Capítulo 1. Essas precauções ajudam a evitar complicações, enganos e desapontamentos:

1. Remova todas as distrações.
2. Reúna e limpe todos os ingredientes e instrumentos que usará no feitiço.
3. Purifique e consagre seu espaço.
4. Aquiete sua mente.
5. Trace um círculo mágico ao redor da área onde fará o feitiço.
6. Lance o feitiço.
7. Se tiver invocado a ajuda de deidades ou espíritos, agradeça-lhes e libere-os.
8. Abra o círculo.
9. Guarde seus instrumentos em um local seguro até usá-los novamente.

Chili do Samhain

Em muitos lugares, esse sabbat coincide com a temporada de caça ao veado, então você pode escolher fazer este delicioso chili com carne de veado em vez de boi. Cozinhar esta receita ao ar livre em um caldeirão de ferro sobre uma fogueira confere um toque a mais de magia e conexão com a terra. Sirva com pão de milho ou seu pão saudável e integral favorito.

Rendimento: 6 porções
Ingredientes/Utensílios:
De 4 a 6 cogumelos Portobello
Tigela
Vinho tinto (aproximadamente uma xícara, ou mais se preferir)
Panela grande ou caldeirão de ferro
Azeite de oliva
2 cebolas em rodelas
1 kg de carne moída de boi ou veado
2 latas (cerca de 400 g) de tomate pelado em cubos
1 lata (cerca de 170 g) de extrato de tomate
2 latas (cerca de 450 g) de feijão vermelho (ou
    duas latas de feijões sortidos)
Chili em pó ou pimentas *chili* secas a gosto
2 folhas de louro
Sal e pimenta a gosto
Queijo cheddar ralado (opcional)

Melhor ocasião para preparar esta refeição mágica:
Na noite de 31 de outubro (ou 1º de maio,
  se você segue a Roda Sul).

1. Corte os cogumelos em pequenos pedaços de um pouco mais de um centímetro e coloque-os na tigela.

2. Despeje o vinho tinto sobre eles. Deixe marinar na geladeira por pelo menos duas horas. Mexa ocasionalmente para garantir a homogeneidade.

3. Em uma panela grande ou caldeirão, aqueça o azeite. Adicione a cebola e refogue até que esteja macia e perfumada. Adicione a carne e cozinhe até dourar. Remova a gordura com uma colher. Acrescente os tomates pelados e o extrato de tomate e, em seguida, os feijões. Misture os cogumelos e o vinho tinto. Depois, adicione as pimentas e as folhas de louro. Corrija o tempero e acrescente mais vinho tinto (ou água) se preferir.

4. Cozinhe em fogo baixo por pelo menos três horas. Se desejar, salpique o cheddar em cada prato ao servir.

Feitiço para prever o futuro

Como os véus entre os mundos ficam mais tênues no Samhain, muitas bruxas e feiticeiros praticam divinação nesse dia. Este feitiço permite que você tenha um vislumbre do futuro e talvez receba alguma orientação do outro lado.

Ingredientes/Instrumentos:
1 vela preta em um castiçal
Fósforos ou isqueiro
1 baralho de tarô

Melhor ocasião para lançar o feitiço:
Na noite de 31 de outubro (ou 1º de maio,
se você segue a Roda Sul).

Acalme sua mente, acenda a vela e coloque-a no altar ou em outro lugar onde possa queimar em segurança. Embaralhe as cartas de tarô enquanto afirma a intenção de receber orientação sobre o futuro. Selecione uma carta. Coloque-a voltada para cima na frente da vela. Reserve alguns momentos — o tempo que desejar — para olhar a carta, permitindo que quaisquer impressões ou percepções surjam em sua consciência. Tente não pensar nas pré-concepções que possa ter sobre o significado da carta — permita que sua intuição fale com você.

Olhe para a chama da vela e deixe a luz bruxuleante acalmar sua mente ainda mais. Olhe fixamente para a chama pelo tempo que quiser, enquanto visões, sinais, sensações, emoções etc. vêm à tona em sua consciência. Talvez perceba um espírito guardião comunicando-se com você. Ideias diferentes de tudo que já considerou podem surgir em sua mente. Permita-se vislumbrar impressões do futuro, sem medo. Continue pelo tempo que desejar. Quando se sentir pronta, apague a vela e anote suas experiências no livro das sombras.

Amuleto da sorte de Yule

Você gostaria de presentear seus amigos e entes queridos com o dom da sorte no ano que vem? Este costume de Yule é uma oportunidade de oferecer um presente mágico para todos na sua lista.

Ingredientes/Instrumentos:
1 tora de Yule (tradicionalmente carvalho)
Fósforos ou isqueiro
Bolsinhas de tecido com cordão para franzir (uma
para cada pessoa em sua lista de presentes)
Pétalas de rosas cor-de-rosa desidratadas (para o amor)
Flores de lavanda desidratadas (para paz de espírito)
Manjericão desidratado (para proteção)
Folhas de hortelã desidratadas (para prosperidade)
Equinácea desidratada (para saúde)
1 folha de papel
Tesoura
1 caneta

Melhor ocasião para lançar o feitiço:
No Yule, que geralmente ocorre entre 20 e 22 de dezembro (ou
por volta de 21 de junho para quem segue a Roda Sul).

Na noite do solstício de inverno, acenda uma fogueira de Yule em um local seguro e queime uma tora de carvalho (ou outra madeira local) nela. Deixe o fogo queimar até o fim. Na manhã seguinte, depois que as cinzas tiverem esfriado, coloque um pouco delas em cada bolsinha. Adicione a mistura de ervas e flores desidratadas. Corte a folha de papel em tiras, de forma a ter uma para cada pessoa da lista. Escreva um desejo personalizado em cada pedaço de papel. Dobre os papéis três vezes e coloque-os nas bolsinhas. Feche-as, abençoe-as e ofereça-as aos seus entes queridos.

Guirlanda de proteção sazonal

As festas de fim de ano às vezes são estressantes, mesmo nas melhores circunstâncias. Esta guirlanda de mesa especial tem uma função dupla — serve como uma bela decoração enquanto emite boas vibrações para manter sua sanidade durante a agitada temporada de festas.

Ingredientes/Instrumentos:
1 pedaço de papelão ou isopor
Tesoura
Muitas folhas de louro desidratadas
Cola PVA de secagem rápida, fita dupla-face ou outro tipo de cola
1 vela pilar branca em um castiçal de vidro
Fósforos ou isqueiro

Melhor ocasião para lançar o feitiço:
Quando necessário.

Corte um círculo do papelão ou isopor e, em seguida, faça um buraco no centro, formando um aro grande o suficiente para que a vela no castiçal caiba dentro dele. Como todos os círculos, este é um símbolo de proteção. Prenda as folhas de louro no círculo de papelão para fazer uma guirlanda. Tenha pensamentos de tranquilidade enquanto trabalha. Posicione a vela em sua mesa, altar ou cornija da lareira. Deslize a guirlanda de folhas de louro sobre ela, de modo que forme um contorno na base da vela. Acenda-a e olhe para a chama para relaxar a mente e acalmar os nervos.

Cruz de Brígida

A deusa celta Brígida é associada à criatividade, fertilidade, forja e lareira. Com frequência, ela é retratada mexendo um caldeirão sobre chamas tremulantes — ambos símbolos de criatividade. Você pode comemorar o Dia de Brígida (também conhecido como Imbolc ou Festa das Luzes) ao confeccionar a chamada *Crios Bridghe* ou Cruz de Brígida, embora ela na verdade seja um círculo. Saltar através do círculo mágico traz boa sorte.

Ingredientes/Instrumentos:
Tesoura comum ou tesoura de poda
3 vinhas ou extensões de ráfia (disponíveis em lojas de
    artesanato), medindo 1,5 m de comprimento cada
2 pedaços de cordão ou fita branca

Melhor ocasião para lançar o feitiço:
Entre 31 de janeiro e 2 de fevereiro (ou 1º de
    agosto, se você segue a Roda Sul).

Corte as vinhas ou ráfia. Pense em três desejos que você quer realizar e atribua um deles a cada vinha ou pedaço de ráfia. Amarre-as juntas em uma extremidade com um pedaço de cordão ou fita. Trance-as, concentrando-se nos seus desejos enquanto trabalha. Quando terminar, amarre o fim da trança com o outro pedaço de cordão ou fita. Em seguida, curve a trança para formar um círculo e amarre os dois pedaços de cordão ou fita juntos, fazendo três nós. Coloque o aro no chão e entre nele. Em seguida, erga o círculo ao longo do corpo e sobre a cabeça enquanto se imagina recebendo os três desejos. Pendure a guirlanda em sua casa para atrair bênçãos em seu caminho.

Feitiço de Ostara para o nascimento de um novo projeto

Você está tendo dificuldades para levar um projeto adiante? Atrasos, impedimentos e desapontamentos ficam interferindo no seu progresso? Este feitiço "fertiliza" suas ideias e te ajuda a realizar sua empreitada. O costume de pintar ovos na Páscoa surgiu no antigo festival de Ostara, que acontece no equinócio de primavera. Os ovos são símbolos de nascimento, vida e fertilidade, e Ostara celebra a renovação da terra depois de um inverno longo e frio.

Ingredientes/Instrumentos:
1 ovo cru
1 alfinete reto ou agulha
1 tigela
Tintas acrílicas ou aquarela
1 pincel pequeno
Água

Melhor ocasião para lançar o feitiço:
No equinócio de primavera.

Com cuidado, lave o ovo para remover as bactérias e as energias indesejadas. Faça um furo em cada extremidade com um alfinete. Segurando-o sobre a tigela, coloque a boca sobre um dos buracos e assopre suavemente o conteúdo do ovo pelo outro orifício. Quando terminar, enxágue a casca e deixe secar.

Pinte na casca do ovo símbolos e imagens que representem seu projeto e seus objetivos. Considere incluir cores, números, runas, glifos astrológicos e outros símbolos relacionados às suas intenções.

Certifique-se de que todos os itens inclusos tenham conotações positivas para você. Enquanto trabalha, visualize seu projeto avançando e recebendo o apoio e o reconhecimento que busca. Veja seus objetivos se concretizando, seu sucesso garantido. Você não precisa entender todas as etapas entre o início e a concretização de sua ideia; apenas imagine o resultado que deseja tornando-se realidade.

Depois de terminar de decorar o ovo, coloque-o em seu altar ou em um lugar onde você o verá com frequência. Cada vez que olhar para ele, você será lembrada de sua meta e sua intenção de ter sucesso. Sugestão alternativa: cozinhe o ovo até que esteja firme. Depois de frio, decore-o. Quando pintar e comer o ovo, concentre-se em seu objetivo; veja-se alcançando-o com alegria. Guarde os pedaços de casca de ovo para usar em outro feitiço.

Pot-pourri sazonal

Um pot-pourri seco mistura as energias e fragrâncias das ervas, flores e temperos para usos sensoriais e mágicos. Você pode colocar uma tigela aberta de pot-pourri em um cômodo para atrair, aumentar ou dispersar as energias de acordo com sua vontade. Não pique a matéria vegetal — se você mesma vai desidratar as plantas e flores, tente mantê-las o mais inteiras possível, já que seus óleos naturais conferem o aroma às flores e aos temperos. Quando secas, desmanche-as em pedaços.

Ingredientes/Instrumentos:
Tigela de vidro
Ervas, flores e temperos desidratados — a escolha é sua
    e vai depender de sua intenção e da estação
Raiz de íris germânica em pó (2 colheres de sopa para
    cada xícara da mistura de pot-pourri seca)
Óleo(s) essencial(s) — a gosto, dependendo de suas intenções e da
    estação (6 gotas de óleo essencial por xícara de mistura seca)

Melhor ocasião para lançar o feitiço:
A qualquer hora.

Coloque todos os ingredientes secos (incluindo a raiz de íris germânica) em uma tigela e misture com as mãos. Goteje o óleo essencial e mexa de novo. Mantenha a mistura em um recipiente fechado por pelo menos duas semanas para que possa maturar; isso permite que os aromas se misturem. Nesse período, abra o recipiente e mexa o conteúdo uma vez por dia para evitar que mofe. Talvez seu material pareça estar totalmente seco, mas algumas vezes pode haver umidade. Quando estiver pronto, arrume o pot-pourri em um recipiente aberto e coloque-o na área onde deseja a presença daquelas energias. Também é uma boa ideia dispor uma pequena quantidade em um prato no seu altar, como oferenda às divindades.

Não se esqueça do seu pot-pourri. A poeira vai acumular, e a exposição ao ar e à energia do cômodo por fim enfraquecerá os componentes. Faça mais quando sentir que a vitalidade do anterior expirou. Você pode enterrar o pot-pourri usado, adicioná-lo a fogos ritualísticos ou descartá-lo na composteira. O pot-pourri seco também é útil para confeccionar travesseiros de ervas, sachês e bonecos.

Talismã de Beltane para atrair amor

Esse antigo festival da primavera é realizado no dia 1º de maio (ou 31 de outubro para quem segue a Roda Sul) e celebra o amor, a sexualidade, o prazer e a fertilidade. Nesse momento da Roda do Ano, a terra está repleta da beleza da natureza — as flores desabrocham, as árvores ganham nova folhagem, os filhotes de animais e pássaros nascem. Não é surpresa que esse seja o momento ideal para fazer feitiços de amor.

Ingredientes/Instrumentos:
2 quadrados de feltro vermelho medindo aproximadamente 10 cm
Tesoura
1 pedaço de papel
1 caneta
1 moeda de cobre
1 concha do mar
1 pedra pequena e alongada
Linha vermelha e agulha

Melhor ocasião para lançar o feitiço:
Na manhã do dia 1º de maio (ou 31 de outubro
  para quem segue a Roda Sul).

Imagine que um pedaço de feltro representa você e o outro simboliza a pessoa amada. Dobre um dos pedaços de feltro ao meio e, usando a tesoura, faça um recorte no formato da metade de um coração a partir da borda dobrada. Faça o mesmo com o outro pedaço. No papel, escreva algumas palavras e desenhe imagens ou símbolos que representem o amor — até que tenha preenchido todo o pedaço de papel. Enrole-o firmemente em torno da moeda (o cobre está ligado a Vênus, o planeta e deusa do amor). Coloque a moeda, a concha e a pedra entre os dois corações de feltro. Costure-os juntos, imaginando os dois corações tornando-se um só. Durma com o talismã debaixo do travesseiro até que o amor se manifeste.

Vitamina de primavera

Você já ouviu a expressão "Você é o que você come", certo? Para este feitiço, escolha frutas e/ou vegetais (da lista no início deste capítulo) que representem o que você deseja manifestar em si — todas as coisas vivas contêm energia e influenciam sua própria energia quando você as consome.

> **Ingredientes/Utensílios:**
> Frutas/vegetais (se possível, orgânicos) que
> contenham as qualidades mágicas desejadas
> 1 faca para frutas
> Liquidificador
> Suco de frutas/vegetais que contenham as
> qualidades mágicas desejadas
> Iogurte natural
>
> **Melhor ocasião para lançar o feitiço:**
> Na manhã do dia 1º de maio (ou 31 de outubro,
> se você segue a Roda Sul).

Antes de começar, lave todas as frutas e seque-as delicadamente. Em seguida, feche os olhos e imponha as mãos com as palmas voltadas para baixo, acima das frutas. Sinta a energia que irradia delas; sinta sua conexão com as frutas que você escolheu. Declare em voz alta que tanto os nutrientes quanto os componentes mágicos contidos nas frutas vão te beneficiar em todos os sentidos. Corte-as em pequenos pedaços e coloque no liquidificador. Adicione o suco, na quantidade necessária para criar a consistência desejada. Em seguida, acrescente o iogurte, na quantidade que preferir, e bata tudo até ficar homogêneo. Enquanto estiver bebendo a vitamina mágica que inventou, imagine-a trazendo sorte e realizando seus desejos.

Sugestão alternativa: se preferir, misture as frutas/vegetais que escolheu para fazer uma salada refrescante. Em seguida, guarneça com um pouco de iogurte e adicione pétalas de flores comestíveis, como violetas ou capuchinhas, que representem suas intenções.

Feitiço da vela de Litha para ter sorte

No sabbat de Litha (solstício de verão), a luz do dia dura mais do que em qualquer época do ano. Portanto, as velas — que simbolizam o elemento fogo e o sol — em geral têm participação garantida nos feitiços e rituais feitos nesse sabbat. O fogo também representa a força masculina no universo, enquanto a água simboliza a força feminina. Este feitiço simples combina ambos os elementos para trazer sorte e equilíbrio para sua vida.

> Ingredientes/Instrumentos:
> 1 vela flutuante de uma cor que represente um pedido ou
> desejo em especial (veja a tabela de correspondências
> de cores no início dos capítulos anteriores), ou escolha
> uma vela amarelo-dourada para representar o sol
> Fósforos ou isqueiro
>
> Melhor ocasião para lançar o feitiço:
> Véspera do solstício de verão.

Leve sua vela e fósforos, ou isqueiro, até um corpo de água — um córrego de fluxo calmo, um lago ou lagoa, uma enseada oceânica tranquila. Com sua intenção, dê poder à vela para trazer seja lá o que você busca — amor, dinheiro, sucesso etc. Declare em voz alta:

> *"Eu faço brilhar esta luz*
> *Na noite,*
> *O poder do fogo*
> *Atrai o meu desejo."*

Coloque a vela na água, mantendo sua intenção firme na mente e observe a chama até que termine de queimar ou a água a apague.

> *"Há duas maneiras de espalhar luz: ser*
> *A vela ou o espelho que a reflete."*
> — Edith Wharton, *Versalius in Zante* (1564) —

Gaspacho do solstício de verão

Esta sopa fria de vegetais é um deleite refrescante e saudável para o solstício de verão. Os pimentões representam a prosperidade; o pepino está associado à paz, harmonia e saúde; o tomate e abacate atraem o amor; o aipo incentiva a paz; a cebola e o alho fornecem proteção e saúde.

Bread

Tomatoes

Bell Pepper

Tabasco
Sauce

Rendimento: 8 a 10 porções
Ingredientes/Utensílios:
Liquidificador
2 pimentões verdes grandes picados,
    sem o miolo e as sementes
1 pepino grande descascado e picado
1 kg de tomates sem sementes cortados em cubos
1 talo de aipo picado
1 cebola picada
2 dentes de alho descascados
1 abacate picado (opcional)
1 tigela grande de vidro
1 colher de chá de sal
¼ colher de chá de pimenta caiena
Pitada de manjericão
Pitada de salsa
⅓ xícara de azeite
1 colher de sopa de suco de limão
¼ xícara de vinagre de vinho tinto
2 latas de suco de tomate (cerca de 400 ml)
Creme de leite, iogurte natural, coentro fresco para
    guarnecer e/ou minitortilhas de milho (opcional)

1. No liquidificador, misture os primeiros sete ingredientes em pequenas porções e bata até ficar homogêneo. Despeje em uma tigela grande. Adicione os temperos, o azeite, o suco de limão, o vinagre e o suco de tomate e mexa bem para homogeneizar. Cubra e leve à geladeira por pelo menos cinco horas ou durante a noite.
2. Mexa bem e prove antes de servir. Ajuste os temperos, se necessário. Sirva a sopa em tigelas ou canecas grandes e guarneça com o que desejar: creme de leite ou iogurte, coentro fresco e/ ou minitortilhas.

Colagens sazonais

A família toda pode participar deste feitiço mágico. As crianças pequenas adoram. Você pode fazer uma colagem para cada estação ou escolher feriados que gostaria de homenagear. A colagem pode ser de qualquer tamanho, mas se usar um pedaço de isopor de cerca 55 cm x 70 cm, você terá bastante espaço para imagens e objetos garimpados.

Ingredientes/Instrumentos:
Tesoura
Recortes de revistas, folhetos, catálogos, cartões
    antigos, fotografias ou imagens da internet
Giz de cera, marcadores, lápis de cor
Papel para desenho
Cola
Isopor ou EVA (da cor que você desejar ou que se relacione à
    estação: verde para a primavera, laranja para o outono etc.)
Objetos associados à estação (conchas, pinhas,
    folhas, pétalas de flores etc.)

Melhor ocasião para lançar o feitiço:
Nas mudanças de estação.

Recorte imagens associadas à estação (imagens relacionadas ao verão, por exemplo, podem incluir guarda-sóis, sorvete, piscinas, chinelos, o sol e assim por diante). Faça desenhos ou escreva palavras no papel branco e recorte-os também. Cole as imagens e as palavras no material escolhido. Você pode organizá-las primeiro para encontrar um padrão de seu agrado ou começar a colar as imagens conforme sua inspiração, permitindo que a colagem se forme espontaneamente. Em seguida, prenda os objetos garimpados na colagem. Remova-a do local onde a expôs no fim do feriado ou da estação e comece a próxima colagem. Se desejar, registre a data e guarde suas colagens, ou queime-as em uma fogueira ritualística, simbolizando o abandono do passado em preparação para o que está por vir.

Sugestão alternativa: você pode explorar temas ou ideias que sejam significativas para você nesse projeto. Por exemplo, crie uma colagem ancestral que contemple a história de sua família e a forma como ela celebra os feriados, incluindo tradições dos países e culturas do seu passado.

Pão campestre de Lughnasadh

Milho, trigo e outros grãos geralmente são colhidos perto do Lughnasadh, o sabbat do deus celta Lugh. Nas culturas agrárias, esse era o tempo de começar a preparação para os meses inférteis do inverno que se aproximava. Nossos ancestrais colhiam, moíam e guardavam grãos, preparavam conservas de frutas e vegetais e produziam vinho e cerveja no final do verão. Além de colocar em prática esse ritual do pão, você pode considerar fazer também sua própria cerveja.

Rendimento: 1 pão
Ingredientes/Utensílios:
Tigela pequena
3 colheres de sopa de açúcar separadas
1 xícara de água morna
2 colheres de chá bem cheias de fermento biológico (ou 1 envelope)
Tigela grande
2 xícaras de farinha (e um pouco mais para sovar)
1 colher de sopa de alecrim fresco picado
1 colher de sopa de tomilho fresco picado
1 colher de sopa de endro fresco picado
1 colher de sopa de cebolinha fresca picada
Azeite de oliva
1 pano limpo
Assadeira

Melhor ocasião para lançar o feitiço:
No dia 1º de agosto (ou 2 de fevereiro para quem segue a Roda Sul).

1. Em uma tigela pequena, dissolva uma colher de sopa de açúcar em ¼ da xícara de água morna. Salpique o fermento por cima e deixe até espumar (mais ou menos cinco minutos).

2. Em uma tigela grande, misture o restante do açúcar com a farinha. Afunde o centro e despeje o fermento nesse "poço". Adicione as ervas e uma colher de sopa de azeite de oliva à mistura. Mexa, homogeneizando os ingredientes.

3. Mexa a água morna aos poucos e vá adicionando, criando uma bola de massa firme. Se usar água demais, adicione mais farinha para compensar. Raspe as laterais da tigela e misture a massa grudada à bola de massa.

4. Salpique farinha na massa e na tigela. Cubra com um pano limpo e deixe crescer em local aquecido e sem corrente de ar até dobrar de tamanho (aproximadamente uma hora e meia).

5. Remova a massa da tigela e sove-a em uma superfície salpicada de farinha por mais ou menos cinco minutos — ou até que esteja lisa e elástica. Salpique mais farinha na superfície quando necessário, para que a massa não grude.

6. Molde a massa em formato de baguete. Coloque-a na assadeira ou em uma forma para pão. Pincele todo o topo da massa com azeite e deixe crescer até a altura desejada. (É uma boa ideia deixá-la dentro do forno apenas ligeiramente morno.) Aqueça o forno a 200°C. (Se o seu pão estiver crescendo no forno, remova-o com cuidado e só então ligue o forno.) Asse o pão por trinta a quarenta minutos, ou até dourar.

Sugestão alternativa: escolha as ervas de acordo com propósitos específicos — cebola para proteção, sementes de papoula para felicidade e insights etc. Veja a tabela no início deste capítulo com a lista de vegetais e suas associações.

Feitiço para abençoar a terra

Ainda no tema da tradicional colheita do Lughnasadh, este feitiço usa milho, trigo ou palha, em uma benção ritual para a Mãe Terra e para agradecer por sua abundância. Também marca o declínio do poder do sol enquanto a Roda do Ano avança para o inverno.

Ingredientes/Instrumentos:
Palhas secas de milho, trigo ou outro grão
Tesoura
Barbante (feito de material natural, não de plástico ou nylon)
1 caldeirão de ferro grande (opcional)

Melhor ocasião para lançar o feitiço:
1º de agosto (ou 2 de fevereiro, se você segue a Roda Sul).

Ajeite a palha seca de milho (ou de outro grão) em uma forma humana para representar o Rei Sol, cujos poderes estão agora enfraquecendo. Corte pedaços de barbante e amarre ao redor da "boneca de milho" para formar cabeça, braços e pernas. Apare conforme necessário. Acenda o fogo em seu caldeirão, na lareira ou em outro local seguro. Queime a boneca como uma oferenda para a Mãe Terra.

Sopa para o Mabon

Sirva esta deliciosa sopa no equinócio de outono, também chamado de Mabon. As maçãs são associadas ao amor, saúde, proteção e imortalidade — corte uma ao meio horizontalmente, e você verá que as sementes formam uma estrela/pentagrama. As amêndoas carregam a energia da prosperidade; o curry oferece força e proteção.

Rendimento: 4 a 6 porções
Ingredientes/Utensílios:
750 g de maçãs
Faca para frutas
¼ de xícara de manteiga
1 panela grande
1 cebola picada em pedaços bem pequenos
6 colheres de sopa de amêndoas moídas
4 xícaras de caldo de galinha ou legumes
½ colher de chá de curry em pó
Sal e pimenta moída na hora, a gosto
Liquidificador ou processador de alimentos
Peneira
½ xícara de creme de leite light, iogurte
    natural ou leite de amêndoas
Amêndoas laminadas e torradas para acompanhar

1. Retire o miolo, descasque e fatie as maçãs. Derreta a manteiga na panela. Adicione a cebola e cozinhe até amaciar (mais ou menos cinco minutos). Adicione as maçãs e mexa devagar por dois a três minutos. Salpique a amêndoa moída e mexa por mais um ou dois minutos.

2. Despeje o caldo e deixe ferver. Tempere com o curry, o sal e a pimenta a gosto.

3. Abaixe o fogo. Cubra e deixe reduzir por vinte minutos. As maçãs devem estar macias.

4. Retire do fogo e deixe esfriar até que esteja em temperatura ambiente. Despeje a sopa no liquidificador ou processador e bata até que fique cremosa.

5. Passe a sopa pela peneira e despeje em uma panela. Adicione o creme de leite, iogurte ou leite de amêndoas e mexa para homogeneizar. Prove e ajuste o tempero, se necessário. Caso a sopa esteja grossa demais, adicione um pouco mais de caldo. Reaqueça levemente, sem deixar ferver. Sirva quente, acompanhada de amêndoas laminadas e tostadas e uma pitada de curry em pó, se desejar.

CAPÍTULO 17

PRESERVE SEUS SONHOS

FEITIÇOS
DIVERSOS

Seja lá qual for o seu problema, preocupação ou desejo, provavelmente existe um feitiço para te ajudar. Se não conseguir encontrar um que seja exatamente o que procura — ou não conseguir os ingredientes recomendados —, crie seu próprio feitiço. Nos capítulos anteriores, você encontra tabelas de informações sobre cores, pedras preciosas, plantas e outros ingredientes que podem adicionar poder aos seus feitiços. Use essas sugestões, se desejar, para customizar sua magia.

Passo a passo para obter sucesso ao lançar um feitiço
Quando fizer um feitiço, lembre-se de seguir algumas etapas testadas e aprovadas, como descritas no Capítulo 1. Essas precauções ajudam a evitar complicações, enganos e desapontamentos:

1. *Remova todas as distrações.*
2. *Reúna e limpe todos os ingredientes e instrumentos que usará no feitiço.*
3. *Purifique e consagre seu espaço.*
4. *Aquiete sua mente.*

5. Trace um círculo mágico ao redor
   da área onde fará o feitiço.
6. Lance o feitiço.
7. Se tiver invocado a ajuda de deidades
   ou espíritos, agradeça-lhes e libere-os.
8. Abra o círculo.
9. Guarde instrumentos em um local
   seguro até usá-los novamente.

Poção das boas vibrações

Praticamente qualquer lugar pode se beneficiar deste feitiço animador. Faça-o quando se mudar para uma casa nova ou depois de uma discussão ou uma festa, no trabalho, no carro — onde escolher. Ele pode até ajudar a melhorar o seu humor, se você estiver se sentindo para baixo. Além de limpar vibrações indesejadas, este feitiço também enche seu espaço com o aroma fresco das laranjas.

Ingredientes/Instrumentos:
1 frasco borrifador (de preferência feito de vidro transparente)
Água salgada
Algumas gotas de óleo essencial de laranja

Melhor ocasião para lançar o feitiço:
A qualquer hora.

Encha a garrafa com a água salgada (se você não mora perto do mar, adicione sal à água mineral). Acrescente o óleo essencial e chacoalhe a garrafa três vezes para energizar a água. Comece no leste e use o spray em cada cômodo para limpar as energias negativas e encher o ar de boas vibrações.

Lâmpada do Aladim

Você se lembra da fábula do garoto Aladim, que encontrou uma lâmpada mágica com um gênio dentro? Assim como o gênio, este feitiço te concede três desejos.

Ingredientes/Instrumentos:
Lâmpada de metal (a óleo) ou incensário com tampa
Incenso
Fósforos ou isqueiro

Melhor ocasião para lançar o feitiço:
Depende dos seus desejos (ver Capítulo 8).

Use uma lâmpada a óleo antiga feita de latão, estanho, cobre ou prata, se encontrar; caso contrário, substitua-a por um incensário com tampa que tenha perfurações para permitir a saída da fumaça. Coloque o incenso na lâmpada ou no incensário e acenda-o. Posicione a tampa de modo que a fumaça saia pelo bico da lâmpada ou pelas perfurações do incensário. Posicione as mãos de cada lado da lâmpada ou incensário (sem encostar as mãos de verdade, caso a superfície esteja quente) e finja esfregá-la. Imagine a fumaça como um gênio poderoso que veio cumprir suas ordens. Pode ser até que você veja uma figura se formando na fumaça.

Declare seus três desejos em voz alta como afirmações. Em sua mente, veja-os já se tornando realidade. Passe alguns minutos concentrando-se nos pedidos enquanto inala o cheiro do incenso. Quando estiver pronta, agradeça ao "gênio" pela ajuda.

Feitiço para quem tem medo de avião

A ideia de sobrevoar a Terra a quilômetros de altura em um cilindro de metal te deixa nervosa? E todas aquelas histórias de terroristas que você escuta? O que pode fazer para amenizar seu medo de andar de avião? Uma forma é contar com a ajuda dos espíritos do ar, conhecidos como *silfos*.

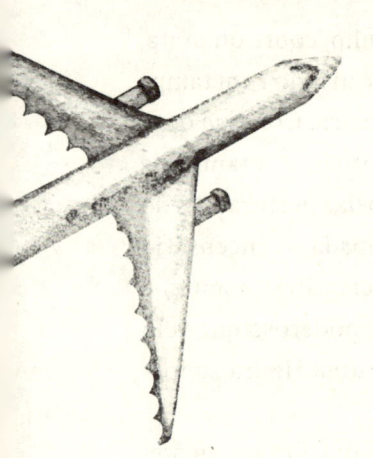

Ingredientes/Instrumentos:
Pétalas de cravo branco
1 recipiente para colocar as pétalas
Incenso de cravo-da-índia
Incensário
Fósforos ou isqueiro
1 leque feito de penas (ou uma única pena grande)

Melhor ocasião para lançar o feitiço:
Em uma quarta ou quinta-feira, pelo
menos um dia antes da viagem.

Se possível, faça este feitiço ao ar livre. Remova as pétalas de vários cravos brancos e coloque-as em uma tigela ou outro recipiente. Encaixe o incenso no queimador e acenda-o. Conduza a fumaça em sua direção com o leque (ou use a pena e sua mão). Vire-se, permitindo que a fumaça te envolva completamente. Toque seus ombros com o leque e, em seguida, toque os locais onde os sete chacras principais, ou centros de energia, estão localizados, começando no chacra coronário e terminando no chacra raiz.

Convide os silfos para se juntarem a você. Eles são elementais da natureza que atuam como embaixadores do elemento ar. Talvez você veja luzes tremeluzentes ou sinta uma mudança no ar ao seu redor quando os silfos atenderem ao seu chamado. Eles podem até aparecer como minúsculos seres alados. Solicite a ajuda dessas criaturas em sua viagem. Expresse suas preocupações e explique o que gostaria que eles fizessem por você. Fale com educação e respeito, como faria se pedisse ajuda a um ser humano. Diga-lhes que trouxe um presente para agradecer-lhes de antemão por ajudá-la. Abra o recipiente e espalhe as pétalas dos cravos ao vento. É provável que perceba que o vento sopra mais forte ou muda de direção conforme os silfos aceitam sua oferta. Se desejar, leve o leque ou a pena na viagem, para lembrá-la de que está protegida pelos espíritos do ar. Sugestão adicional: use o colar de pedras preciosas para uma viagem segura (ver Capítulo 11).

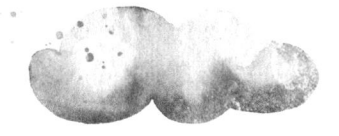

Feitiço para ter um lar feliz

Se você mora com outras pessoas, pode convidá-las para fazer este feitiço simples com você (se acreditar que estarão abertas a isso). Se achar que podem se opor, caso saibam que está praticando magia, não precisa contar — elas pensarão que você está apenas decorando a casa.

Ingredientes/Instrumentos:
Incenso de lavanda
Incensário
Fósforos ou isqueiro
Várias plantas para ambientes internos com folhas arredondadas
1 guirlanda

Melhor ocasião para lançar o feitiço:
A qualquer hora.

Encaixe o incenso no incensário e posicione-o perto da porta da frente da sua casa. A lavanda dissolve o estresse e promove serenidade. Distribua as plantas pela casa. Coloque pelo menos uma em cada cômodo e outra no seu altar (se tiver um). As folhas arredondadas representam harmonia e unidade. A suculenta jade é uma escolha excelente porque também atrai riqueza, prosperidade e saúde. Pendure a guirlanda na porta para atrair forças positivas. Continue cuidando das plantas, regando-as e alimentando-as para que permaneçam saudáveis. De tempos em tempos, acenda o incenso para manter a energia positiva circulando na sua casa.

Guirlandas para todas as estações

Considere pendurar uma guirlanda festiva e sazonal na porta e trocá-la pelo menos quatro vezes por ano. Essa prática mantém sua conexão com os ciclos naturais da terra. Trocar a guirlanda periodicamente também evita a estagnação e atrai novas oportunidades para você e para os moradores da casa.

Feitiço para vencer um obstáculo

Toda vez que se deparar com um desafio complicado e sentir que não tem força para lidar com ele, peça uma forcinha — isto é, magicamente. Desde os tempos antigos, as pessoas na Índia têm usado o poder do deus elefante Ganesha para ajudá-las a vencer obstáculos aparentemente intransponíveis. Você também pode fazer isso.

> Ingredientes/Instrumentos:
> 1 imagem de elefante ou de Ganesha (por exemplo, uma
> miniatura ou uma imagem baixada da internet)
> 1 atame (ou faca de mesa)
>
> Melhor ocasião para lançar o feitiço:
> Em um sábado, de preferência durante a lua minguante
> ou quando o sol ou a lua estiverem em Capricórnio.

Feche os olhos e imagine-se em uma selva densa e escura. Uma luz fraca brilha através dos galhos mais altos e a vegetação é tão cerrada que você só consegue enxergar trinta centímetros à frente. Todos os tipos de perigos espreitam na escuridão. Sua situação parece impossível de reverter. Você se sente presa e perdida.

De repente, você escuta o chamado estrondoso de um elefante — é Ganesha vindo em seu resgate. Pegue seu atame. Sem hesitar, ele corre em sua direção, te levanta facilmente com a tromba e te coloca nas costas. Explique a ele o seu problema. As vinhas emaranhadas e a vegetação densa representam os obstáculos que você enfrenta. Agora visualize-se cavalgando nas costas de Ganesha enquanto ele marcha pela floresta, esmagando tudo em seu caminho.

Empunhe seu atame e comece a cortar as vinhas e os galhos no seu caminho. Visualize-se superando os obstáculos que te bloqueavam antes. Veja o caminho se abrir diante de você. Sinta a força de Ganesha erguendo-a acima de seus problemas. Juntos, vocês são imbatíveis. Continue cortando a vegetação densa, eliminando os obstáculos um a um. Você não precisa enxergar o caminho até o final, apenas lide com cada dificuldade à medida que surgir. Quando se sentir pronta, desça das costas de Ganesha e agradeça-lhe pela ajuda. Você agora percebe que tem a habilidade de lidar com qualquer desafio que aparecer.

Feitiço para manifestar uma viagem que você deseja

Há um lugar aonde você sempre quis ir? Não se preocupe com tempo e dinheiro para a viagem — apenas faça sua magia e deixe o universo lidar com os preparativos.

Ingredientes/Instrumentos:
Recortes de revistas ou outras imagens de
	lugares onde você deseja ir
Mapas, folhetos de viagens etc.
Outros símbolos que representem viagem para você
Marcadores ou canetas coloridas
1 folha grande de papel cartão ou cartolina
Cola ou fita adesiva
Incenso de sândalo
Incensário
Fósforos ou isqueiro

Melhor ocasião para lançar o feitiço:
Durante a lua crescente, de preferência quando o sol ou a
	lua estiverem em Sagitário, ou em uma quinta-feira.

Reúna os recortes de revistas e encartes de viagens de um lugar que você gostaria de visitar. Junte mapas, folhetos e outras informações sobre o lugar. Encontre símbolos e imagens que representem viagem para você — um avião de brinquedo, um barquinho, um hotel do jogo Banco Imobiliário, conchas e qualquer coisa que se relacione com a viagem que você está planejando.

Depois de reunir tudo que achar necessário, use o marcador para desenhar um círculo no papel ou na cartolina — deve ser grande o bastante para você ficar de pé dentro dele. Cole as imagens e os símbolos dentro do círculo. Outra ideia é desenhar dentro do círculo imagens e/ou palavras que descrevam suas intenções, assim como os nomes dos lugares que você planeja visitar ou afirmações dos seus desejos.

Quando seu "mural de desejos" estiver pronto, acenda o incenso. Fique de pé no centro do círculo e visualize-se viajando para o local que escolheu. Visualize da forma mais clara e vívida possível. Tente intuir a energia do lugar, as paisagens, sons e cheiros. Divirta-se. Permaneça dentro do círculo, imaginando sua viagem, até que o incenso termine de queimar.

Poção de viagem

Para garantir que sua viagem corra bem e que você se divirta, prepare esta poção mágica antes de sair de casa.

Ingredientes/Instrumentos:
1 garrafa de vidro transparente
Água
A carta do Cavaleiro de Paus de um baralho de tarô
1 fita vermelha

Melhor momento para fazer o feitiço:
Em uma quinta-feira, antes da sua viagem

Encha a garrafa com água. Coloque o Cavaleiro de Paus (a carta do tarô para viagens e aventura) virado para cima no seu altar e posicione a garrafa sobre a carta. Deixe assim da noite para o dia. De manhã, amarre a fita vermelha no gargalo da garrafa, dando três nós. Enquanto faz cada nó, repita uma afirmação como "Eu aproveito uma viagem relaxante e maravilhosa" e visualize o resultado na sua mente.

Se for viajar de carro, leve a garrafa de água imbuída de magia. Vá bebendo a água durante a viagem. Se for de avião, beba antes de ir para o aeroporto. Enquanto bebe, imagine-se tendo uma viagem perfeita e com muita diversão.

Feitiço do leite da gentileza humana

Este feitiço devolve energia para a terra — nosso lar que nos entrega tantas coisas. Faça este feitiço de equilíbrio uma vez por mês, a fim de manter a energia positiva fluindo entre você e o planeta. Ele também é bom para mostrar sua gratidão quando um desejo for concedido ou um feitiço importante tiver dado certo.

Ingredientes/Instrumentos:
1 panela pequena
1 xícara de leite
1 colher de chá de mel
Uma pitada de flores secas de lavanda
1 frasco de vidro transparente
1 pedra da lua pequena

Melhor ocasião para lançar o feitiço:
Ao pôr do sol ou amanhecer, de preferência quando
o sol ou a lua estiverem em Touro.

Em uma panela pequena, aqueça o leite, o mel e a lavanda em fogo baixo até que o mel dissolva — não deixe ferver. Tire do fogo e deixe esfriar até atingir a temperatura ambiente. Despeje o líquido no frasco.

Toque a pedra da lua em sua testa, nos lábios e sobre o coração e, em seguida, adicione a pedra ao líquido com cuidado. Mergulhe o dedo no leite, toque seu coração com ele e então torne a mergulhar o dedo no líquido. Visualize a paz e a gratidão em seu coração sendo transferidas para o leite.

Tampe o frasco e leve-o até uma árvore perto de casa ou que seja especial para você. Curve-se diante dela, destampe o frasco e despeje o leite e a pedra na raiz da árvore, enquanto declara em voz alta:

"Eu dou para a terra
Enquanto a terra dá para mim.
Abençoe todos que vivem aqui
Por toda a eternidade."

Curve-se outra vez diante da árvore e sinta a energia de amor fluindo entre vocês. Se desejar, sente-se e medite sob a árvore, ou suba nela.

Tanta coisa para fazer, tão pouco tempo

Parece que, não importa o quanto trabalhe, você sempre tem muita coisa para fazer? Se o estresse e a frustração estão te afetando, este feitiço proporciona uma pausa bem-vinda das cobranças do mundo.

Ingredientes/Instrumentos:
Incenso de lavanda
Incensário
1 vela azul-clara
1 castiçal
Fósforos ou isqueiro
Uma banheira cheia de água quente
(em temperatura confortável)
Algumas gotas de óleo essencial de baunilha
4 pedaços generosos de citrino

Melhor ocasião para lançar o feitiço:
A qualquer hora.

Encaixe o incenso e a vela em seus respectivos suportes, coloque-os na bancada do banheiro e acenda-os. Encha a banheira. Adicione várias gotas de óleo essencial de baunilha à água. Depois de lavar os citrinos com água e sabão neutro, posicione um em cada canto da banheira. Entre na água e se coloque de modo confortável. Sinta os citrinos — conhecidos por proporcionar clareza — absorvendo e neutralizando seu estresse.

Sinta suas frustrações e ansiedades dissolvendo-se na água. O truque é não pensar em nada que acontece fora do banheiro. Ao se preocupar com o passado ou o futuro, você bloqueia sua receptividade às novas ideias e à orientação que poderiam te ajudar a resolver os problemas. Se um pensamento incômodo surgir na sua mente, envie-o para a água e deixe que os citrinos o dissolvam. Fique pelo tempo que desejar, até que se sinta calma, descansada e confiante de que tudo esteja bem.

Quando sua paz de espírito for restaurada, saia da banheira. Enquanto a água desce pelo ralo, visualize suas preocupações indo embora também. Recolha os citrinos e agradeça-lhes. Lave-os com água limpa (sem ser a da banheira) e sabão neutro e seque-os delicadamente. Deixe que a vela e o incenso terminem de queimar em segurança.

Feitiço para receber ajuda das deidades

Você está diante de uma situação difícil e não sabe como lidar com ela? Seja lá qual for o seu problema, há uma deidade para ajudar. Este feitiço solicita a ajuda divina através da queima de incenso — o que é considerado uma oferenda para as deidades em algumas tradições espirituais. Conforme a fumaça sobe, ela leva seu pedido para os céus.

Ingredientes/Instrumentos:
Uma imagem, miniatura ou outra representação
   da deidade que você escolheu
Incenso
Incensário
Fósforos ou isqueiro
1 pedaço de papel
1 caneta ou lápis

Melhor ocasião para lançar o feitiço:
Depende da sua intenção (ver Capítulo 8).

Determine qual deidade é adequada para te ajudar com seu problema. (Você encontrará muita informação on-line e em livros.) Depois, compre uma imagem/estatueta do deus ou deusa e coloque-a no altar. Escolha um incenso que corresponda à sua intenção — canela ou cravo-da-índia para o sucesso na carreira, rosa ou jasmim para o amor e assim por diante. (Veja as tabelas no início dos Capítulos 9-14.) Encaixe o incenso no queimador e acenda-o. Escreva seu pedido no pedaço de papel, dobre-o três vezes e o coloque aos pés da deidade.

   Imagine seu pedido flutuando até o céu, levado pela fumaça do incenso até seu deus ou deusa escolhido. Acalme sua mente e busque ouvir respostas ou orientações. (Atenção: a resposta pode não vir imediatamente — é possível que leve alguns dias —, então não perca a paciência.) Deixe o incenso queimar até o fim. Agradeça a deidade por te ajudar e confie que a ajuda virá na hora certa.

Limpando o ar

Você já se perguntou por que as bruxas usam vassouras? Não, não é para voar. As vassouras limpam quaisquer energias ruins de um lugar. Faça este ritual de limpeza depois de uma discussão ou de uma festa, ou quando sentir que precisa limpar o ambiente.

Ingredientes/Instrumentos:
1 vassoura
1 tigela
Água salgada
Sálvia (bastão, ramos soltos ou incenso)
1 suporte à prova de fogo que possa ser carregado facilmente
Fósforos ou isqueiro

Melhor ocasião para lançar o feitiço
Quando necessário.

Se possível, abra as portas e janelas. Comece a varrer sua casa (ou outro local) com a vassoura — não apenas o chão, mas o ar também. Balance a vassoura por toda a área, de um lado a outro, acima e abaixo, até sentir que você espantou toda a "sujeira" psíquica. A seguir, encha uma tigela pequena com água salgada. Salpique um pouco em cada canto da casa, e depois no centro de cada cômodo. Por fim, coloque a sálvia no suporte e acenda. Sopre as chamas e deixe a fumaça subir. Leve a sálvia em chamas de um cômodo a outro, permitindo que a fumaça limpe o ar e restaure a paz em sua casa.

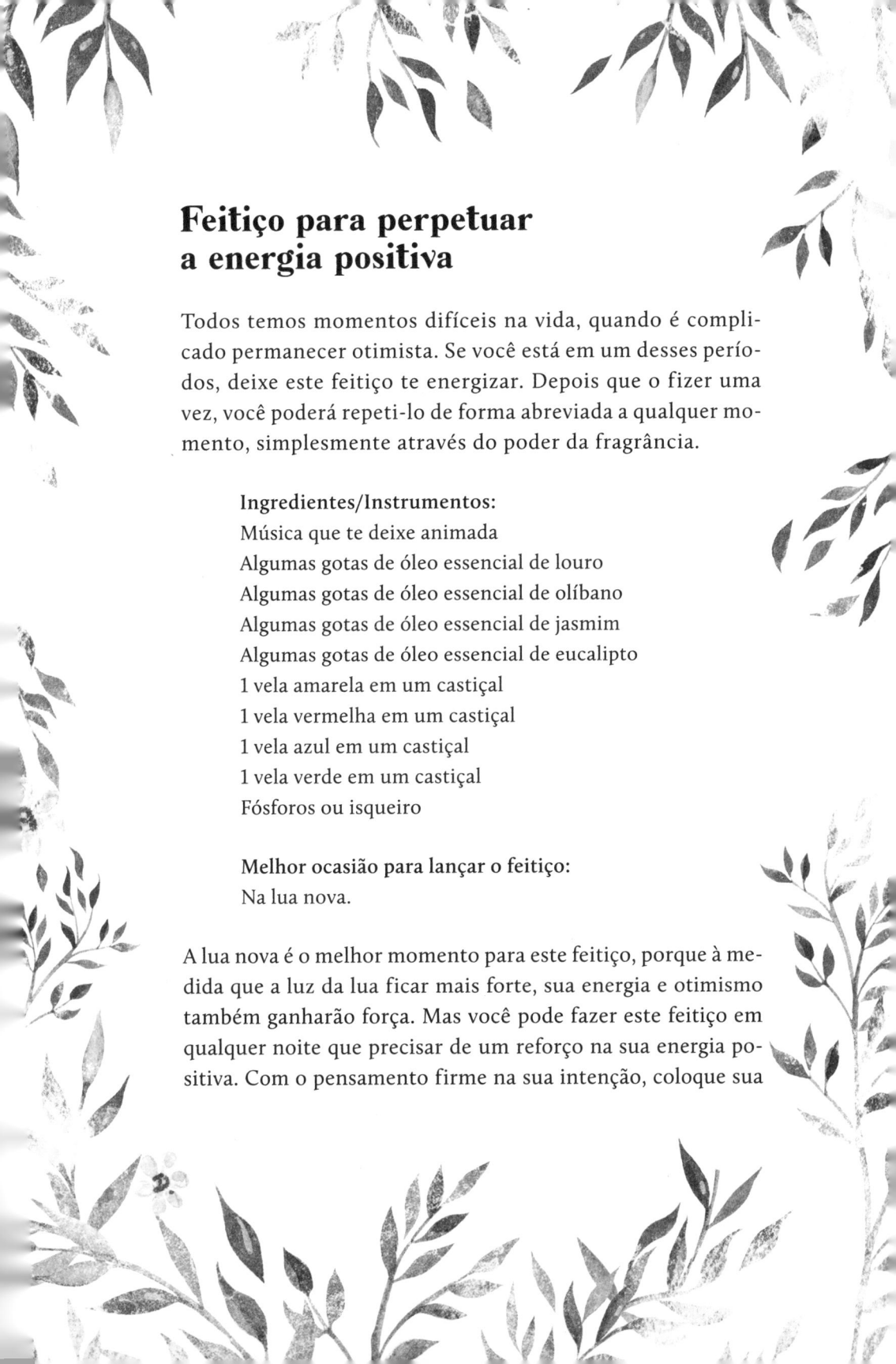

Feitiço para perpetuar a energia positiva

Todos temos momentos difíceis na vida, quando é complicado permanecer otimista. Se você está em um desses períodos, deixe este feitiço te energizar. Depois que o fizer uma vez, você poderá repeti-lo de forma abreviada a qualquer momento, simplesmente através do poder da fragrância.

Ingredientes/Instrumentos:
Música que te deixe animada
Algumas gotas de óleo essencial de louro
Algumas gotas de óleo essencial de olíbano
Algumas gotas de óleo essencial de jasmim
Algumas gotas de óleo essencial de eucalipto
1 vela amarela em um castiçal
1 vela vermelha em um castiçal
1 vela azul em um castiçal
1 vela verde em um castiçal
Fósforos ou isqueiro

Melhor ocasião para lançar o feitiço:
Na lua nova.

A lua nova é o melhor momento para este feitiço, porque à medida que a luz da lua ficar mais forte, sua energia e otimismo também ganharão força. Mas você pode fazer este feitiço em qualquer noite que precisar de um reforço na sua energia positiva. Com o pensamento firme na sua intenção, coloque sua música animada favorita. Friccione os óleos essenciais nas velas (exceto nos pavios) na ordem mostrada na lista de ingredientes (óleo de louro para a vela amarela, olíbano na vermelha e assim por diante).

Posicione as velas nos quatro pontos cardeais: amarelo no leste, vermelho no sul, azul no oeste, verde no norte. Acenda as velas nesta ordem, traçando um círculo de luz ao seu redor. Declare em voz alta:

> *"Eu entro no fluxo do Tudo que É.*
> *Estou preenchida de bondade amorosa.*
> *Deixo ir todas as energias negativas e desequilibradas*
> *E atraio o melhor para mim.*
> *Assim seja e assim é."*

Enquanto faz esse feitiço, mantenha seus pensamentos e sentimentos focados no seu desejo. Aproveite os aromas dos óleos essenciais e sinta-os elevando suas emoções. Observe a luz suave e brilhante das velas e imagine-a iluminando sua vida. Visualize as energias positivas e alegres fluindo para dentro de você. Permaneça no círculo pelo tempo que desejar. Quando estiver pronta, apague as velas na ordem inversa daquela em que as acendeu, para abrir o círculo. Goteje um pouco do seu óleo preferido em um lenço de tecido e leve-o junto de você durante o dia para inalar o aroma sempre que precisar melhorar os ânimos.

Sinais dos tempos

Há muito tempo, videntes celtas, conhecidos como *frithirs,* liam os sinais dos tempos de acordo com a primeira coisa que lhes chamava a atenção quando saíam de casa. Experimente essa antiga técnica de divinação quando precisar de orientação.

Ingredientes/Instrumentos:
Nenhum

Melhor ocasião para lançar o feitiço:
Na primeira segunda-feira depois de um solstício ou equinócio.

Imediatamente após acordar de manhã — antes de fazer qualquer coisa —, sente-se em silêncio por alguns minutos e pense em seja lá qual for o assunto para o qual você deseja um conselho. Então vá até a porta e feche os olhos. Respire fundo e devagar três vezes, abra a porta e saia (se puder fazer isso em segurança de olhos fechados. Do contrário, fique na soleira da porta, virada para fora). Abra os olhos. Qual é a primeira coisa que você vê? Qual o significado disso para você? Um esquilo pode sugerir que você deve juntar dinheiro, informações ou outros recursos para estar preparada para a dificuldade que virá. Uma borboleta pode significar uma mudança para melhor ou que você deve mudar suas atitudes para obter sucesso.

Perceba quaisquer impressões ou sentimentos que surgirem na sua consciência — eles podem ter significados. Se não sentir uma resposta imediata, apenas guarde a memória do que viu e deixe-a se infiltrar no seu subconsciente. Uma ideia é pesquisar sobre o simbolismo clássico associado ao objeto que chamou sua atenção. (Meu livro *The Secret Power of Spirit Animals* tem muitas informações sobre os significados dos animais e de outras criaturas.) Logo, talvez em um sonho, você receberá a orientação que busca.

Feitiço "aguente firme"

Todas ficamos desanimadas às vezes. Em vez de desistir, faça este feitiço — ele te ajuda a aguentar firme até que a situação melhore.

Ingredientes/Instrumentos:

Floral de Bach Oak (disponível em lojas de
    produtos naturais ou on-line)

1 pedaço de papel amarelo

1 caneta ou marcador de tinta vermelha

1 vela preta

1 castiçal

Fósforos ou isqueiro

1 carta de tarô que te represente

A carta da Força do tarô (que significa força interior e exterior)

A carta 7 de Paus do tarô (que representa a habilidade
    de aguentar firme ao ser desafiada ou atacada)

A carta da Estrela do tarô (que simboliza esperança)

A carta do Mundo do tarô (que indica a perfeita solução de tudo)

Melhor ocasião para lançar o feitiço:
Quando necessário.

Pingue algumas gotas do floral debaixo da língua; se preferir, você pode pingar em um copo com água e beber. No papel, desenhe um pentagrama vermelho de pelo menos 2,5 centímetros de diâmetro. Coloque-o virado para cima em seu altar, mesa ou outra superfície plana onde ele possa ficar por algum tempo. Coloque a vela no castiçal, posicione-a no centro do pentagrama e a acenda.

Disponha a carta de tarô que te representa no ponto mais alto do pentagrama. Coloque a carta da Força e o 7 de Paus nos dois pontos laterais do pentagrama. Posicione a carta da Estrela e a do Mundo nos dois pontos inferiores do pentagrama. Olhe fixamente para as cartas e permita que o seu simbolismo imprima seu subconsciente com imagens positivas. Sinta-as estimulando a coragem e a confiança necessárias para você encarar os desafios. Não se concentre nos problemas, apenas deixe sua mente relaxar por um tempo. Quando se sentir pronta ou começar a perder o foco, apague a vela. Repita conforme necessário para reforçar sua determinação.

CAPÍTULO 18

O PODER É INFINITO

Skye Alexander

DANDO O
PRÓXIMO PASSO

Se você chegou até aqui, parabéns. Aprendeu a fazer e lançar diversos feitiços para vários fins. Você fabricou poções e loções, confeccionou talismãs e amuletos e dominou uma variedade de instrumentos mágicos. E o melhor de tudo, treinou a mente e descobriu seu poder inato de criar efeitos no mundo físico. E agora?

Conhecimento é poder

O mundo da magia é vasto, talvez infinito. Não importa quanto você aprenda, sempre haverá algo mais a explorar logo adiante. Marc Edmund Jones, um dos astrólogos mais respeitados do século xx, disse certa vez que estudou astrologia por cinco anos e mal havia explorado a ponta do iceberg. Também é assim com a magia. Quem sabe tenha encontrado um caminho que faça sentido para você. Ou talvez ainda esteja procurando. De qualquer forma, é uma boa ideia familiarizar-se com as diferentes escolas de magia, mesmo que acabe não se envolvendo com nenhuma. Elas podem oferecer algo especial que possivelmente será novo para você.

Outra sugestão é aprofundar-se em campos como a astrologia, a numerologia, o Feng Shui ou o tarô. Essas artes antigas não vão apenas melhorar sua feitiçaria, elas também podem abrir portas para reinos fascinantes e expandir seu entendimento de si e do mundo ao redor.

Leia o máximo que puder. Você encontrará inúmeros livros e sites devotados às práticas mágicas e à feitiçaria. Alguns focam em uma área de interesse específica, como feitiços com velas ou culto a deusas. Outros oferecem uma variedade de informações mais abrangentes. Cada autor e professor provavelmente ensinará de maneira um pouco diferente, de acordo com suas preferências e experiências pessoais. Isso é bom, pois o ideal é não se limitar a apenas uma perspectiva. Com algumas, você concordará; com outras, não. Algumas você pode querer deixar de lado por ora e revisitar depois. Pode ser assim também.

Conhecimento é poder, como diz o ditado. Quanto mais conhecimento tiver, mais poderosa você se tornará como feiticeira.

Pratique, pratique, pratique

Atletas e músicos sabem que, para desenvolver seus talentos, precisam praticar. Os feiticeiros também precisam, se quiserem melhorar na prática e alcançar seu potencial. Como disse antes, a magia não é um esporte de observação. Também não é para corações fracos. Quanto mais feitiços você fizer, mais confortável vai se sentir a respeito do processo e terá mais confiança na sua capacidade. Experimente as seguintes sugestões para afiar suas habilidades:

- Medite com frequência. Mesmo dez minutos por dia vão ajudar a focar sua mente e a aliviar o estresse.

- Pratique sentir a energia nas plantas, pedras, lugares, pessoas etc. Tudo no mundo é feito de energia, então quanto mais você se sintonizar com os padrões ao seu redor, mais capacidade terá de manipulá-los através dos feitiços.

- Crie feitiços regularmente. Além de ajudar a melhorar sua vida, você terá mais consciência de como seus pensamentos, palavras e ações produzem resultados.

- Experimente diferentes tipos de feitiços.

- Pratique trabalhar com vários componentes de feitiços: ervas, velas, cristais etc.

- Preste atenção aos seus sonhos. Conforme mergulha em outros níveis de realidade e expande sua intuição, talvez comece a ter sonhos mais vívidos e a receber informações. Esses insights podem oferecer orientação para sua vida e prática mágica.

- Mantenha um diário. Já falamos sobre a importância de registrar seus feitiços e rituais em um livro das sombras, mas também é uma boa ideia manter um diário separado contando sobre seu crescimento pessoal — porque enquanto se desenvolve como feiticeira, sua forma de pensar e muitas outras coisas podem começar a mudar também. Mas não tem problema se preferir incluir todas essas informações no seu livro das sombras.

Seja amiga da natureza

Muitas de nós passamos tanto tempo em escritórios, apartamentos e veículos com temperatura controlada, que perdemos contato com o mundo natural. As crianças brincam com jogos eletrônicos em vez de jogarem futebol. Nós enviamos mensagens durante nossas caminhadas em vez de apreciarmos a paisagem ao nosso redor.

Desenvolver um relacionamento com o mundo natural pode aumentar suas habilidades como feiticeira, em parte porque muitos dos componentes que usará nos feitiços virão da natureza: ervas, flores, pedras preciosas e cristais. Além disso, se tornará mais consciente da sua conexão com o todo. Você se conectará com os ciclos da terra e dos céus, para que possa trabalhar com eles e empoderar seus feitiços. Talvez até atraia a atenção de outras criaturas que compartilham este planeta com você e consiga a ajuda delas. Como você pode começar a se conectar com a sabedoria da natureza?

- Saia para caminhar sem o celular ou fones de ouvido.
- Visite vários locais na natureza — uma floresta, o litoral, uma montanha — e experimente as diferentes energias desses lugares.
- Saia à noite e olhe para o céu. Bastante espantoso, não é?
- Preste atenção às mudanças de fases da lua e seus efeitos.
- Sente-se sob uma árvore e tente senti-la se comunicando com você.
- Sente-se perto de um lago, córrego ou outro corpo d'água e deixe que ele acalme sua mente.
- Segure tipos variados de pedras e veja se percebe as diferentes ressonâncias emanando delas.
- Observe pássaros, insetos e a vida selvagem.
- Colete folhas caídas, no outono, ou flores silvestres, na primavera, para guardar em seu livro das sombras.
- Plante algumas sementes e observe-as crescer.

Outra sugestão é dar boas-vindas ao sol a cada manhã com uma prática de ioga, conhecida como Saudação ao Sol. Ou reserve alguns minutos ao amanhecer, ao meio do dia, ao pôr do sol ou à meia-noite para sentir os padrões de energia ao seu redor. Mesmo que você more em um prédio alto em uma grande cidade, ainda é possível caminhar em um parque, cultivar plantas em vasos em uma sacada e observar as mudanças das estações.

Criando os feitiços com o que você tem

Depois de um tempo, é provável que você queira inventar os próprios feitiços. Isso é ótimo. Seguir estes passos te ajudará a criar feitiços tão eficientes quanto os que você aprendeu neste livro e em outras fontes:

1. Resuma o propósito do feitiço em uma palavra ou frase curta.
2. Encontre os ingredientes adequados para o seu objetivo.
3. Determine o melhor momento para lançar o feitiço.
4. Decida se deseja incluir uma afirmação ou encantamento. Se for o caso, escreva-o de acordo com as instruções do Capítulo 5.
5. Limpe e purifique todos os objetos que usará no feitiço.
6. Planeje a ordem em que fará cada coisa.
7. Escreva o feitiço no seu livro das sombras, junto de suas experiências e resultados.

Que resultados você pode esperar da sua feitiçaria? Bem, depende de você. Da mesma forma que os computadores, os feitiços fazem exatamente o que você ordenar. Então, se fizer um feitiço para encontrar a companhia perfeita e conhecer um cachorro maravilhoso, sua magia certamente funcionou!

Faça você mesma

Quer levar seus feitiços a outro nível? Tente produzir seus próprios ingredientes. Dessa forma, você imbui os componentes do feitiço com sua energia e intenção pessoais. Desde o começo, isso empodera os componentes para trabalhar com você e alcançar seus objetivos. Eles se tornam manifestações do seu desejo. Algumas sugestões:

- Semeie e cultive suas próprias plantas. Comece com algumas ervas resistentes, como menta para feitiços de prosperidade, manjericão para proteção, sálvia para purificação e manjerona para amor e felicidade. Aos poucos, aumente sua horta mágica de acordo com suas necessidades e ambiente físico.

- Fabrique suas próprias velas. Uma das maneiras mais fáceis de fazer isso é comprar folhas de cera de abelha e enrolá-las para transformar em velas. Você também pode derreter cera e colocar em moldes, adicionando óleos especialmente selecionados, folhas ou pétalas de flores de suas plantas cultivadas em casa. Prefira cera de soja à parafina (que contém componentes do petróleo) e use pavios de algodão.

- Faça seu próprio incenso. Você pode usar qualquer combinação de resina e matéria vegetal, desde que tenha certeza de que sejam seguras para inalar ao queimar. Você precisará de: uma parte de resina e uma parte de matéria vegetal desidratada. Moa a resina e em seguida faça o mesmo com as plantas. Coloque em um pote ou frasco pequeno, chacoalhe para misturar, tampe e etiquete sua mistura aromática.

- Faça seus próprios óleos de ervas para ungir velas, pedras preciosas e outros talismãs. Coloque um punhado de matéria vegetal escolhida em uma panela pequena e despeje uma xícara de azeite extravirgem ou óleo de cártamo. Aqueça em temperatura baixa por quinze minutos e despeje a mistura em um frasco limpo. Cubra-a com duas camadas de gaze e prenda com um elástico. Deixe o óleo descansar de dez dias a duas semanas e então coe-o para um frasco vazio; tampe e etiquete.

- Fabrique guirlandas sazonais e peças de decoração com as plantas que você mesma cultivar, podas de seus arbustos e árvores favoritos, pinhas, penas que tenha encontrado e/ou outros materiais naturais.

Talvez você também goste de costurar saquinhos para amuletos e talismãs, sachês e travesseiros dos sonhos e enchê-los com matéria vegetal do seu jardim. Aprenda a fazer seu próprio papel para escrever feitiços e afirmações — você pode até adicionar ervas ou flores mágicas à mistura. Fabrique joias ritualísticas com pedras preciosas e cristais. Divirta-se, mas lembre-se de que cada passo do processo é uma parte importante da sua feitiçaria.

Fazendo magia com outras pessoas

Se você tem praticado sozinha, talvez queira trabalhar com pessoas que pensam igual a você. Se já conhece alguém com quem trabalhar, ótimo. Se não, pode começar a pesquisar se há um grupo de pessoas metafisicamente orientadas na sua região. Centros de ioga, cooperativas de alimentos naturais e lojas esotéricas podem ser bons lugares para começar.

Lançar feitiços com outras pessoas tem vantagens e desvantagens. Considere os prós e contras antes de se comprometer. Por exemplo, no lado positivo:

- Pode ser divertido compartilhar ideias e passar um tempo com "almas-gêmeas".
- Você pode aprender muito com as experiências de outras pessoas.
- Combinar sua energia com a de outra pessoa pode aumentar o poder de um feitiço.

Por outro lado:

- Se suas energias ou intenções não forem compatíveis com as dos demais participantes, seus feitiços podem ser confusos ou dar totalmente errado.
- Se estiver trabalhando com pessoas que tendem a ser dominadoras, ou se estiver insegura quanto às suas próprias habilidades, talvez permita que outra pessoa influencie seu trabalho de forma indevida.

Fazer parte de um grupo requer cooperação, respeito e tolerância, então escolha seus companheiros mágicos com cuidado. Eles não precisam ser seus amigos próximos, mas vocês devem ter algo em comum e ideias similares sobre a magia. Honestidade, confiança e apoio entre vocês são importantes. Certifique-se de que a ética deles é compatível com a sua. Estabeleça limites e especifique diretrizes para os rituais e feitiços que farão. Decida como delegar responsabilidades e lidar com problemas. Não deixe ninguém te coagir a fazer algo que seja contra seu código moral. Se algo não parece certo, confie nos seus instintos e retire-se, caso necessário.

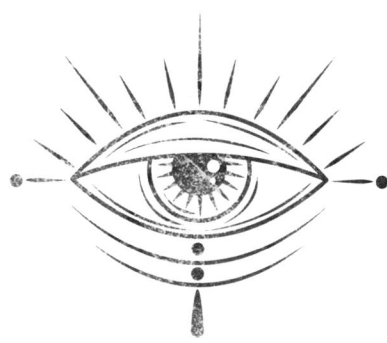

Talvez você queira estudar com um professor. Mais uma vez, avalie professores em potencial com cuidado antes de se comprometer:

- Descubra o máximo que puder sobre a experiência da pessoa.
- Discutam o que ele/ela espera de você.
- Espiritualmente, vocês pensam da mesma forma?
- Vocês têm objetivos mágicos similares?
- Você sente que o(a) professor(a) respeita você e suas opiniões, em vez de julgá-la ou tentar te dominar?
- O local, o cronograma e a quantidade de trabalho são confortáveis para você?
- Se o(a) professor(a) cobra, você está confortável com o valor e os motivos dele/dela?

Você pode pedir recomendações a outros feiticeiros. Também é possível pesquisar on-line e descobrir alguém na sua área que talvez seja a pessoa certa para te ensinar. Ou você pode fazer um feitiço para atrair o professor ideal. Lembre-se do ditado: "Quando o aluno está pronto, o professor aparece".

Do momento em que começou este livro até agora, você percorreu um longo caminho. Espero que considere a jornada válida, e que esse aprendizado seja uma boa base para continuar seu aprimoramento como feiticeira. Uma vez tendo escolhido esse caminho, sua vida nunca mais será a mesma. A magia te transforma. Sua visão de mundo se modifica e, como consequência, sua interação com tudo e todos que encontra no dia a dia muda também. Como o dr. Wayne Dyer sempre diz: "Quando você muda a forma de enxergar as coisas, as coisas que você enxerga mudam".

No processo, você muda o mundo. Lembra do efeito borboleta? Segundo ele, uma borboleta batendo as asas em um lado do mundo influencia os ventos do outro lado. É verdade. Sua energia, pensamentos e ações impactam tudo no universo. E agora que você possui um entendimento maior sobre como isso acontece, perceberá que tem o poder para criar circunstâncias deliberadamente. Isso é uma responsabilidade incrível que deve ser levada a sério. A cada momento de cada dia, você tem a habilidade de manifestar a realidade que deseja, em si e no mundo ao seu redor — e a todo momento será desafiada a fazer escolhas sobre o uso dessa habilidade. O futuro reside em você. Aceite-o!

Agradecimentos mágicos

Mais uma vez, devo tudo aos meus editores, Tom Hardej e Peter Archer, e a todas as pessoas incrivelmente talentosas na Adams Media por tornarem este livro um feitiço coletivo.

SKYE ALEXANDER é a autora premiada de mais de trinta livros de ficção e não ficção, incluindo *The Modern Guide to Witchcraft, The Everything® Wicca & Witchcraft Book, The Everything® Spells & Charms Book, Nice Spells/Naughty Spells, Good Spells for Bad Days* e *The Everything® Tarot Book*. Suas histórias foram publicadas em antologias pelo mundo e seu trabalho foi traduzido para mais de doze idiomas. Ela participou, conduzindo um ritual, do especial *Secret Stonehenge*, do Discovery Channel. A escritora divide seu tempo entre o Texas e Massachusetts.

MAGICAE
DARKSIDE

MAGICAE *é uma marca dedicada aos saberes ancestrais, à magia e ao oculto. Livros que abrem um portal para os segredos da natureza, convidando bruxas, bruxos e aprendizes a embarcar em uma jornada mística de cura e conexão. Encante-se com os poderes das práticas mágicas e encontre a sua essência.*

DARKSIDEBOOKS.COM